Haier

达闼科技

中国西电
CHINA XD
西安西电高压开关有限责任公司
XIAN XD HIGH VOLTAGE APPARATUS CO., LTD.

JEZETEK 九洲

NAURA
北方华创

出门问问
mobvoi

光华集团
GUANGHUA GROUP

中国中车
CRRC

航天电器

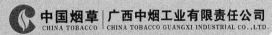

中国烟草
CHINA TOBACCO

广西中烟工业有限责任公司
CHINA TOBACCO GUANGXI INDUSTRIAL CO.,LTD.

名企聊知识产权

中规 (北京) 认证有限公司 ◎ 组织编写

知识产权出版社
全国百佳图书出版单位
—北京—

图书在版编目（CIP）数据

名企聊知识产权/中规（北京）认证有限公司组织编写. —北京：知识产权出版社，
2020.2（2020.5 重印）

（知识产权经理实战丛书）

ISBN 978 – 7 – 5130 – 6654 – 9

Ⅰ.①名… Ⅱ.①中… Ⅲ.①企业—知识产权—研究—中国 Ⅳ.①D923.404

中国版本图书馆 CIP 数据核字（2019）第 283987 号

内容提要

随着知识经济和经济全球化的深入发展，知识产权已经成为国家发展的战略性资源和
国际竞争力的核心要素。本书由来自 22 家名企的优秀知识产权经理人分享他们在专利、
商标、商业秘密、标准应用等方面的独到见地和实战经验。本书对推动落实我国知识产权
强国战略，全面培养知识产权实操型人才具有积极的意义。

责任编辑：安耀东　　　　　　　　　　　　　责任印制：孙婷婷

知识产权经理实战丛书

名企聊知识产权

MINGQI LIAO ZHISHI CHANQUAN

中规（北京）认证有限公司　组织编写

出版发行：	知识产权出版社有限责任公司	网　　址：	http://www.ipph.cn
电　话：	010 – 82004826		http://www.laichushu.com
社　址：	北京市海淀区气象路 50 号院	邮　编：	100081
责编电话：	010 – 82000860 转 8534	责编邮箱：	anyaodong@ cnipr.com
发行电话：	010 – 82000860 转 8101	发行传真：	010 – 82000893
印　刷：	北京九州迅驰传媒文化有限公司	经　销：	各大网上书店、新华书店及相关专业书店
开　本：	720mm × 1000mm　1/16	印　张：	16.25
版　次：	2020 年 2 月第 1 版	印　次：	2020 年 5 月第 2 次印刷
字　数：	273 千字	定　价：	68.00 元

ISBN 978 -7 -5130 -6654 -9

本书编委会

组织编写： 中规（北京）认证有限公司

主　　编： 徐媛媛

副主编： 郭　亮　　马　圆　　穆　堃
　　　　　　邵　烨　　赵　欣

前　言

随着知识经济和经济全球化的深入发展，知识产权已经成为国家发展的战略性资源和国际竞争力的核心要素。深入实施知识产权战略是全面深化改革的重要支撑和保障，是推动经济结构优化升级的重要举措。

一直以来，党中央、国务院都高度重视知识产权工作。早在 2008 年 6 月，国务院印发《国家知识产权战略纲要》，提出"大力提升知识产权创造、运用、保护和管理能力"。2012 年 11 月，国家知识产权局牵头国家发展和改革委员会等九部委发布《关于加快培育和发展知识产权服务业的指导意见》，提出"积极推动知识产权服务业发展，培育产业发展新优势，强化知识产权服务对科技进步和经济发展的促进作用"。2015 年 3 月，国务院印发《国务院关于深化改革加快实施创新驱动发展战略的若干意见》其中指出"让知识产权制度成为激励创新的基本保障"彰显了知识产权制度在国家创新体系中的重要地位。2015 年 12 月，国务院办公厅又印发《国务院关于新形势下加快知识产权强国建设的若干意见》提出"深化知识产权重点领域改革，有效促进知识产权创造运用，实行更加严格的知识产权保护，优化知识产权公共服务"。2016 年 12 月，国家知识产权局印发《专利质量提升工程实施方案》提出并确立以质量为先的行业发展方向，开展针对专利代理行业核心业务的质量提升工程。2018 年 10 月 26 日全国人大常委会通过了《关于专利等知识产权案件诉讼程序若干问题的决定》（2019 年 1 月 1 日施行），对涉及发明和实用新型专利、植物新品种、集成电路布图设计、技术秘密、计算机软件、垄断等专业技术性较强的民事案件和行政案件的二审由最高人民法院管辖，知识产权审判格局发生了较大的变化，这是我国知识产权诉讼法律制度的历史性突破。该决定通过实现审理专门化、管辖集中化、程序集约化和人员专业化，为知识产权强国建设提供有力的司法保障。

在经济发展进入新常态的大背景下，在即将迎来新中国成立七十周年的日子里，在认真落实"不忘初心，牢记使命"主题教育要求下，为实现"创新驱动发展"的重大战略的落实，为推动知识产权管理体系高质量运行，中规学院特向国内各行各业的优秀知识产权经理人约稿，分享他们在知识产权创造、运用、保护、管理等方面的独到见地与经验，结集出版，以飨广大致力于用知识产权点燃祖国创新引擎的中国知识产权人。

知识产权对于企业生存乃至国家发展的重要性在今日已被提升到了前所未有的高度，可以预见，未来企业之间的核心竞争必将是自主知识产权的寸土之争。截至 2018 年我国发明专利拥有量 236 万件，除港澳台外大陆约 160 万件，平均每万人口发明专利拥有量达到了 11.5 件。但是，目前还普遍存在着专利质量不尽人意，高质量、高价值的发明专利数量占比较少，专利代理服务与我国经济科技发展的需要存在着一定差距，服务流程和质量都有待进一步规范和提高。

2019 年 7 月 9 日国家知识产权局新闻发言人胡文辉在新闻发布会上透露：2019 年上半年我国发明专利申请量为 64.9 万件，同比下降 9.4%；商标注册申请量为 343.8 万件，同比下降 4.1%；国外在华发明专利申请量为 7.8 万件，同比增长 8.6%；国外在华商标注册申请量 12.7 万件，同比增长 15.4%。这一升一降的背后体现了我国推动知识产权从高数量发展转变到高质量发展的决心，也显示出国际社会对我国知识产权保护的信心。值得关注的是，中国企业在海外的知识产权保护意识在提升。2019 年上半年，国内申请 PCT 国际专利 2.2 万件，同比增长 2.8%；中国申请人马德里商标国际注册申请量 2849 件。截止到 2019 年 6 月底，我国申请人马德里商标国际注册有效量为 3.5 万件。说明中国企业在出海过程中更加看重保护知识产权了。

这一系列数字反映了我国创新主体的创新意识和创新能力在不断提升，充分显示了发明专利指标的确定对我国自主创新能力有显著的促进作用。发明专利数量是发明专利质量的基础，也是衡量创新能力的指标之一。为进一步实现专利的"大而强，多而优"，我国也适时提出专利质量提升工程，支持重点创新主体培育出具有高价值的核心专利，促进高价值专利的高效运用，推动我国知识产权由大到强，从多向优的转变。本书邀请了出门问问公司的知识产权总监何永春先生以及中国铁建重工集团公司的知识产权负责人陈映林先生分别就高价值专利培育、专利量化价值评价、专利与产品/项目之间的关系等进行了论述，希望可以为培育高价值专利的创新主体提供参考与借鉴之用。

为加强创新主体持续提升知识产权能力、增强核心竞争力，我国推行企业、高等学校、科研组织知识产权管理规范国家标准，使创新主体通过建设并运行知识产权管理体系，激发创新潜能，增强知识产权保护，降低知识产权风险等为已任。目前，全国通过《企业知识产权管理规范》（GB/T 29490 –2013）的认证企业达 2.6 万家，近 60% 的获证企业认为建立知识产权管理体系提升了企业创新能力、竞争优势和市场收益。《科研组织知识产权管理规范》（GB/T 33250 – 2016）、《高等学校知识产权管理规范》（GB/T 33251 – 2016）贯标认证工作正在有序推进，取得了初步成效。为推动国家标准落地实施的有效性，编委会邀请了多行业、多类型企业的优秀经理人，分别针对组织结构形态复杂、员工数量多、主营业务涉及多个行业、经营地域分布广的大型勘测设计企业如何建立创新管理体系，集团公司如何与下属公司建立上下联动的管理体系进行了分享；体系的有效实施依赖于组织人员的意识与职责的清晰，中车眉山公司就如何建立清晰的职责进行了分享，大型烟草企业广西中烟对体系建立前后的知识产权综合情况进行了对比分析——在管理能力、风险规避、品牌提升战略等方面取得了显著成效等。

本书就实施多体系过程中的一些问题或多体系如何整合，特邀请西安西电高压开关有限责任公司的知识产权负责人，也是该公司知识产权管理体系的建设者康鹏先生，就如何将诸多管理体系（ISO 9001 质量、ISO 14001 环境、OHSAS 18001 职业健康安全）的共性抽离出来，减少重复工作的内容、提升工作效率进行了深入的、实操性的探讨与分享。

随着我国知识产权强国战略的落实，2017 年 2 月，国家知识产权局印发

《专利代理行业发展"十三五"规划》提出并确立以质量为先的行业发展方向，开展针对专利代理行业核心业务的质量提升工程。上面我们也提到，目前我国专利代理行业存在着市场规模发展与服务质量发展不均衡的现状，不同专利代理机构的管理水平差距很大，服务水平更是参差不齐，服务流程不规范，人才结构不合理等问题。这些问题影响了专利代理业务范围和专利代理质量，也制约了我国专利代理行业的良性发展。提升专利质量已是当下较为重要的工作，那么为创新主体服务的专利代理机构的服务能力与水平，对专利质量与高价值专利的培育有着一定的影响。基于当前形势，《专利代理机构服务规范》（GB/T 34833-2017）在2017年应运而生，依据该标准建立并运行的体系，可以很好地用文件的方式把专利代理机构积累的技术、经验加以保存，使专利代理服务行为更规范化、服务过程更程序化、服务质量更目标化，综合提高专利代理机构的管理能力、提升专利代理的质量、规范服务市场的秩序，助力我国知识产权强国建设。

专利质量的提升，不单单是政策或标准所能解决的问题，它需要我们每一个知识产权从业者在自身方面不断增长知识与积累经验。本书也就此话题邀请了东方电子股份有限公司的张金鑫先生就如何利用文献助力产品研发，东鹏陶瓷有限公司的周燕女士以本企业专利发展历程的真实案例讲述专利布局的艰辛历程，海尔公司如何建立开放式创新平台、汇聚全球资源帮助海尔创造高质量专利，甘李药业股份有限公司的穆彬先生站在药企的立场深入浅出地以胰岛素类药物的药品注册与专利保护话题进行了分享。前专利审查员吴斌先生以美国 Quirky 公司为例对我国互联网众筹创新的专利保护给出了相应的指导性建议。

本书还特邀在企业从事商标与商业秘密管理的知识产权经理人东方雨虹的孔虹女士，从商标的刑事、行政、民事3个角度的维权打假进行了分享。同时邀请科技企业资深知识产权人士高硕先生以多个案例展开对商标反向假冒行为的侵权认定进行了讨论。高硕先生还是国家标准化管理委员会集成电路标准化专家组成员，参与制定了多项国家标准和行业标准。就企业商业秘密保护的痛点与难点，编委会邀请了两位资深的知识产权经理人——华帝股份有限公司的王艳丽女士和北方华创微电子的知识产权总监宋巧丽女士，分别就基于涉诉案件对商业秘密的保护和企业如何构建行之有效的商业秘密管理体系，做了分享。

对商业秘密的管理，大部分企业都觉得这是个比较难于管理、难于见成效的工作。若管理太严格了，秘密是保住了，但会影响工作效率，增加企业成本；若相对松散，对商业秘密的保护不利，且潜藏较大的风险。如何在工作效率与商业秘密管理上进行平衡呢？这将是《知识产权经理实战丛书》中的一本书要探讨的方向。本书中谈到的风险，关注的是项目/产品研发过程、知识产权管理过程中的风险识别与防控。我们邀请了创维公司知识产权负责人万智勇先生和完美公司的知识产权部经理熊奇凌先生，针对研发过程、知识产权过程的风险进行了梳理，并给出了相应的解决方法。

企业防控风险是为了在竞争中获取更大的价值。在国际经济一体化大趋势下，企业拓展海外市场如何用知识产权和标准来推动，本书中由航天电器公司知识产权团队为读者分享。云端智能机器人运营商达闼科技公司独特的专利合伙人制度使公司在较短时间内获得相对较多的有价值的专利，为公司的产品与竞争力建立了一层保障屏。达闼公司的知识产权总监王振凯联手中国政法大学王玲教授，分享如何激励创新，促进知识产权的形成。

无论是知识产权的创造、保护还是研发过程的风险规避等都离不开切实有效的流程管理，与企业管理者、知识产权管理者的格局也紧密相关。九洲电器集团分享了知识产权全生命周期的管理思路；某科技企业的高级知识产权经理郭迎征女士从如何提升知识产权管理格局展开了分享。

本书编委会成员均为中规（北京）认证有限公司员工。中规（北京）认证有限公司是国内首批由国家认证认可监督管理委员会批准、经国家登记主管机关依法登记注册的知识产权管理体系第三方认证机构，隶属国家知识产权局，由中华全国专利代理人协会出资组建，拥有深厚的行业背景与资源。

中规学院是中规（北京）认证有限公司为提升知识产权从业人员综合知识能力而设立的，致力于将知识产权、创新管理、认证审核、资产运作、标准化等多领域知识进行融合，也是人才培养的实践基地。中规学院聚焦于未来智能化时代的两大核心竞争资本——人力资本和知识资本，通过知识和人才的跨界、融合、碰撞与创新，持续聚合、探索和打造 IP 行业前沿资源的创新热土。

通过本书，我们奉上 22 家知名企业的优秀知识产权经理人从事知识产权工作的经验与心得，期盼与您一起释放智慧的能量，为我国知识产权强国事业贡献力量！

目　录

第四章 商业秘密篇

第五章 标准与知识产权篇

第一章
管理篇

知识产权生命周期的有效管理

袁瑞敏* 杜音卓** 王 雷†

创新是知识经济时代的灵魂，知识产权是创新的缩影。企业因创新而产生的知识产权如果得不到有力的保护，创新便会很快被复制，不仅创新成本无法回收，而且会因创新成本而抬高产品价格或降低产品利润，使创新产品失去市场竞争力。在经济全球化进程中，知识产权已成为跨国公司打击竞争对手、维持和提高市场份额、获取更多盈利的重要资产。当前我们面临的知识产权外部威胁日益加剧，主要表现在以美国为代表的 301 贸易调查开始启动，外企对中国企业发起的 337 调查频次逐年上升。同时，国内 NPE（non - practicing entities，非专利实施实体）不断出现，他们通过多年与国外的 NPE 打交道的经验，将他们的做法本地化，使中国专利实施实体企业的知识产权风险不断增加。

---

* 袁瑞敏，国家企业技术中心副主任兼企业技术中心（科技委、军民融合）办公室主任，四川省技术创新促进会创新平台专委会副主任委员，四川省企业技术中心建设专委会副主任委员，从事科技创新管理工作近 30 年，先后获得省部级科技进步奖 4 项，主创的科研管理相关论文多次获得国家、省级管理创新成果，先后被评为四川省电子学会优秀科技工作者、四川省电子学会先进工作者、绵阳市专利工作先进个人。

** 杜音卓，就职于四川九洲电器集团有限责任公司，从事知识产权管理工作 6 年，在知识产权管理体系、专利全过程管理、专利挖掘与布局等方面有较丰富的经验，荣获 2017 年度国家企业知识产权先进个人。

† 王雷，就职于四川九洲电器集团有限责任公司，从事知识产权管理工作 4 年，在知识产权信息检索分析、知识产权数据库建设等方面有较丰富的经验。

四川九洲电器集团有限责任公司（以下简称"公司"或"九洲公司"）始建于1958年，是国家"一五"期间156项重点工程之一。公司是国家重点国有企业、国家保留核心科研生产能力的地方军工骨干企业，是四川省高新科技产业型企业和综合成长型企业、四川省高新技术产业龙头重点企业。公司主要业务领域涉及军事电子、空管、卫星导航、三网融合、物联网、光电线缆、电子商务与软件、LED等。公司是"全国企事业知识产权示范单位""四川省知识产权示范企业"，连续14年荣获市级企事业专利工作先进单位。

对于企业而言，不创新是死路，创新而不保护更是死路。知识产权是创新成果的主要表现形式，九洲公司较早认识到知识产权保护的重要性，建立了专业的知识产权管理团队，着手对公司知识产权工作进行系统管理。目前团队主要分技术支持类人员和管理类人员，负责对公司的创新成果进行有效的管理与维护。技术支持类人员主要负责公司相关技术、产品等知识产权信息的检索分析，制定技术或产品知识产权规划和保护方案；负责设计、工艺研究等部门专利资源的挖掘、技术交底书撰写、专利评审、专利复核等工作。管理类人员主要负责知识产权流程、运营、管理体系、商标管理等工作。

2013年3月1日，由国家质监总局联合国家标准化管理委员会共同发布的《企业知识产权管理规范》（GB/T 29490－2013）正式实施。该规范旨在指导企业建立科学、系统的知识产权管理体系，有效管理知识产权生命周期，并推动企业的创新和经营发展。公司借此机会，梳理了内部管理流程，贯彻该标准。接下来，笔者将九洲公司贯彻与实施知识产权管理体系过程中对知识产权生命周期各节点进行的策划、建设及有效管理进行总结，分享给大家。

一、知识产权创造阶段

知识产权的获取依赖于创新研发，为了规避知识产权风险，更为了技术人员了解公司所属行业的技术发展动态、研究方向等，公司建立专利数据库，有效地促进技术创新，并通过建立管理体系，使创新成果的保护过程处于可控状态。

1. 搭建管理体系，规范知识产权流程管理

2013 年 8 月，公司被列为四川省 41 家知识产权管理体系贯标示范企业之一，开始筹备知识产权管理体系贯标的工作。依据《企业知识产权管理规范》（GB/T 29490－2013）要求，编写了《四川九洲电器集团有限责任公司企业标准》（QG/JZ 29490 1.0－2014），搭建了知识产权管理体系，覆盖公司立项、研究开发、采购、生产、销售和售后全过程。

"创新创造、系统管理、让知识产权成为九洲百年基业的战略支撑"是公司的知识产权方针。公司围绕该方针制定了知识产权总目标，并分解形成三至五年阶段目标，按年度制定年度知识产权工作计划，为各单位的知识产权工作提供牵引，并按照计划对各单位的完成情况进行月度、季度的检查和考核，保障公司的知识产权工作如期顺利开展。

通过体系的实施、内审、管理评审、问题纠错、持续改进等过程，公司的知识产权管理体系初具成效，即向中规（北京）认证有限公司申请体系认证，于 2015 年 6 月获得知识产权管理体系认证证书。

在体系开展和推广过程中，公司也遇到了一些问题和阻碍。比如：①知识产权体系国家刚开始贯标，可参考借鉴的例子较少，导致前期工作没有头绪，难以推动。经贯标小组讨论决定采用参考借鉴质量体系的方式，对大纲性的条款适度引用质量体系中的相关描述，而独有的条款可以向有经验的质量体系相关同事咨询了解。②公司业务涉及范围广，相关职能部门繁多，且各部门的知识产权职责相互交叉，进行具体的责任梳理存在一定难度。贯标小组组织大家一起学习标准，对标准条款逐字逐句地阅读和理解，理清条款中规定企业能做和要做的任务，再将这些职责落实分解到各个部门。尤其是涉及多个部门履行同一知识产权职责的情况，要考虑这些部门是共同履行还是各自分解承担对应职责等。

2. 建设专利数据库，助力创新全过程

技术创新过程有时难免会使用相似的技术思路、方法。为规避这方面的研发风险，也为技术人员提供学习渠道，经调研、多方讨论，并结合公司的

技术领域，构建了适合公司的专利数据库。该数据库中包含的数据基本覆盖公司业务范畴的全部技术领域，可以满足公司技术人员的检索需要，方便技术人员在提交专利申请、科研项目立项实施阶段检索相关专利文献并进行分析、学习。

九洲公司建立了知识产权管理系统，用于专利提案人员进行提案，系统提供各类提案信息（包括提案名称、拟申请专利类型、第一发明人或者设计人身份证号、联系方式等）的填报，并设置附件提交，用于交底书、检索分析报告等独立文件的上传。

专利提案人通过知识产权管理系统进行提案，经部门负责人审核确认，交知识产权管理部门进行审查。其中，申请发明或者实用新型专利的提案需要提交技术交底书以及初步检索报告。

知识产权管理部门对提案进行审查，审查内容包括：申请类型是否合适、交底书内容是否充实、交底技术方案是否明显重复，以及交底技术方案是否明显不符合"三性"（新颖性、创造性、实用性）要求等，并在知识产权管理系统中提交检索报告（见图1）。

对于提案信息中拟申请专利等级为"核心专利"或者标记有"提交专家评审"的专利提案，由知识产权管理部门组织评审小组进行评审，并根据评审情况开展申请工作。

例如：2018年11月29日杨姓技术人员在管理系统上提了一件关于"××同步收集×××的方法"专利提案，并上传了技术交底书，但经知识产权主管调查发现与之前申请的某件专利非常相似。因此，在系统中将提案请求退回，并告知原因。整个过程既快速又便捷，大幅降低沟通的成本，提高了工作效率。

九洲公司的专利数据库与管理系统的建立，让专利提案人员更为便捷高效地提出专利申请请求，并能充分利用专利数据库检索分析的功能，规避侵权风险，降低研发资源的浪费。

3. 系统性有规划地开展专利布局

根据企业技术领域和产业布局针对性地进行专利申请，由被动地"为专

审查人员	王雷	内部编号	20XX-X-XXX

检索记录分析表

一、申请基本信息

名称	
申请单位	申请类别
发明人	
领域	
背景	
现有技术缺点	
本技术要解决的技术问题	

二、专利数据库

数据库	专利之星检索系统		分类号		命中数	步骤
检索式						
注						

相关专利文献

类型	名称	文献号	权利人	分类号	涉及的技术方案
A					
A					

三、非专利数据库

数据库	中国知网cnki
关键词	

相关非专利文献

类型	期刊或文摘名称（包括卷号和期号）	作者姓名和文章标题	涉及的技术方案

四、结论

对提案的创新点进行提炼，与对比文件对照表如下

技术分解对比

提案创新点	对应对比文件	保护潜力
结论		
■是□否，申请专利		

批注[U1]:
◆类型有A，X，Y。
➤A为背景技术，X为可评价新颖性或单篇评估创造性的文件，Y为可以与另外一篇Y文件合起来评价创造性的文件。
➤注意：Y文件不能单篇出现。

批注[U2]:
若专利数据库未检索到有效的对比文件，必须进行非专利数据库的检索，检索内容主要为申请技术方案名称的技术关键词的组合，以及发明人。

图1　九洲公司检索记录分析表

利而申请专利"转变为"为企业的发展需求有目标、有规划地进行专利申请"，主要是加强产业专利信息资源利用和产业专利分析，把握核心专利分布，寻找发展定位。以产业专利数据为获取主体，综合运用专利信息分析和市场价值分析手段，结合经济数据以及特定产业龙头企业知识产权战略等信息的分析和挖掘，准确把握专利在整个产业发展中所体现的内在规律及影响程度，科学凝练技术创新方向。

例如，公司对智能终端（智能机顶盒）信息安全技术产品及设备的专利战略进行的深入研究和分析，为该产业的专利布局提供数据支撑。主要研究方式有：①利用不同的检索式方法全面系统地检索与智能终端安全技术相关的国内外专利申请；②在对国内外智能终端安全技术专利文献进行分类、整理、加工的基础上，逐一对专利权利要求书进行分析，重点研究其独立权利

要求；③对国内外智能终端安全技术专利年度申请趋势进行分析研究，及时掌握产业发展趋势和方向，对专利技术及法律状态等相关信息进行综合分析研究，了解智能终端安全技术主要设计、制造商以及主要竞争对手在该领域的专利保护策略，找出差距；④最终根据研究成果形成了智能终端安全技术发展建议，一方面对智能终端安全技术的发展现状、竞争企业实例分析以及对公司智能终端安全技术面临的威胁和优势进行了阐述；另一方面则对公司智能终端安全技术提出了未来发展规划。

二、知识产权保护阶段

知识产权的获取取决于研发成果的新创性，知识产权的保护依赖于系统化、持续性的监控，以有效维护自身权益，不侵犯他人知识产权。

1. 知识产权风险防控

公司知识产权主管部门与公司的情报信息部门联手对相关知识产权信息进行情报监控，通过学术研讨会、论文、报告、展会、互联网等渠道来获取知识产权信息。其收集的范围包括：当今科技发展趋势，世界各国知识产权法律法规和相关组织的发展战略，竞争对手的知识产权信息，相关领域中外企业的专利信息等。知识产权主管部门组织对获得的信息进行分析和识别，并根据检索分析结果指导各部门对知识产权信息合理利用，避免重复研究，提高创新起点；跟踪技术动态，修正研究方向；监视竞争对手，制定应对策略；保护自主产权，避免侵权纠纷。

2. 知识产权侵权监控

公司的知识产权风险存在于公司科研、生产、经营、管理等各项日常活动之中。为了有效地减少风险的发生和损失，需要开展知识产权风险管控工作。公司对市场进行定期与不定期的监控，防止他人侵犯我司知识产权，做到及早发现，尽早采取适宜的措施处理。

知识产权风险管理工作的基本目标，是通过一系列的流程制度（见图2）

和行为规范、应对措施等，降低或消除风险发生的可能性，以及在风险不可避免时尽量减小给公司带来的损失。

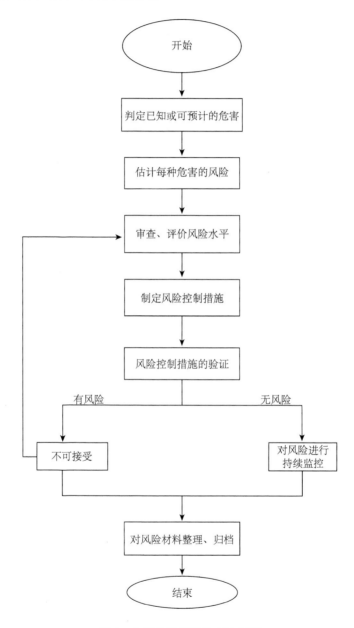

图2 九洲公司风险管理流程图

三、知识产权运用阶段

知识产权的获取取决于研发成果的创新性，知识产权的保护依赖于系统化、持续性的监控，知识产权的有效运用是为了创造更多的经济效益、社会效益。

1. 使用过程规范标识

以公司对商标使用过程规范为例：①未经商标权属公司许可，所有公司均不得擅自使用他人的注册商标从事各种商务活动。②在商品上使用注册范围未覆盖本商品项目的商标，应事先由本公司进行风险评估。③使用注册商标时，应严格使用经商标局核准注册的商标标志。不得改变商标的文字、图形及长宽比例，不得将商标的各组成元素随意组合。④对设计有对应的品牌视觉识别系统的商标，应严格按照品牌视觉识别系统规范使用。⑤在商品、商品包装、说明书、宣传册、合同、定购单、商务公文等附着物上及广告发布中，应尽量使用商标，以扩大商标宣传范围。

2. 促进专利的实施及运用

公司专利均是依托公司科研项目和产品而形成的。因此，专利的实施可以为公司贡献价值，具体为：①将公司专利成果产出纳入公司技术创新指标，将专利指标和科研项目指标深度融合，确保专利实施能够在科研项目中切实落地，使得技术产品能够与产出专利匹配对应；②对公司专利实施进行可行性研究，专利实施前进行科学论证，例如通过专利价值分级调研公司拥有专利是否具备技术上的成熟性、可靠性、先进性，是否具备充分的商业价值和应用前景；③通过建设实验室、技术／工程中心等，验证专利实施能力。

四、知识产权管理阶段

知识产权的获取取决于创新成果的创新性，知识产权的保护依赖于系统化的监控，知识产权的运用是为创造更大的价值，那知识产权的管理就应采用精细化 IT（information technology，信息技术）手段以保障知识产权生命周期的有效性。

1. 专利分级分类管理保障专利高质量发展

专利的分级分类管理可以有效提高管理效率，九洲公司是根据专利价值评价体系对专利进行分级分类管理的。

首先，调研公司所处主要行业的重点技术和产品情况，结合既有专利所涉及的技术领域，组织相关技术领域专家共同构建公司所涉及主要领域的专利技术分类体系，将既有专利进行了系统的技术分类，形成专利技术分类体系。在借鉴国内外主要的专利价值评价指标的基础上，结合已构建的专利技术分类体系，评价维度选取了技术、市场、法律三大维度。联合公司内外部专家完成了专利价值评价标准、评分细则、评价流程等评价体系工作文件，专利技术发展和应用情况调查表，以及专利价值评价表的收集和整理等，构建了适用于公司的专利价值评价体系。

其次，从专利申请到维持全过程中，开展专利价值评价。在专利申请前，分析技术、应用和法律层面价值，筛除明显没有授权前景或申请价值较低的专利提案，从源头上把控专利申请质量；依托专利价值评价体系，把授权专利分成 A、B、C 三级，按照不同的级别对授权专利进行奖励，鼓励和引导研发人员产出高质量专利；对既有专利进行分级管理，通过划分专利级别，区分专利的价值度，为后续专利维护和处置提供参考依据。

2. 信息化平台管理杜绝过程痕迹的遗失

为保障知识产权生命周期的有效性，公司搭建了信息化平台对知识产权全生命周期进行有效管理。平台实现了专利提案、受理、实质审查、授权、权利维持、实施许可直到权利终止的全生命周期的管理，监控专利在申请、审查意见通知书答复、维持期间的各种期限；管理专利申请过程的中间文件、内部管理文件；知识产权专员审核和引导发明人在专利实质审查过程中的合理答复，如避免发明人为了更容易取得授权而盲目缩小专利保护范围等，让专利质量在申请过程中得到保障。

专利申请管理是知识产权信息化平台的起点，更是企业专利工作的基础。按照专利技术分类和专利价值评价体系，知识产权专员对研发人员提交的技术交底书进行分类，区分出核心技术、关键技术、通用技术。知识产权专员根据重要程度和紧急程度统筹安排技术交底书的审核顺序，保障重点项目专利申请的时效性。

专利进入实质审查阶段，知识产权主管部门接到国家知识产权局的官方发文后，会及时导入知识产权管理系统，方便研发人员查阅。针对审查意见通知书，结合代理机构给出的答复意见，引导发明人及时形成意见陈述书。审查意见通知书和答复意见都会在系统留存，以便于知识产权专员和发明人总结答复经验，提升答复技巧。

专利维护根据公司业务发展方向、产品线调整，依托专利价值评价体系，知识产权主管部门会定期组织专利价值评价专家对待维护专利进行分级评价，评价结果分为 A、B、C 三级，知识产权主管部门会把评价结果录入知识产权管理系统。对不同级别的专利采取不同的处置方式：A 级授权专利会继续维护，同时会围绕该专利查找是否有新的创新点，布局相关专利；B 级授权专利原则上继续维护，同时利用数据库监控相关专利动态；C 级专利则放弃维护。合理规划公司专利维护成本，并着重维护和挖掘 A 级相关专利技术。

持续将专利所属技术领域、项目、产品线、单位等信息录入知识产权管理系统，可对产品、技术领域、研发部门等专利数量变化趋势进行统计分析；根据专利价值评价结果等因素，对研发部门、发明人的创新能力进行分析；自定义筛选要素，给月度、季度、年度技术创新工作会提供数据支持，为公司在技术创新板块做决策和规划时提供基础。

五、总结与展望

九洲公司为了不断提高公司知识产权综合管理水平，规范公司生产经营活动各环节的知识产权管理活动，防范知识产权风险，增强公司核心竞争力，在专利的创造、保护、管理、运营等各个阶段开展了多项工作。目前已经基本完成了由起步发展阶段向 IP（intellectual property，知识产权）战略制定阶段的转型，并继续探索如何实现经营、研发、IP"三位一体"发展。

　　未来，公司还将加强专利信息的分析与利用，追踪技术发展趋势和技术热点，及时发现项目可利用的现有技术，正确把握现有技术，为产品规划、项目立项提供决策参考。在加速构建产业技术专利池方面，公司将积极联合知识产权咨询服务机构、产业上下游企业、高校、科研院所等，强化产学研合作，提高上下游企业的技术关联度，有效消除专利交叉许可的障碍，促进技术的推广应用，推进产业集成创新。

如何提升企业知识产权管理的格局

郭迎征[*]

自《"十三五"国家知识产权保护和运用规划》颁布以来，知识产权工作的重要性以及受关注度日益凸显。无论是市场层面、产业层面还是学术立法层面，近年来对于完善知识产权法律制度、提升知识产权保护水平、加快知识产权强企建设、促进知识产权开放合作等方面都在不断地进行着积极探索和实践。与此同时，知识产权状况对于国内某些产业的发展规划布局以及区域发展政策的制定越来越发挥出不可小觑的影响作用。企业层面上，从近两年国家知识产权局不断开展的知识产权运营及质押融资试点工作，到各地方局不断探索出台的高价值专利培育计划，在某些地区已初现成效，这一切都从实践模式上为企业盘活 IP 资产增强了信心。

国家层面的知识产权战略作为顶层设计，必将在政策、制度、市场资源等方面产生巨大的辐射和促进效应，为知识产权事业创造大量的发展空间和机遇。在这样的大格局之下，我国知识产权领域近年来的发展态势可谓异常活跃，从诸项政策法规的加速颁布，到立法态度的逐渐科学化明确化、法律解释的逐步完善化体系化，再到各类市场需求市场资源的交迭出现，种种现象与趋势对企业知识产权工作的模式和价值都提出了新的要求和挑战，与此

---

* 郭迎征，工学硕士，法学硕士，专利代理师资格，北京某科技公司高级知识产权经理，从事知识产权工作近 10 年，在知识产权规划、布局、运营、风控等方面具有丰富实操经验。

同时也昭示着种种机会与前景。环境在变，企业知识产权管理究竟应该管些什么，工作范围应如何延伸，是每一个知识产权管理者都应该去主动思考的。

下面笔者就所在的移动互联网行业，从四个交叉关联的方面综合谈谈"企业知识产权管理"这件事，该问题见仁见智，不求穷尽，旨在探讨与分享。

一、知识产权管理的战略性思考

随着诸项知识产权政策法规的愈加完善，以及审查指南的最新修订，商业方法已渐露趋势可以被保护，"涉及计算机程序的发明"不同于"计算机程序本身"也被进一步明确确认，并被抱以越来越科学合理严谨的审查态度……这一切都在朝着有利于知识产权保护以及知识产权地位提升的方向发展，企业知识产权工作的发挥空间和价值也因此变得越来越大。

而当提及如何从墨守成规的保守的企业知识产权管理模式中跳脱出来这个问题时，许多知识产权管理者便会抛出成本和内部资源这个令人头痛的问题，于是很多"事"很多"努力"便想想作罢。在信息资源极度发达、市场规范化程度日益提高的今日，如此看待问题多少有些片面和狭隘了。经营知识产权与经营产品一样，可为与能为之间，许多发展格局和前景空间是可以一步步经营培育出来的。

成本和内部资源固然重要，对任何一个企业莫不如此，但虑及回报与结果，最重要的问题恐怕还在于"知识产权"这项工作究竟向企业管理层传递了一种什么样的价值目标；在 IP 成本之上构筑了一种什么样的价值体系；未来能够支撑起多少个盈利点以及盈利模式；能够为产品带来哪些价值增益。简言之，知识产权的价值输出是否符合企业的期待。

无论是明确的期待还是模糊的期待，企业有所投入必有所期待。作为企业总体战略的一部分，知识产权工作对于企业的长期价值至少要体现在以下几方面（见表1）。

表1　知识产权工作对于企业的长期价值

企业战略	价值
产品层面	为产品及品牌构建知识产权保护体系，规避市场行为中的 IP 风险
	借知识产权形象及成果增益品牌价值，创造产品溢价
市场层面	配合市场战略做好区域布局及出海准备——突破知识产权壁垒
行业生态层面	促成产业链合作与发展——通过交叉许可等方式，为产业链上下游资源互补、企业间合作、产品竞争潜力争取最大空间
	助力标准化战略，布局"标准必要专利"实现核心技术入标准
经营战略层面	保障未来融资/上市无知识产权风险与瑕疵，全面支持 IP 尽调、FTO 等
	全面实现专利运营，盘活无形资产

为以上目标筹谋，则需要梳理清楚：企业知识产权工作起点在哪里，价值实现模式在哪里，所需资源在哪里，短板在哪里，操作落地的方式方法又在哪里。企业知识产权的积累和建设没有捷径，拼的全是平日功夫，可能有人会说知识产权可以买啊，但能买到的通常只是"止痛药"，解决不了企业的根本问题，对于卡脖子的知识产权问题，以买来解决问题不但效果有限，其结果也是不可控的。而企业知识产权做得好不好到不到位，评价维度和标准不一而足，但知识产权作为一种商业资产，其价值必然要渗透在产品里，形成产品溢价，渗透进企业的核心竞争力里，为企业带来估值。也因此，打造和建设企业知识产权有两忌，一忌好高骛远，二忌闭门造车。

一忌好高骛远。典型的看法是，只有入选标准、遭遇诉讼或达质押融资这样"理想化"的目标，才是知识产权工作价值的体现。事实上更应该从现状开始脚踏实地寻找工作突破，从实际产品角度去关注一下产业链生态和未来即将面临的合同场景。例如，在市场地位不对等的情况下为拓展商业机会而要去和别的厂商谈判交叉许可，或是需要结成产业联盟以及加入专利池；企业与第三方的经营合作是否存在共同侵权风险而可能陷入连带责任，抑或是当产品卷入侵权纠纷时企业有无快速应对机制，该保有的证据或免责事由是否已准备充分……凡此种种，都是知识产权工作需要未雨绸缪和做必要准备的，这背后有相当多的工作要落实：①主动布局一定数量且具备产业链生态价值的专利申请；②主动关注和梳理上下游供应商的知识产权，将知识产权方面存在瑕疵的供应商，与市场主管、合同主管同步，做好预警，规避共同侵权风险；③从知识产权角度动态分析竞品动态，向产品设计和市场部门输出"同质化/差异化分析"数据；④对研发过程文件及时进行收集和阶段性归档（尤其是源代码），及时固定确权证据，在必要的时候快速形成完整的证据链以保护在先权利。

二忌闭门造车。有价值的知识产权管理绝不仅仅是维护一份鲜有问津的管理台账，而是要与研发和市场多交流，随产品演进不断梳理产品树，并在其上进行知识产权价值投射，将专利、商标、软著、技术秘密等无形资产按产品树结构形成相一致的映射。有计划地让知识产权价值显性化、具象化，将专利技术随"产品形象"一起打包或与"产品特性"紧密联结，每一项产品卖点的背后都能有一组与之匹配的知识产权数据做支撑，以知识产权为产品推广做背书。

例如，对于智能终端产品或是提供智能应用及服务的企业，是不是可以在产品宣传册或白皮书中标明某一模块（如安全模块）含有多少项专利技术或多少项授权专利，某一产品性能/解决方案（如生物识别、移动 OA、多点登录、多重认证）背后有多少项自主知识产权……企业的知识产权工作若可以明确具体地为产品赋予这样一种价值，那么将直接助推市场，向用户传递有效价值。而这样的技术型企业作为乙方与甲方客户签署产品销售合同/服务协议时，若能明确在合同标的物中指出其含有多少项专利技术或附带多少项知识产权许可，无疑会提升企业的议价能力和加大议价空间。

但回到现实中来，一个企业要做要关注的事太多了，永远都有比知识产权更重要的事。知识产权管理者认为很迫切很重要的事也许不会被排在前面，这也非常普遍。工作遇阻在所难免，但需要区分清楚哪些是暂时困难哪些是真正的困难，暂时困难不可怕权当短板，或放缓计划或寻求内部支持、外部合作，都是有办法解决的。真正可怕的是硬伤。没有一个明确的、长远的工作目标或是不能找到知识产权对企业发展的支撑面，不能对产品价值增长形成有效的助推力等，都是硬伤。

很多企业的知识产权工作还停留在面子工程阶段。这类企业对知识产权的投入也往往是极为有限的（包括人的投入、物的投入），其大多数都是出于这样一种思路来做知识产权：首先要看到知识产权能够为企业带来多少价值和回报，再来决定对知识产权投入什么样的资源和配置。这种思路之下，知识产权工作恐怕很难做出格局，甚至是舍本逐末而越走越窄。

企业知识产权工作要从面子工程里走出来，就必须要渗透进产品的竞争力里面去。具体是以完备多元的知识产权成果为产品附加竞争力，还是直接让知识产权渗透进产品的竞争力里面去，两种思路都是对的。前者是一开始就将产品与技术置于完备的知识产权架构之中，后者则是直接找准产品的竞争力所在去布局知识产权。无论哪一种实现效果都是企业知识产权工作所追求的，都是知识产权对企业和产品的战略支撑价值的体现。

对于研发立项的产品，在产品设计与技术规划选型之初就应该让知识产权分析和布局同步切入进来，工作的关键是知己知彼、知人知技术。具体可以通过将整个产品或产品体系拆分成一个个相对独立的技术模块或功能模块，逐个模块进行以专利为主的知识产权分析。分析的目的是弄清楚每个模块即产品的每个组成部分的业内知识产权布局现状，发现哪些是专利申请密集的技术领域，对于知识产权门槛高、专利数量多的技术领域要结合自己的产品技术方案，排查是否存在侵权风险高的专利，排查原则无外乎全面覆盖与等同原则。

最后，企业所确立的产品方案则需要对相似的现有专利技术进行合理规避，首选自然是寻找替代性技术并同步布局自己的专利技术，但若实在有难以绕开的专利技术，则需要企业专利工程师、产品人员、技术人员共同商议出一种"适宜可行"的技术实施方案。所谓"适宜可行"，一是技术使用/许可的对价足够低；二是收集好不侵权抗辩的证据。这项分析工作必须要上述三类人员一同参与完成，三类角色分别从所涉及的专利技术范围、产品实现/技术使用效果、技术使用必要性三个维度进行确认和把关。与此同时，提前做好与对方权利人进行商业合作的准备，而双方合作的对价可以是金钱也可以是知识产权（专利等）的交叉许可，这就是商业上的事情了。

除了上述对业内专利技术本身进行关注以外，还需要进一步统计和分析该领域内专利权人的分布态势是否集中，若发现专利数量明显集中于少数权利人/申请人手中，则需要将手中握有明显专利数量优势的企业作为重点关注对象，与产品团队一起分析研究其产品体系、市场地位与区域分布、产业链位置、商业模式等，以综合评估对方与我们的竞争关系以及竞争力强弱对比。另外，还有必要去关注其有无专利、商业秘密等知识产权诉讼史，以判断对方对于知识产权行使的态度，例如是属于积极主张权利的类型，还是温和的、保守的类型。所有这些信息对于产品风控工作都是必要的。

二、知识产权管理体系的科学有效性

虽然很多企业都有意识也愿意将知识产权上升到战略的高度，但战略终究不是一句话的事，因为战略有高度。这个高度是要靠企业内部知识产权体系制度化运行去构建出来的。换言之，战略必须分解落实成科学的行动策略和合理的执行方案才有意义。这项工作首先是要立足于企业的现实情况，再去谈消化和吸收业内先进的管理经验和体系模型，好的东西不见得就能顺利移植和复用，效果受企业外部环境以及内部诸多因素影响。任何一套管理体系的建立，单靠移植套用其效果充其量 60 分，想要实现 80 分甚至 90 分的效果必要经过计划－执行－检查－处理（PDCA）循环优化过程，其间，对于原则的坚守以及方法论、执行力的优化同样都很重要。这也正是为什么好些企业都贯标了，但效果却参差不齐。

这就需要静下心来梳理自己企业切实可行可推的办法，如何既有效果又有效率，如何与各部门顺畅互动，如何让大家觉得知识产权不是一个部门的事，而是全公司的事，等等，这些也都考验着一个知识产权管理者的综合素质和解决实际问题的水平。

事半功倍的做法就是让知识产权管理充分借力企业现行的诸项制度和体系，因为这些制度流程和体系之间往往是有联结的，只是边界或明显或不明显罢了。就拿笔者所在的企业为例，知识产权管理已融入企业项目管理、研发管理、品牌管理、市场营销管理以及供应链管理等多个体系环节，知识产权管理体系中的重要管控事项以及考核节点，也最大化地被导入其他体系流程中，借此实现内部管理目标的一致，以及任务考核和管理节点的复用。

体系融合效果很明显，首先使知识产权工作的推动变得事半功倍，其次跨部门协同协作变得轻松顺畅。道理很简单，一切企业活动皆是奔着"产品"

战略和"经营发展"战略而去的，在执行层面上知识产权和其他经营事务一样既不特殊也不例外。

大多数企业内部都存在着一系列或明确或模糊或有名或无名的管理体系，如产品管理体系、项目管理体系、营销管理体系、产业链合作管理体系等，彼此间相对独立又有所交叉。若对各体系简单割裂施以管控，势必造成流程低效和资源浪费。诸体系间应深入沟通以充分利用好各事务节点间的交叉重合关系，从企业全盘效率考量，以尽可能少地管理资源投入换取尽可能好的管理效果。

单知识产权管理体系而言，完全可以在产品立项时，对各产品部门设立知识产权 KPI，明确设定考核数量指标并划定技术范围分布；在项目管理中的各评审节点适时导入"知识产权布局"评审（如在立项评审、风控评审环节中进行），"知识产权计划"评审（如在开发计划评审环节进行），"知识产权成果验收"评审（如在项目验收评审环节进行），"升级产品知识产权跟进计划"评审（如在版本升级评审环节进行），等等，不一而足。使得知识产权之于研发团队、产品团队成为一种"顺势而为"的事。

或许有人会说，其企业内部没有这些名目繁多的管理体系，但是技术型、研发型的企业的运作模式大抵如此，没有明确定义的体系，但相关的流程制度总有，这是摆在明处的。至于制度流程背后的脉络及体系间的联结关系就不妨知识产权管理者自己去梳理了。

三、知识产权管理的高度

知识产权管理体系建好后，下一步就一定要发挥出知识产权工作的价值，对外的价值在前面已经讲到，下面就以点带面，单从"指引研发"这方面说说知识产权对内的前瞻性指导价值。

很多企业都有一个所谓的预研团队，做一些前瞻性的工作，这个团队往往也是知识产权的重要输出者和贡献者。对于此团队，一定要搞清楚所做的是"产品预研"还是"技术预研"。对企业而言有价值的一定是产品预研，技术预研最终也是一定是要回归到产品上去的。许多人也许会质疑：产品终要靠技术去实现的，技术预研和产品预研难道不是一回事吗？答案是否。

技术可能只关注一个或有限的几个点、几项功能、几种性能、几类实现模式。但产品却要考虑方方面面，好的产品一定要能够适应生态。没有先进的技术产品不一定会死掉，但不能适应生态或者没有一个能够支持产品"生长成长"的生态，产品一定会衰落会死掉。鉴于此，在产品预研和技术选型时就一定要考量未来所能够支持的商业模式和盈利模式；伴随业务增长还需要预留什么样的产业合作方式；对生态圈或产业链上其他产品及供应商有什么依赖，依赖程度如何；未来会不会面临平台移植或适配问题，产品会不会平台化，产品基础架构是不是能支持；如果涉及或关乎开源，开源协议对商业模式有什么约束力，涉及的知识产权问题又该如何解决和提前规划……

以上这些问题都是"产品"要考虑的，也是"知识产权"工作要考虑的，知识产权"里面"是技术"外面"是产品。因此，在进行日常专利检索和知识产权布局时，一定要把产品、技术和生态联结为一体，得出综合的分析结论，以更科学有效地反哺研发和产品。领先的技术或超前的设计，未必能催生出生命力强大的产品（或者很长一段时间内其产品价值是不确定的）。成功的产品必是与其所处的生态相适应并能够被生态圈所支持和给养，如软件的、硬件的、供应链的，甚至是用户习惯方面的，等等。产品理念和技术演进速度与生态圈的发展相比，不能太快也不能太超前，当然更不能滞后、不能与技术发展的大趋势相悖。

产品及研发的成功与否直接关乎知识产权布局的价值，而知识产权布局情况又将直接影响企业未来知识产权运营的能力。因此，企业知识产权工作的站位一开始就要高。高在哪里，简单总结如下：

①无论产品分析还是知识产权检索，视野一定要置于整个生态圈的发展趋势、技术演进方向以及行业标准的选择动向上。

②专利挖掘不能太被动，若简单地研究什么申请什么，出来什么申请什么，那是论文，不是专利，专利的理想是要放在市场上去创造价值或是为未来去创造价值空间。

③从认知上对业务部门传递正向的 IP 价值理念，充分利用 IP 信息反哺研发过程，持续输出有参考性的信息"成品"，坚持不懈（注意是加工过的信息

"成品"，不是海量推送和转发）。

四、知识产权管理者的认知能力

以上种种，都需要企业知识产权管理者去主动思考的，认识上要能够达到或接近企业战略，与此同时还要能够沉得下来，沉到琐碎繁杂的实务里。专利挖掘、撰写、审核、审查意见答复等必须严格用心把关。如果这一项没有做好，那也算是前面所说的硬伤了。

所谓权在哪责就在哪，至少撰写质量这一项是不能完全交给代理人去把控的，再好的代理人也不行。代理人只对这个案子生命周期的一段负责，争取授权或驳回，基本算是尽到本分了。常会遇到这种情形的案子：核心技术特征是写全了，好像也没有引入非必要特征，但是权利要求的布局结构错了，应该但没有单边撰写，遭遇诉讼考验时举证乏力甚至不堪一击，实际产品根本落不进这个"保护圈"；方法专利完全依照"发明人的意愿"以时序步骤去撰写，极大限制了权利范围，看着好却用不了，镜花水月。

以上说到底还是对专利怎么用设计不足，审核推敲不够。高质量的专利撰写往往是以终为始，本着"用"去写的。

从专利权人的角度出发，在设计保护主题和权利要求结构时，应充分考虑以后权利的使用场景，例如针对计算机软件专利，一定要重视装置权利要求的设置和撰写，原因是相应的方法权利要求往往易表现为由普通终端用户来执行实施的，因其不具备生产经营目的，因此在发生侵权纠纷时不可能将其作为权利行使的对象，而计算机软件程序的非法开发者、分发者、复制者是可以依法追究其侵权责任的。

基于上述相类似的理由，方法类权利要求要尽量避免将用户执行的操作步骤或将终端用户本身作为执行主体写入权利要求，避免造成日后侵权责任难以追究问责。另外，在目前的司法判定标准下，方法类权利要求还是建议优先采用单边撰写原则而尽量规避多边撰写，规避引入多方实施主体，以避免日后陷入分离式侵权的困局。

除了以上这些，更多具体的、有效的实操经验还需要在具体的工作实践中摸索。说到底,打铁还需自身硬,自身不硬,大环境再好也惘然。除了上述知识产权实务方面的经验能力外,企业的知识产权管理者在能力上还需是个多面手,要对本产品领域内的技术有相当程度的了解和掌握,尤其是技术密集型行业。

就笔者所在 IT 信息化技术行业而言,知识产权工程师最好从事过几年的研发工作或是在相关技术领域有专业的教育背景,这样与研发人员之间的"对话"才能最大限度地减少误解和障碍。很多研发人员或多或少有这样一种心理:首先觉得跟你"有得聊",然后才愿意开口跟你"讲",进而才谈得上对你的工作给以支持。这就是为什么很多企业知识产权管理者最后的瓶颈不是专利实务方面的问题,而是受限于能否对影响产品竞争力的技术有透彻领悟,以及是否对行业发展的核心驱动因素有敏锐认知。

五、总结与展望

我国知识产权建设水平正日益与国际接轨,知识产权强国强企的呼声和关注度越来越高。外部大环境对企业知识产权管理水平提出了更高的要求,与此同时国家层面也在不断地从政策、制度、监管等方面探索、完善和调整,为企业知识产权建设营造环境、创造条件。

权利保护方面,知识产权侵权损害司法判赔的额度不断刷新历史,与真实的市场行情贴近,这体现并推动着知识产权市场价值的提升,另一方面也在倒逼产业主体和市场主体去正视和重视知识产权。为提升知识产权执法效能,2018 年商标、专利执法职责改由市场监管综合执法队伍承担;2019 年国家市场监督管理总局与知识产权局又共同制定了《2019 年知识产权执法"铁拳"行动方案》。这一切实践层面的改变对于市场主体和知识产权权利人而言,极大增强对知识产权竞争的公平性的信心。

确权与获权方面,随着《专利优先审查管理办法》的实施,以及近期颁布的五年内商标注册审查时间压缩至 4 个月内,发明专利审查周期压减三分之一,高价值专利审查周期压减一半的各项举措措施,使得知识产权和知识成果的保护更为及时,更加适应现今技术发展革新快、迭代周期短的特点,同时这也为企业极大地节约了产品和研发创新的经济成本和时间成本。

知识产权质量以及价值落地方面，自"高价值专利"提出到现在，越来越多的地区和行业纷纷研究和制定了基于不同维度的衡量标准以及培育计划，"以用为本"的知识产权思路得以实践和发挥。更为重要的是，企业可以充分借鉴和参考适合行业特点和市场特点的高价值专利培育标准，从确权、用权以及权利保护的角度去获取方法和经验，从而构建具有竞争优势的企业知识产权布局。

至此不再多言，企业里的知识产权绝不仅仅是管理流程、管理创新成果的申请及归档，也不仅仅是单纯鼓励创新这么简单。它更多的应该是从市场竞争和商业模式的视角，将技术放在产品中，将产品置于知识产权的构架之下。知识产权之于产品也绝不仅仅只是"防护"，更应该是一种竞争力的引导和开拓。

因此，企业知识产权管理一定要依托于企业依托于市场，快的企业已经在摸着石头过河，更快的企业已经在法制的框架下各显神通，慢的企业参鉴前人的经验就是最好的捷径了。无论处在哪个阶段，企业知识产权管理都是一件需要持续投入智慧和时间的事。形势大好，路在脚下。

第二章

专利篇

专利文献助力产品研发

张金鑫

东方电子股份有限公司成立于 1994 年 2 月，注册资本 9.78 亿元，主要股东为东方电子集团有限公司，目前发展成为包括一个主板上市公司及三个新三板上市公司在内共 16 个子公司的大型一级企业。公司传承了电力行业的领先优势，广泛拓展业务领域，涉及的行业主要有电力公司、电厂、煤炭钢铁、石油化工、电气化铁路等。公司的主营业务涉及发电、输电、变电、配电、用电，为整个电能量传送过程提供自动化控制解决方案，是国家电网公司和南方电网公司的主力供应商，已成为智能电网设备及系统方案供应商、智慧城市系统解决方案供应商和新能源及节能领域的践行者。主要产品包括从发电侧到用电侧系统集成的能源管理解决方案、保护及综合自动化系统解决方案、智能变电站、电能量采集及计费自动化系统、高低压变频节能系统、智能电源系统、移动监控系统、轨道交通综合自动化控制解决方案、工业控制系统解决方案，等等。东方电子成功开拓国际市场，并实现了从单一产品出口销售到系统集成，从产品服务到电网运营及服务的转变，国际业务遍及欧

* 张金鑫，硕士研究生，从事知识产权与标准工作近 10 年。先后发表《基于客户导向的公司发展战略研究》《识别岗位需求，做好人力引进与招聘》《公司海外项目人力资源管理机制探索》《基于项目管理软件产品研发管理研究》等论文，其中《基于客户导向的公司发展战略研究》荣获中国企业管理研究会和《国企管理》杂志"2017 年度全国国企管理创新优秀论文"评比一等奖（编号：172325），《基于项目管理软件产品研发管理研究》获得同期论文评比一等奖。

美、非洲、东南亚、南美等多个国家和地区,出口额在同行业中位列前茅。

东方电子1996年被认定为国家级企业技术中心,1998年批准设立博士后科研工作站,2008年认定为山东省电网调度自动化工程技术研究中心、山东省软件工程技术中心,拥有国家认可委认可的检测中心。公司拥有计算机信息集成一级资质、智能建筑设计与施工二级资质,通过了GB/T 29490-2013、ISO 9001、ISO 14001、CMMI L5、PCMM L3、ITSS、ISO 27001、ISO 20000等多个体系的认证,连续10年以上在国内外电力自动化市场占有率名列前茅,连续15年位列"中国软件企业收入百强"。

公司在北京、南京、广州、新德里设有研发机构,先后承担国家高新技术产业化项目、重大技术装备项目及省市各类项目30余项,获省市科技进步奖、优秀新产品奖、发明奖40余项,平均每年完成新产品、新技术研究开发项目30余项。公司在自主创新的同时,充分发挥国家级企业技术中心和博士后工作站的作用,聘请了多位国内外的著名专家学者作为技术智囊团,与中国电科院、南网公司、西安交大、华中科技大学、华北电力大学、清华大学、复旦大学、天津电科院、山东标准化研究院等科研院校建立了紧密的合作关系,开展产、学、研、政的项目合作与实施。通过多种方式,不断提高企业的技术创新能力,整体研发能力一直位居同行业国内前茅,形成各类合作知识产权100多项。

2013年2月27日由国家质量监督检验检疫总局、国家标准化管理委员会发布的《企业知识产权管理规范》(GB/T 29490-2013)是关于企业如何规范、有效地管理知识产权的第一个国家标准。我司于2014年启动贯彻该标准的工作,也正是在学习标准、理解标准、参考标准策划公司知识产权管理体系、搭建各部门知识产权联络工作机制、实施运行知识产权管理体系的过程中,发现该标准对企业具有较强的指导性与操作性,尤其在研发的各阶段如何充分利用专利文献助力研发和风险防范等,在此将过程中的一些心得与经验分享给读者,期望引起同行的共鸣,为知识产权事业添砖加瓦。

一、知识产权体系的建立与维护

东方电子股份有限公司于 2015 年 9 月通过《GB/T 29490 - 2013 企业知识产权管理规范》（以下简称《规范》）体系的初次认证，在公司范围内建立了基本的知识产权体系的组织架构，公司总经理作为知识产权管理第一责任人，任命分管研发副总为体系的管理者代表，并设立专门的管理机构与人员，为全体员工建立了知识产权基本的概念与意识。目的是用《规范》来指导公司建立科学、系统、规范的知识产权管理体系，帮助企业全面落实国家知识产权战略精神，积极应对当前全球范围的知识产权竞争态势，有效提高知识产权对企业经营发展的贡献水平[1]。

2018 年 9 月公司通过了知识产权贯标再认证审核。近年来，公司不断根据标准的要求与实际运行需要，对知识产权管理体系进行修订和完善，设立了知识产权控制流程图，并作为公司知识产权的总体纲领性文件，2018 年进行了第三次修订，修改和完善了知识产权的专项激励管理办法、强化了专利法规宣传、专利知识普及、专利培训、专利申请与保护；巩固了专利管理制度，把知识产权小组的职责、专利产权的管理、专利奖惩、专利工作的考核等内容列入专利管理制度。在研发项目的整体生命周期中，从立项开始便进行知识产权的策划，在每个阶段进行具体的计划和实施，使知识产权的管理要求在实际工作中很好地落地实施，总体取得了良好的成效。

1. 知识产权管理体系运行的有效保障

（1）设立专门机构和人员。公司在实施知识产权体系贯标之前，就有专门的部门和人员进行知识产权的管理，在进行体系贯标后，根据规范的要求设立了公司级的知识产权管理办公室，负责公司全面的知识产权管理工作，配有相应的负责人与岗位人员。公司在 2018 年 5 月，先后对技术专家委员会、行业专家委员会的组成人员进行调整，并在委员会职责中增加了关于知识产权方面的要求与规定。

（2）建立系统性的管理文件。根据《规范》要求，公司组织人力建立了包括《知识产权管理手册》《管理文件控制程序》在内的 21 个程序文件，对应的模板与表单 50 余个，形成了对公司各项工作在知识产权方面的全面覆盖。根据公司的业务范围及公司知识产权现状制定了"激励创造、有效运用、依法保护、科学管理"的知识产权战略方针，确定东方电子的知识产权长期目标为：提升公司知识产权创造、运用、保护和管理能力，建设创新型企业，成为国际一流的能源解决方案供应商。修订了专利管理制度、商标管理制度及软件著作权管理制度，从知识产权管理、查新、检索、申请、许可使用、保护等几方面制定了详细的制度，并严格执行。

2. 知识产权专业能力与意识的提升

（1）不断提升的专业能力。公司聘请专业律师为专职法务顾问，应对包括知识产权在内的相关法律知识与具体业务的咨询服务，方便对侵权与不侵权的快速确认，有效避免专利侵权，并及时采取有效措施，维护自身合法权益。为有效地保护专利产权，及时对侵权行为做出快速反应，公司成立了专业从事专利维护的团队，其中 1 人取得专利代理师资格，3 人通过知识产权管理体系审核员的培训考试并取得证书，极大地提高了知识产权管理部门的专业水平和能力。

（2）持续开展的专业培训。体系运行的四年中，公司在不断打造知识产权的应用与落地的氛围之外，也在不断通过内训与外训的方式，普及和提高员工专利文献使用的基本知识与理念。内训主要以技术业务培训为主，每季度聘请相关的咨询机构、专利代理师等专业人员进行内训，先后培训过"专利检索在研发项目中的应用""IncoPat 平台介绍与使用""如何提升专利申请质量""典型专利案例分析与申请""专利挖掘与审查专题交流"等；每年都要进行"知识产权管理体系的解读与实例介绍"等课程的培训。外部培训主要是参加国知局、中规公司、强企知识产权研究院及相关机构举办的各项知识产权专业培训与专项讲座 30 余次。知识产权方面的培训作为新员工入职培训的必修课程之一，初步统计仅 2018 年达 500 余人次。

3. 形式多样的激励举措

知识产权体系的成果，是公司的无形资产也是软实力，为公司带来效益的同时也是支撑公司很多资质维护、项目申报、资金申请等工作的必要条件。因此，公司在遵循国家法律要求的前提下，也从多方面给予员工在专利、著作权等产出方面的奖励。除正常的专利、著作权申请和发表论文的奖励外，公司每年还要对以上三类知识产权进行评比，由技术专家与行业专家组成评委团队进行评价，分设一、二、三等奖。同时，公司也积极组织研发人员参与市级知识产权评比与各类资助资金、省级和国家级的示范企业评比、国家专利金奖等奖项和申报工作，让公司与员工同时获益。2017 年，公司获得烟台市专利资助资金 10 万元；2018 年 5 月，烟台市科技进步奖申报，经过公司技术专家对项目的评估，我们选取了某产品部的南网某调度控制系统项目，评审专家认为，该系统项目在研发过程中采用了行业内具有创新性的技术和方法，被评为当年的烟台市科技进步一等奖，该项目的一项专利在评审中起到了决定性作用。项目组人员在发奖金时才得知项目中奖了。

4. 并存的日常管理与监督

知识产权体系各项要求与内容的落地是一项长期的工作，需要不断地强化与巩固，需要日常管理中不断地进行挖掘与培养。在体系建立之初，公司便将专利挖掘与研发项目有机结合，在项目立项前进行检索分析，立项时进行策划，过程中反复进行调研分析，在项目结项的同时也有知识产权的相关成果和产出，在尽量减少项目组人员工作量的情况下，力争做到同时策划、同时立项、同时实施与同时产出。

大家如果做过研发就会知道，研发人员最讨厌的就是写文档！而研发管理却要有需求说明书、概要设计、详细设计等文档，还包括项目管理类的各种模板、报告，搞得研发人员不胜其烦不愿写，领导出面也不好用，因为领导关注的是项目进度与成果，所以也只会在你和研发人员之间"和稀泥"。原因就在于没有关注研发人员的需求与痛点。知识产权管理人员这时候该怎么办？加强沟通和交流，前期可以和研发人员一起进行检索和分析，帮助他们，让其知道专利挖掘与获取的重要性，不仅为公司带来好处，也能为自己增值并且带来收益，让员工有价值感和成就感。

经过几次成功的"推介"，再从项目伊始就介入，帮助项目组进行知识产权的整体策划，员工之间交流障碍越来越少，融洽程度越来越高，慢慢就会有项目组在立项之初就来部门进行咨询和交流专利检索方面的问题。但这个过程还是比较漫长的，需要我们这些管理人员进行大量的引导和铺垫，创造环境、营造氛围。

二、专利文献在产品研发中的运用

与其他科技文献相比，专利文献集中了技术信息、法律信息和经济信息，是一种数量巨大、内容涵盖广泛、技术特点鲜明的战略性信息资源，能够反映出最新的技术发展动态，而且其格式统一规范，高度标准化，具有统一的分类体系，便于检索、阅读，对于发明创造的揭示完整详尽，技术内容相对可靠。

公司在建立体系之初，便根据标准的要求，建立了《立项、研发活动中知识产权管理程序》，目的就是对企业立项、研发过程进行控制，保证企业的各项研发工作符合知识产权管理国家标准的要求，对企业研发过程所涉及的相关知识产权进行有效的运用与控制。同时详细地对从总经理到各产品部门的职责进行规定，保证知识产权体系的制度化，明确职责分工，做好相应的支持与服务。

1. 研发全过程的把控

（1）产品研发立项前，必须进行专利文献等查新检索，根据检索结果的研究内容的新颖性，科技部根据《知识产权评估程序》对项目与技术进行评估，并将评估结果、防范预案作为项目立项与整体预算的依据，形成产品开发可行性研究报告。科技部撰写项目申报书，申报书的内容包括研发的时间进度计划、知识产权风险、知识产权申请计划、人力资源计划、财务资源计划和知识产权计划，分管领导审批同意后立项，并与相关人员签署保密协议和研发成果归属协议。

（2）产品研发过程中，科技部始终保持对技术的跟踪检索，执行《知识产权检索控制程序》形成跟踪检索报告，并做好所有的研发记录；技术中心跟踪与监控研究开发活动中的知识产权，适时调整研究开发策略和内容，避免或降低知识产权侵权风险。

（3）科技部督促技术研究或产品研发人员，及时报告研究开发成果，并对科研成果进行归纳、保护。执行《知识产权获取控制程序》，对研发成果进行评估，形成评估报告，确定合适的保护方法；对研发成果进行信息发布审核，执行《知识产权信息发布控制程序》，形成发布报告，对研发的所有记录做好归档存档，并建立档案记录。

2. 专利文献在研发中的应用

在知识产权体系的运行和维护工作中，通过标准6.4条款对公司所属领域专利文献的获取，并进行专利信息宏观与微观分析。例如，公司在2018年9月曾做过一次配电领域的专利分析，此次分析的专利数据并不能完全代表整个领域的创新活动。首先，由于一方面并不是每一个专利都具有商业创新价值，另一方面，不少企业选择保守商业秘密来保护其发明创新技术，这些都是无法通过单纯的专利分析来发现的。其次，专利分析存在着固有的时滞。这是因为申请日期和公开日期之间通常有18个月的间隔，对于一个在进一步开发与现有产品相关的专利技术的企业来说，这个时滞将直接影响专利分析预测结果的准确性。尽管如此，我们依然可以通过检索分析对该领域的技术发展方向以及友商的研发团队构成等情况有所了解和掌握。

在我们看来，专利文献应用于产品研发，主要有以下五个方面的作用。

（1）提高研发效率，降低研发成本。

产品研发工作开始前与过程中的专利文献检索与分析，能够比较全面和及时地了解研发产品和技术的最新进展。一是立项前将分析报告作为项目立项的重要依据，可以对产品研发所涉及的研发费用、人力投入、研发计划等工作进行良好的规划，避免浪费人力物力；二是在过程中的专利文献检索分析，从众多已有的技术中，找到可以在技术研究的方法、经验、方案等方面的借鉴之处，能够快速地找到技术的空白领域，或是对已有的专利延展为新的专利等；三是可以通过寻找产品研发关键性的技术，是否需要避开其技术方案，或是评估其发展前景，考虑是否可以采用授权的方式取得，避免重复研发，提高产品研发效率，降低研发的成本与费用投入。根据世界知识产权组织的统计，专利文献中包含了世界上95%的研发成果，如果能够有效地利用专利情报，不仅可以缩短60%的研发时间，还可以节省40%的研发经费。

公司在2018年进行某自动化产品项目时，两位技术人员曾为某设备的密封技术与材料选择耗费了近两个月的时间，后求助于知识产权管理专业人员，对其技术进行了专利检索与分析，公司内部进行初步的交流与研讨，确定检索方向与方案，而后通过专业的机构进行了检索与分析，15天的时间，成功地解决之前遇到的技术难题和研发难点。按工作日计算，按照公司的人力核算标准，仅人员投入费用就相当于耗费了近5万元，如果按机会成本计算，至少是人员费用的3倍。

通过专利文献应用于产品研发，提高了研发效率，降低了研发成本。因此公司对知识产权的投入力度再次加大。2018年知识产权经费为700万元，主要用于知识产权申报与维护、专利技术的开发与升级、人员培训、专利奖励、风险备用金等，其中专利奖励一项，2018年知识产权受奖励人员50余人，绩效奖励金额20余万元。

（2）研判友商技术方向，了解市场动态。

对于某一项技术或产品，通过对友商的专利文献检索与分析，可以分析出友商的技术发展方向与趋势。宏观上，结合市场推出的产品情况分析出其重点技术、成熟技术与空白技术的分布与实力强弱，从而得知友商产品发展脉络、新产品上市时间等信息，寻求发展机会点；微观上，可以通过对专利文献内在特征的研究和探讨，对于某一项具体的技术问题、采用的技术方案、达到的技术效果等进行分析，对新颖性、创造性进行判断和评价，分析某一项技术能否申请专利，保护范围有哪些，针对技术、产品和相关专利，评估是否有侵权的风险以及如何避免侵权等。

为了便于对专利文献的充分利用，2017 年底，知识产权办公室对目前使用的专利检索网站和数据库进行了梳理，确定了分层次管理与使用的策略，普通专利使用国知局网站、中国知识产权网、中国专利信息中心网站及相关的知识产权服务平台等进行专利文献检索，使管理与技术人员能直接从专利检索分析系统中检索到相关专利信息；对于初步进行分析和评估的高价值专利，则委托专利代理机构在专业数据库中进行检索与分析，极大地提高了专利的质量和产品研发的质量，激发了研发人员的创造性和主动性。

（3）增强专利撰写质量，提升专利价值。

在专利文献的检索分析过程中，我们经常会检索到很多相似相近的专利，员工在查看这些专利时，可以了解和学习到别人是如何撰写专利的，学习高价值专利撰写的规范性和严谨性。例如，在权利要求书中如何描述专利的保护范围而不让其他人可以轻易地绕开，在专利说明书中如何描述自己专利合适的保护范围等。经过近两年对专利文献的培训与实战，员工撰写专利的质量和申请量明显提高。

截至 2018 年底，公司共取得授权专利 60 余项，其中发明专利 45 项，软件著作权 100 余项，注册商标 42 项，参与国家标准制修订 30 余项，国家级项目 5 项，省级项目、成果 50 余项，10 余项成果经鉴定达到国际先进水平。2018 年公司专利申请量达到近五年来的新高，共申请专利 17 项，其中发明专利 16 项，实用新型 1 项；获得授权专利 14 项，其中发明专利 13 项，实用新型 1 项，所有专利当年基本实现转化，专利实施率达 95%。

（4）提高员工能力，激活创新意识。

知识产权体系的贯彻与执行，除了领导重视，给予相应的资源与投入，关键还是一线员工的参与。通过近些年来，公司在专利文献应用的方法培训、理念宣传和实例交流等，研发人员也意识到专利文献对产品研发工作的重要性。通过不断的实践，研发人员不断提升专利文献检索分析的能力，掌握了初步的专利文献检索知识和方法，大大节省了查找资料的时间，从而加快研发工作的速度。通过专利检索，也可以了解到最新的技术动态与发展方向，在避免重复工作的同时还能增强自身的专业能力，拓宽视野、增加知识，分析问题和解决问题的能力不断提升，专利意识得到加强。

通过专利文献的检索，使研发人员在工作中可以"走出"现有的技术研究困境，打开了一扇通往外界的大门，看到外面精彩的世界，避免出现闭门造车的现象。新的思路和方法同时也能激发灵感，让研发人员找到更多的技术研究路径，促进员工的创新意识与动力。

建立专利导航机制，形成从需求、设计、生产、销售到运维的产品全生命周期的专利检索过程监控与支持体系（见图1）。重点在研发环节推进技术复用机制，形成关键CBB❶。在CBB的提供和使用两方面加大激励力度，提高研发效率和可靠性，助力产品开发，为公司技术发展提供决策。公司近三年，专利质量明显提高，员工知识产权意识增加，初步形成从人员、技术、过程、资源全方位的知识产权管理平台。股份公司本部收入连续保持两位数增长（营业收入见图2），调度主站业务在全国市场占有率排名第二位，变电站自动化业务在国网集招中排名前六，配电自动化业务在国网集招排名中稳居第一位，在行业中的地位逐年上升。

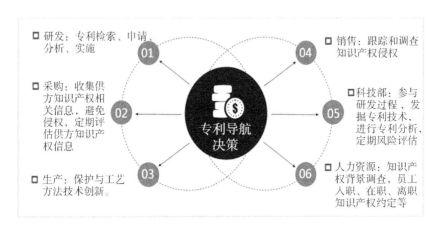

图1　专利导航决策体系

---

❶　CBB，Common Building Blocks 的缩写，意为公共构件模块，指可被多个产品使用技术成果，包括但不限于代码、电路图、文档、结构设计。

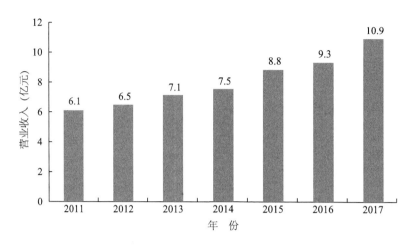

图 2 营业收入（2011—2017）

（5）促进产学研的合作与交流。公司近两年先后与中科院、上海交通大学烟台研究院、中科院沈阳自动化研究所、华中科技大学、哈尔滨工程大学、中国农业大学、烟台大学等科研院所建立科研项目开发与研究的合作，极大地促进了公司产学研方向的发展。公司 2017 年加入华电云平台。该系统是华北电力主要实施，汇集电力行业大量前沿技术。公司通过该平台，实现专利库的共享，并取得技术信息，寻求知识产权合作。2017 年 12 月公司成为烟台市知识产权协会副会长单位，参与市级知识产权的政策调研与平台搭建，推动知识产权运营领域的政策、机制、模式创新；2018 年 5 月，公司作为发起单位之一参与筹建烟台市物联网协会，就能源物联形成专利联盟；2018 年 7 月获得"国家知识产权示范企业"称号，2018 年 12 月获得"中国电子信息行业优秀企业"称号；E8320 全网智能电压控制系统荣获烟台市科学技术进步一等奖，"基于新能源接入协同控制技术的全网智能电压控制系统"获得中国电子信息行业"盘古奖"2017 年度创新产品奖。

三、未来规划

紧跟知识产权方面的国家政策的要求与标准修订动态，持续推进将知识产权体系管理方法与理念融入企业的采购、研发、生产和销售等环节，更高层次地体现依靠知识产权战略以开拓市场，促进知识产权转化运用，挖掘和提升知识产权价值。增强广大员工的知识产权意识，充分调动员工的积极性和创造性，激发员工活力，使创新成果得到尊重和保护，创新投入得到回报[2]。

建立定向的专利分析报告制度，对现有产品或技术形成专利地图分析，了解其全面信息；对友商和专利权人进行分析，了解其技术发展动态；通过专利分析掌握技术发展方向，寻找专利空白区域，抓住技术发展机会。同时，有效地安排兼职知识产权人员参与研发，加大奖励，提高专利申请量和授权率，通过建立全公司风险监控和技术复用制度，杜绝侵权事件，避免重复研发，节省研发成本。

通过专利文献的检索，进一步加大"产、学、研"的合作力度，获取高校院所的专利信息，主动寻求和发现相应技术的权利人，通过与高校院所的合作，进行技术上的交流，寻找成果转化与技术产业化的契机，包括针对公司上下游的产业链企业专利信息的搜集与整理，为各类合作提供有力的知识产权支持与保障。

公司在外部投资机构参与了混改后，一年多来不断在进行公司产业结构和产品线调整与布局，其中涉及大量的企业间的投资、并购与重组，未来要加强公司在对外合作、企业投资、企业并购等环节的知识产权管理力度[3]，有效地规避因知识产权在企业投资过程中带来的风险。

参考文献

［1］国家知识产权局．企业知识产权管理规范：GB/T 29490 – 2013 ［S］．北京：中国标准出版社，2013．

［2］中规（北京）认证有限公司．《企业知识产权管理规范》审核实务与案例汇编 ［M］．北京：知识产权出版社，2019．

［3］北京强企知识产权研究院，中规（北京）认证有限公司．企业知识产权管理体系内审与咨询 ［M］．北京：中国质量标准出版传媒有限公司，中国标准出版社，2019．

浅谈专利布局的五颜六色

周　燕[*]

俗话说，重视一件事，要么是吃过亏，要么是占过便宜。东鹏集团对专利的重视就是从吃亏中吸取教训从而逐渐提升的，东鹏集团的专利布局工作就是这样从暗淡冷清的黑色逐步转变为光明火热的红色。

广东东鹏控股股份有限公司（以下简称"东鹏集团"），是一家专业研发、生产、销售陶瓷砖、卫浴等建材的集团企业，主要经营"东鹏"品牌瓷质砖、瓷质抛光砖、瓷质有釉砖、仿古砖、釉面砖及卫浴产品、水暖器材、新型材料的研发、销售和货物及技术进出口，是广东省乃至全国规模大、品种规格齐全、工艺技术及设备先进、产品信誉好的专业生产建筑卫生陶瓷的企业之一，在行业内享有较高声誉。现有佛山、清远、山东、江西、湖南、山西、重庆、江门等多个生产基地。

东鹏集团建立了行业首家博士后科研工作站。通过搭建广东省工程中心、佛山市技术中心等创新平台，研发了一系列具有自主知识产权的产品，曾获授权专利千余项，其中发明专利 200 余项。旗下公司通过了《企业知识产权管理规范》国家标准认证，分获国家知识产权优势企业、广东省专利试点企

* 周燕，佛山市东鹏陶瓷发展有限公司专利部经理，材料学硕士，高级工程师，具有专利代理师资格，受聘为佛山市科技人才协会副秘书长、佛山市知识产权保护协会特聘专家、禅城区知识产权保护协会名誉会长专家顾问、广东技术师范大学法学与知识产权学院兼职教授，被评为 2013—2018 年度佛山市十佳 IP 经理人、2018 年度禅城区最美科技工作者、2017 年度佛山市建材行业优秀工作者。

业、广东省知识产权示范企业、2013—2018 年度佛山市十大专利富豪企业，荣获广东省专利金奖一项、广东省专利奖优秀奖一项、国家专利奖优秀奖四项。

一、黑色的年代

东鹏集团专利工作黑色部分的起始点在 1998 年。那时，公司开发出的第一款仿天然石材陶瓷砖"金花米黄"，采用了独特的渗花技术，这款砖花色自然，质感润泽，神似天然石材，现在看也毫不落伍。该产品一经投入市场就供不应求，盈利颇丰，甚至一砖难求，为公司的扭亏为盈做出了巨大的贡献，也奠定了东鹏集团品牌发展的基础。可是那时知识产权、专利等对公司来说就像天文数字，藏于黑暗之中。公司发展经济和市场的同时，没有考虑如何让这种效益保持下去，所以无论是从技术秘密还是专利的角度都未对核心技术进行保护。好景不长，不久就有仿冒者推出同类产品，缩小了公司产品市场份额降低了产品利润率。所幸这种仿冒发生之时，公司的研发成本已经收回，否则，真是为他人做了嫁衣！

东鹏集团对于当时侵权行为发生的无奈和投入巨资辛苦研发成果的被窃取之恨严重打击了公司的信心，一切都陷入了黑暗之中。在我们向政府、协会寻求帮助时，才得知知识产权可以成为企业综合竞争力的保护伞，尤其专利是保护创新技术的一种有效制度，可以将新技术、新产品通过专利进行有效的保护。这一刻，公司的专利意识开始萌芽，黑色的土壤准备孕育专利之花了。

二、蓝色的转变

公司逐渐尝到了研发创新的甜头，明白品牌要靠创新去提升，产品要靠研发去差异化，市场要靠技术去占领。公司相继研发出"微晶复合板""天山石"等颠覆性创新产品。经过"金花米黄"事件的教训，公司在 2000 年将新研发的"微晶复合板"的工艺过程申请了发明专利。至此，公司的专利工作也从默默无闻的黑色朝着静谧的蓝色转变，专利的云朵也好似在蓝天上盛开一样。

但万万没想到，竟掀起了一场微晶复合板发明专利的大战。专利虽然申请了，但想不到技术方案却保护不了产品，这次战争虽然不像上次一样被动，但最终还是由主动转成了被动。原因之一是当时公司没有知识产权相关专业的人员，导致专利撰写质量不高，且专利申请前未进行充分的检索和评估，也未将技术进行有效的拆解和布局，未考虑一个技术的保护应从多角度、全方位进行，专利战的弹药太少。一个专利就像一把手枪，一把枪就想去打败对手，就好比用一颗子弹去打一只鲸鱼，怎么可能一枪毙命？起码也应该用多发子弹，多把手枪齐发才行。另外一个重要原因就是对专利制度的了解和认识不足，游戏规则没有摸透，就盲目地上战场打仗了：没有考虑到专利的无效程序复杂而冗长，还可以多种理由多次提出无效，一个专利无效的成本也不会太高，对方完全可以在这个时间段内以低成本开拓巨大的市场，逐渐提高市场份额。

微晶复合板产品不得已随即搁置，延迟了上市的计划。这时候虽然专利工作是蓝天白云，看似平静，好过黑暗，但未成气候，不能在专利大战中发挥效应。经过这第二次吃亏，专利布局的概念逐渐生出，公司专利工作从蓝色开始朝象征希望的绿色转变。

三、绿色的希望

2006—2007 年，公司研发的创新型仿天然洞石瓷质砖孕育而生。这款产品可以实现天然洞石表面深浅不一、大小不同的孔洞效果，获得了国家重点新产品的称号。该产品是天然洞石的有效替代品，深受国内外用户的喜爱，尤其是在国外市场，非常畅销，出口价格一路看好。吃过两次亏的公司这次针对洞石的工艺和产品结构都申请了专利，不过现在看来也就是仅仅三件而已，根本没有对洞石生产的次优技术方案进行专利申请，只是对核心的技术进行申请，是专利布局的最初级阶段。

当市场出现大批洞石瓷砖仿冒产品时，国际市场开始打起了价格战，出口价格大跌，公司的研发成本甚至都还没收回，专利授权后公司对相同产品的生产方提出了专利诉讼，可没想到这场仗一打就是十余年，想在充满希望的绿色中迅速转变为阳光的橙色没那么简单，也没那么迅速。由于专利诉讼的独特特点和程序复杂冗长，想快速地胜利，对我们而言太难了。可是市场等不起。专利诉讼的结果有两种，一是诉讼胜利，竞争对手不能生产同款产品，我们的产品虽然独占了市场，但这时往往会遭到同行向用户传播负面的信息，将导致我们难于产生规模化效益；二是专利无效，大家都可以免费使用，但因多方参与市场竞争将会导致产品的利润薄到很难覆盖我们前期研发的投入，甚至是没有任何利润。所以，有时候专利诉讼的目的不一定是夺取市场，最好的结局应该是拥有对产品的定价权和市场游戏规则的制定权。

通过之前微晶复合板专利的诉讼，我们也吸取不少经验和教训。比如，技术工程师负责专利质量，因其不是知识产权专业人员，专利申请前虽然做了必要的准备工作，但在诉讼时还是发现权利要求关于产品结构的描述存在瑕疵，不便于理解；又比如，工艺类产品侵权取证较难，在法庭上较难举证证明侵权方与我方使用了同样工艺生产的洞石瓷砖。虽然业内众所周知，做这款洞石产品一定要用到我方的创新工艺才行，否则产品的质量会有问题，效果也达不到天然洞石的真实自然、立体成洞感。但是，这些过程我方很难拿出有力的证据；我们计划采用新产品举证责任倒置的规则，由侵权的对方举证证明所使用的产品工艺方法与我方不同。但法官如何认定我方产品属于新产品呢？这时候公司申报的国家重点新产品证书起了大作用，通过这一点足可以看出专利工作与技术工作同属一脉，技术人员能够将技术成果与固化管理有机统一，从奖项申报、成果鉴定、专利申请等多方面进行创新成果管理是非常重要的。

基于上述可以看出，诉讼不仅仅考验专利的质量，更多的是考验公司内部对专利管理的认识程度。专利布局是一个联合管理的动态过程，需要提前规划和布局，从技术点的拆分到权力要求的布局都要从日后诉讼的角度和侵权对比、证据搜集的角度去进行。随着洞石产品诉讼拉锯战的开展，越来越多的知识产权工作让原本兼职管理的人员力不从心，公司开始策划成立专门的部门和配备专门的人员进行专利管理，公司专利布局工作至此由充满希望的绿色向阳光照耀的橙色转变。

四、橙色的阳光

2010 年，集团内部各类资源开始向专利专业化专职管理倾斜，成立了独立的专利部，并配备了专职人员，这是公司专利布局工作橙色时期的起点。我们意识到专利布局不是专利管理人员一个人的工作，如技术人员不懂专利，交底书不能把非必要技术特征准确划分出来，就会影响专利质量；技术人员如不懂专利布局策略，对于次优方案不提交交底书，会导致一个技术点给竞争对手钻空子的余地。俗话说，条条大路通罗马。专利布局就是把去罗马的技术方案，不管是飞机、汽车、火车、轮船等全部都进行申请，而不是只把最快速的坐飞机方案进行申请，并且坐飞机这个技术方案，也可以有几种变化方式，可以在某地中转，也可以直飞等，这些变化方式也要去申请专利，进行全面的专利布局。

为了提升专利质量，做好专利布局，我们在加强培训与建立机制等方面做了尝试性的转变：①加大对技术人员的培训，让创新活动源源不断地产生专利源泉，由原来专利管理人员主导型的专利申请变为技术人员主动型的专利申请；②通过培训不断提升技术人员的专利意识与能力，使其充分发现研发过程的创新点，并在第一时间提出具有一定质量的专利申请；③为了提高创新的积极性，制定了知识产权奖励制度，如落实职务发明人的署名权，年度科技大会上对突出贡献的专利发明人予以表彰和奖励。

1. 专利布局的量与质同行

通过系列的培训与机制的建立，研发人的意识逐渐增强了。我们也常常给研发人员开小灶，不断补充新知识，专利工程师每个月都会将制作完成的《行业技术专利检索分析报告》发给研发人员，以供他们学习借鉴使用。同时，将专利检索分析贯穿于研发的全流程，一方面对别人的技术进行规避设计，一方面适时对自己的技术进行专利申请和布局。从 2010—2016 年，公司专利申请量快速增长，成为行业专利大户。不过，这个时候关于专利数量和质量谁更重要的问题摆在了眼前。笔者认为，先追求数量，再追求质量是更有利于专利布局的。尤其是侵权诉讼时，可以想象一下用 100 件专利和 2 件专利诉他人侵权的效果是完全不同的。100 件专利意味着应诉成本最少也要上百万，2 件可能几万块就可以。考虑到成本，100 件专利去诉讼的，可能最终以几十万赔偿或许可费用来和解，并且可以很快结束战役，使得产品能在高附加值和高利润期内快速占领和开拓市场，并且作为案例，可以向更多的侵权方提出赔偿要求，获得产品的定价权。而因 2 件专利去诉他人侵权的，最终可能是耗上几年，花了一堆律师费也得不到应有的效果，最后因时间问题失去市场。因此，笔者认为专利布局中的量与质是同行的，应采用量早于质优于质的布局策略。

2. 专利布局的组合拳打法

另外，专利战争是打组合拳，核心专利和外围专利、产品专利和中间产品专利、设备专利和工艺专利互相结合布局，就像国家的军事装备，必然是数量庞大，有火箭炮也有步枪才行。

专利布局要充分考虑竞争对手的市场和研发动态，关注与分析可以用来限制竞争对手的专利，而不要只考虑保护自己实施的技术方案。在这个方面，常常会有一种误区，普遍认为实施的技术才要申请专利，这是非常错误的，如果一项技术目前不具备实施的条件，但对于竞争对手来说非此专利技术不可，那么这种技术必须要马上申请专利，并且还要围绕这个技术进行拆分和拓展，尽可能多地申请相关专利，形成专利族群，遏制竞争对手拓展市场和产品。掌握主动的市场游戏规则制定权，让自己手里谈判的筹码更多，比如与竞争对手互诉对方侵权时，或其他方面有冲突时，可以用专利作为谈判筹码，进行专利交叉许可，或达成其他商业目的。

3. 专利布局的行业特色

专利布局就是为了获得更多更重的筹码。对于专利数量多的竞争对手，可以通过检索分析，学习其专利布局的思维，运用到自己的工作中，使技术人员、专利工程师、代理人三方有效沟通，可以图表的形式画出专利布局的路线图和布局的技术点，再结合行业专利空白点进行专利申请。例如：东鹏集团的一款瓷砖，从工艺的叠加、产品的类别、表面的处理、产品的功能、中间产品的结构等方面共申请了发明专利十余件，实用新型专利十余件，成为公司高附加值的一款产品。

当然，也要根据产品的特性在专利类型和布局上进行区分，比如：化学类产品肯定是分子结构非常重要，发明专利将成为主要保护的类型；设备类产品，其结构和运行原理是后期便于对比的创新点，那么就要注重发明与实用新型的布局，最好是将一个技术方案和构造同时申请发明和实用新型，以提交同案申请的形式进行申请，既可以更快地获得保护，也可以使保护期限变长；而家具类的产品外观设计肯定是最容易被侵权的，所以专利布局就要着重于外观设计专利，同时需要对设计图纸完成时间进行相应的明确与固定，以便通过著作权增加侵权认定的砝码。

4. 专利布局的维权便利性

目前，各类评奖和职称评定较注重发明专利，导致很多观点认为发明专利才有用，重要性才最大。其实往往诉讼起到关键作用的反而是实用新型和外观设计专利。因为发明专利涉及方法类维权时取证较难，所以专利布局不能仅仅以类型来做标准，不能过于追求某一类专利的占比，而应综合考虑产品特点、特性，以及日后维权方案，专利的稳定性等因素。

比如，水龙头产品被竞争对手提出外观设计侵权，经对比分析，水龙头的外观设计与对方设计具有明显的差异，在法庭上被认定为不侵权，这时，我们赢了官司，但确输了时间成本，也就是必然需要支付律师费、时间、市场等显性和隐性成本。当然，我们也可以通过对原告的调查，发现对方的多款产品与我方也有相似之处，就可以利用手中现有的多个专利进行打包反诉，寻求解决，这样很短的时间就可以化解危机，不会对公司产生不良影响。这样既彰显了专利布局和数量的重要性，也证明了产品的特性不同。发生侵权的风险点不同，要在专利布局时考虑专利类型和日后侵权对比的便利性。

再比如，马桶类产品，最核心的虽然是生产制造的工艺、配方，但是表现出来的最好对比的却是外观设计和马桶的管道结构设计，那么在维权时就可以用管道结构的实用新型专利结合外形的外观设计专利为主，辅以工艺流程的发明专利。

此外，专利布局中的地域因素是根据产品的目标市场和竞争对手产品的目标市场确定的，对于能够通过专利技术对比就可判断侵权、取证容易的方案要在自己的目的市场及竞争对手的目的市场申请专利，如国外地区，布局数量原则应当与国内专利布局一致，从产品的各个阶段（原材料、中间产品、成品、加工处理）及工艺的各个流程节点、相关的生产设备都要有专利进行布局。比如中间产品，可能有几种结构，那么每一种结构都去布局专利，这样才能让竞争对手无法绕过我们的专利技术。比如，知识产权较完善的欧美、日韩地区，当然，还应该包括我们现在的市场以及未来计划进入的市场，都应进行专利布局，尤其是这款产品从表面上别人一看就知道是什么技术做出来的，而且这还是出口市场潜力大的产品，那就应进行国外专利申请，保护国外市场。

五、红色时期

2017 年至今是公司专利布局工作红红火火发展的红色时期，这一时期除了稳定前期工作成果外，计划导入复合型知识产权管理的思维，将专利与其他知识产权进行有效的融合。

我们在专利布局如火如荼的开展中，也计划开展商标布局、著作权布局。因为商标侵权和著作权侵权的判定及处理比专利纠纷快，时间成本低，所以对重点产品、产品名称等通过商标进行保护。这样在产品畅销时，其他同类产品厂家如用这个产品名称宣传，就可以提出商标侵权的诉求，再加上布局的专利，可以通过不同类型的知识产权在短期和长期组合打击竞争对手。另外，在著作权方面，我们也考虑要将产品的外观进行美术作品著作权的登记。它具有对比容易、维权快速、保护期限长的特点。尤其在展会时，可以迅速让对方撤展，在宣传时，可以迅速制止对方的广告画面、视频、产品图册等。

这不仅仅保护了产品，连对方产品宣传的途径也堵死了。这样我们就占据了主动：对方可能已经花费了大量的广告推广费用，再加上后期还得应对专利诉讼，可能会主动与我方和解。

从胰岛素类药物谈药品专利与药品注册

穆　彬* 　高文磊**

党的十九大提出，创新是引领发展的第一动力，是建设现代化经济体系的战略支撑。新形势下的科技创新必须以习近平新时代中国特色社会主义科技创新思想为统领，以改革驱动创新，以创新驱动发展，加快进入创新型国家行列。在这样的指导思想的引领下，以互联网为代表的我国高科技行业近年来取得了喜人的创新成果，走在了世界的前列。

生物医药，作为关乎国计民生的重要行业领域，药品的安全性、有效性和质量可控性等特点，让生物医药行业的创新和应用与其他行业截然不同。首先，药品的上市销售需要国家药品监督管理部门极为严格的审批；其次，中国的生物医药行业发展落后于欧美发达国家的现状尚未改变；最后，生物医药研发周期长、投入大、见效慢、失败风险高，这些因素导致创新药在中国的发展一直不尽如人意。可喜的是，随着国家创新战略指导思想的不断深入人心和扶持政策的持续出台，中国生物医药的发展近几年也进入了快车道。在巩固仿制药产业，保证药品的可及性的同时，国家也加大力度促进和鼓励创新药的发展。在这种形式下，如何平衡仿制药和创新药，在让百姓有多种

* 穆彬，甘李药业股份有限公司知识产权执行总监，中国科学院博士，前专利审查员，具有专利代理师资格，从事知识产权类工作近10年。
** 高文磊，甘李药业股份有限公司知识产权经理，具有专利代理师资格，从事知识产权类工作3年。

安全有效药品选择的同时，鼓励生物医药企业不断创新，开发出惠及中国百姓乃至全人类的创新药，是政策制定者面临的挑战。

在这种背景下，对于药品专利链接制度的考量应运而生，近几年来广泛地被医药人所知晓。早在 2002 年施行的《药品注册管理办法》中已经规定，申请人应当对其申请注册的药物或者使用的处方、工艺、用途等，提供申请人或者他人在中国的专利及其权属状态的说明；他人在中国存在专利的，申请人应当提交对他人的专利不构成侵权的声明。然而，此项规定没有对药品相关专利存在与否的官方确认，也没有相应的专利列表和专利评价报告作为支撑，仅有申请人的一纸声明，因此并未将专利与药品注册审批有效关联起来。2017 年，国家食品和药品监督管理总局和国务院办公厅相继发布的《关于鼓励药品医疗器械创新保护创新者权益的相关政策（征求意见稿）》和《关于深化审评审批制度改革鼓励药品医疗器械创新的意见》，均提及探索建立专利链接制度和开展药品专利期限补偿制度试点。同年，《药品注册管理办法（修订稿）》公开征求意见，其中第九十八条指出：药品审评审批与药品专利链接的相关制度另行制定。可见，药品专利链接制度在中国落地只是时间问题，但很多细节都有待新出台的法规予以规定和细化。例如，以上文件并未对化学药和生物药予以区分，但显然，由于这两类药性质上的巨大差异，相应的法规需要有适应性的调整。本文将以一类特殊的药品在美国药品审批过程中的专利链接为例，简要探讨药品专利与药品注册之间的关系。

这类特殊的药品是以胰岛素类药物为代表的蛋白质类药物，由于一些历史原因，这类生物制品在历史上一直按照美国《联邦食品、药品和化妆品法案》（*Federal Food, Drug and Cosmetic Act*, FD&C）505 条的规定由 FDA 的药品评估和研究中心（Center for Drug Evaluation and Research, CDER）批准，这些特殊的药品包括胰岛素类、美卡舍明、生长激素、促甲状腺激素、胰脂肪酶、绒毛膜促性腺激素、水蛭素、促卵泡激素、尿促卵泡素、透明质酸、伊米苷酶等。也就是说，从药品专利链接的层面，上述药品在实践中一直以来都是遵循 Hatch－Waxman 法案的规定。相应的，以胰岛素类为代表的以上药物的原研厂家能够且需要在橙皮书上登记相关专利，包括活性成分、制剂和组合物、使用方法等。同样，原研厂商可以对于以胰岛素为代表的以上药物请求专利期限补偿，包括因美国专利商标局审查延误而给予的补偿和因药品行政许可中审批时间造成的专利权实际保护期缩短的补偿。对于以上药物的仿制药申报，同样适用 FD&C 规定的专利挑战制度。首个提交第 IV 段声明（不侵权或相关专利无效的声明）并挑战成功的仿制药，可以获得 180 天的市场独占期，并且在仿制药厂商提起专利挑战之后，如果原研厂商在 45 天诉讼期内提起诉讼的，FDA 对仿制药的批准会自动推延 30 个月。基于上述框架，我们可以看到，针对全球长效胰岛素药物"来得时"，礼来、默克以及迈兰等多家全球制药行业巨头均根据 FD&C 505 条（b）款②项途径向 FDA 提交注册请求，并就橙皮书所列出的药品相关专利（包括制剂专利、注射装置专利等）与原研药厂商赛诺菲进入持久的专利诉讼。

对于前述 FD&C 框架下的专利链接制度，其规则和程序已经相对成熟，很多学者和律师就此方面内容进行过详细的阐述，在此不再展开。

而对于以胰岛素类药物为代表的以上药物，在 2010 年 3 月 23 日美国《生物制品价格竞争和创新法案》（*The Biologics Price Competition and Innovation Act of* 2009，BPCIA）开始施行后，其注册审批所依据的法规发生了巨大的变化。BPCIA 是《患者保护和平价医疗法案》（*The Patient Protection and Affordable Care Act*，ACA）的一部分。根据 BPCIA 的规定，所有生物制品都纳入其管理和调整的范围，其中，作为典型的"生物制品"，"蛋白质（除了化学合成的多肽）"属于该法案调整的范畴，同时，美国食品药品监督管理局将"蛋白质"定义为任何具有特定序列且氨基酸个数大于 40 个的 α 氨基酸聚合物。这就意味着以胰岛素类药物为代表的以上药物纳入生物制品的范畴而受 BPCIA 调整。

在此基础上，BPCIA 的第 7002（e）条进一步规定了"视为许可"条款，规定生物制品的申请必须按照《公共健康法》第 351 条的规定提出，并且不能再根据 FD&C 提交新药申请（New Drug Application，NDA）。对于被新纳入 BPCIA 管理的以胰岛素类为代表的药物，BPCIA 特别规定了 10 年的过渡期，该过渡期于 2010 年 3 月 23 日起始，到 2020 年 3 月 23 日结束。在此过渡期内，属于在前根据 FD&C 法案第 505 条获得批准的生物制品类型，则可在不迟于 2020 年 3 月 23 日之前以 NDA 的形式提交申请。FDA 于 2016 年 3 月发布了 2009 年生物制品价格竞争与创新法案工业指导原则中"视为许可"条款的解释[1]，并于 2018 年 12 月 11 日发布了该工业指南的最终版，明确并细化解释了该"视为许可"条款[2]。

根据上述条款，到 2020 年 3 月 23 日，数百种已经获得批准和未批准的生物制品注册申请将面临监管过渡，包括以胰岛素类为代表的上述生物制品。届时，对于这些生物制品，FDA 将以生物制品许可申请（biologics license application，BLA）或简略生物制品许可申请（abbreviated biologics license application，aBLA）替换所有已经批准的新药申请和简略新药申请（ANDA），并从 FDA 的专利橙皮书中删除这些注册申请和专利列表。对于所有待批准的生物制品 NDA 和 ANDA，FDA 将要求作为 BLA 或 aBLA 重新提交。也就是说，对于以胰岛素类为代表的上述药物，从制药企业的角度来讲，或者以 NDA 或 ANDA 的方式在 2023 年 3 月 23 日之前获得批准，或者按照 BLA 或 aBLA 的方式提交注册申请，因为如果以 NDA 或 ANDA 的方式在 2023 年 3 月 23 日之前未获得批准，FDA 会要求以 BLA 或 aBLA 重新提出请求，那么之前按 NDA 或 ANDA 的申报工作将前功尽弃，造成人力和财力的巨大浪费。

当然，以胰岛素类为代表的上述药物也享受 BPCIA 针对生物制品的一系列特殊规定。当作为创新生物药而获得批准时，有资格获得与通过 FD&C 法案所规定的明显不同的监管排他性，具体包括：①12 年的独占期，在此期间 FDA 不会批准 aBLA，在此独占期中的前四年，FDA 不接受任何 aBLA 申请；②七年的孤儿药独占期；③六个月的儿童药独占期。并且当其生物类似药通过 aBLA 途径进行注册申报时，首先获得批准的可互换性（interchangeble）生物类似药有资格获得一年的市场独占期。

根据《公共卫生服务法案》（*the Public Health Seruice Act*，PHS Act）的规定，生物制品的审批分为以下三类：351（a）BLA；351（k）（2）（A）生物类似药；351（k）（2）（B）可互换性生物类似药。第一类适用于生物制品新药的申报，后两类适用于生物类似药的申报，也称为"351（k）简化申请"，相应地，在生物类似药的申报过程中，通常需要解决专利问题。

"生物类似药"即所述生物制品与参比产品高度相似，但在临床非活性成分方面略有差异，并且在安全性、纯度和效力方面，生物制品和对照品之间没有临床意义上的差异。其不同于 FD&C 中的 505（b）（1）中定义的"仿制药"，就生物类似药而言，由于生物分子的特殊性，其与参比药相比，活性成分并不能做到完全相同，而只能是相似[3]。

尽管根据 BPCIA 的规定，通过《公共卫生服务法案》批准的生物制品会在 FDA 的紫皮书中列出，但与通过 FD&C 批准的化学制品在橙皮书上的登记不同，紫皮书上不会列出覆盖已经批准的参比药品的专利。aBLA 也不需要像 FD&C 中的 505（b）（2）途径和 ANDA 途径一样递交专利挑战声明。相应地，鉴于生物类似药从理化性质和监管方式上均不同于化学仿制药，而监管部门又希望生物类似药的专利问题能够在药品注册审批阶段就得到充分的解决，而不是等到药品上市后再付出更高的成本去解决专利问题，因此，PHS Act 提供了相较于化学仿制药的专利挑战制度更为复杂的专利舞蹈程序来解决专利纠纷。

然而，自 2010 年 BPCIA 法案正式生效后至今，仅有为数不多的生物类似药在美国成功上市。有关 BPCIA 的专利纠纷案例迄今也还较少，这一领域对于生物医药企业和专利律师来说都很新，可提供的参考也相对较少，并且一些复杂的此类案件目前尚在等待美国最高法院的裁决。专利纠纷将如何根据 PHS Act 解决专利纠纷仍然存在不确定性。此外，如前所述，对于生物药，由于生物分子的特殊性，目前并没有类似橙皮书中的专利列表相对应，这也使得需要解决的专利问题显得更加扑朔迷离。

在这种背景下，BPCIA 规定的"专利舞蹈"的程序为解决生物类似药专利纠纷的不可预期性提供了一种解决思路。之所以称之为"专利舞蹈"，是因为一旦将生物类似药申请提交给 FDA，原研厂商（reference product sponsor, RPS）与生物类似药申请人需要按照规定的严格的时间限制和顺序要求进行很多轮次的信息交换，特别是专利信息和陈述意见的交换。

具体而言，按照 BPCIA 的规定，专利舞蹈过程中，生物类似药真正上市前可能会面临两次以上的诉讼，第一次为信息交换完成且生物类似药申请人与原研厂商双方协调确定首次诉讼涉及的专利后，第二次为生物类似药公司向原研厂商提供上市通知后。其中，第一阶段的一些重要步骤包括：在 aBLA 被 FDA 接受后的 20 天内，aBLA 申请人可提供给 RPS aBLA 申请信息和生物类似药相关的生产信息；在接收到以上的这些材料的 60 天内，RPS 须提供给 aBLA 申请人其认为侵权的专利清单并且确定哪些专利愿意授权给 aBLA 的申请人（如果有的话）；在收到专利清单的 60 天内，aBLA 申请人需要提供给 RPS 一份声明，在逐项比对权利要求的基础上，说明每项专利无效、不可执行/不侵权的事实和法律依据，在这 60 天内，aBLA 申请人可以向 RPS 提供 aBLA 申请人认为可能会受到专利侵权的专利清单；在收到上述材料后，RPS 需提供一份反向的声明，在权利要求一一比对的基础上，说明对于不侵权，和对于无效和不可执行声明的答复意见；然后，双方有 15 天的时间进行真诚的谈判，以达成一份专利清单，该清单用于专利侵权诉讼（如果双方达成一致，RPS 需在 30 天内对协商的专利清单上的每件专利提起侵权诉讼；如果双方未达成一致，aBLA 申请人需通知 RPS 其在第二个列表中提供的专利数量，双方随后立即在通知发出 5 天内交换双方认为可能会需要在侵权诉讼中解决的专利列表，在交换后的 30 天内，RPS 需就交换的列表上的所有专利提起侵权诉讼）。第二阶段双方就列表中的所有专利进行诉讼，并不局限于协商讨论的专利和未达成一致意见的专利[4]。

然而，如果完全按照专利舞蹈的程序进行可能会花费大量的时间，aBLA 申请人可能会为了自己的产品尽快获批上市销售，选择不完全按照专利舞蹈程序进行，甚至有可能选择拒跳专利舞蹈。当然，这种选择会带来风险，因为 RPS 可能会立即将生物类似药申请人告上法庭，提起侵权诉讼；或向法院提起确权之诉（declaratory judgement）。例如，如果在 aBLA 被 FDA 接受后的 20 天内，aBLA 申请人未向 RPS 提供 aBLA 申请信息和生物类似药相关的生产信息，或 aBLA 申请人未向 RPS 提供说明每项专利无效、不可执行/不侵权的事实和法律依据，或 aBLA 申请人未在上市前 180 天通知 RPS，RPS 均可以针对任一项专利向 aBLA 申请人提起确权之诉。

对于以胰岛素类为代表的药物，当拟进入美国市场时，专利诉讼和挑战程序也将会从较为明确的 NDA 或 ANDA 转变为程序和策略尚不很清晰的 BP-CIA 相关专利诉讼程序。目前尚未有以胰岛素类为代表的上述药物在 FDA 按 aBLA 进行申报的案例，因此对于此类药物的仿制药企业存在若干挑战和不确定性。例如，以胰岛素类为代表的药物将从橙皮书中去除，记载在紫皮书中。

在紫皮书中将来会不会引入相关专利列表这一问题目前尚无定论的情况下，相当长的一段时间内，仿制药企业在评价仿制产品的专利风险时将缺少明确的相关专利参考，这也意味着在仿制药的整个研发生命周期中，对专利风险评估的检索全面性和准确性的要求变得更高。此外，不同于 ANDA 的是，尽管 BPCIA 法规的初衷是希望在药品获得批准之前能够解决专利纠纷，但专利诉讼程序与药品审评程序并没有严格的关联。例如没有 ANDA 程序中用于解决专利纠纷的 30 个月的遏制期，并且专利舞蹈程序漫长且繁琐。由此，仿制药厂商的专利诉讼策略也将有更大的不确定性。例如，是否选择进入"专利舞蹈"程序，进入专利舞蹈程序后信息公开的多少，对 RPS 的上市前通知的时间选择等都需要根据对于产品的专利风险评估状况和市场策略等多种因素来确定。这无疑对于此类药物的仿制药厂商提出了更高的要求。

以上针对以胰岛素类为代表的药物，就其在美国的药品审批法规的变化和相应的专利纠纷处理的变化和其带来的影响进行了简要的阐述。鉴于目前我国专利链接制度的细则尚未出台，如何能够借鉴他国经验，让制度本身能够真正有效地在鼓励创新和保障人民群众用药之间做出平衡，是立法阶段需要重点考量的问题。同时，如何将生物类似药（包括以胰岛素类为代表的药物）和化学仿制药同时纳入专利链接制度也对立法者提出了很高的要求。我们期待我国的专利链接制度能够尽快落地，一方面，可促进我国医药行业的创新环境；另一方面，落地后在不断的实践中才能逐步根据国情和行业发展状况完善相关法规，找到更有效和稳固的创新和仿制的平衡点。

参考文献

[1] Food & Drug Administration. Draftguidance for industry on implementation of the "deemed to be a license" provision of the Biologics Price Competition and Innovation Act of 2009 [EB/OL]. (2018 – 12 – 13) [2019 – 10 – 11]. https: //www. fda. gov/media/96639/download.

[2] Food & Drug Administration. Draft guidance for industry on implementation of the "deemed to be a license" provision of the Biologics Price Competition and Innovation Act of 2009 [EB/OL]. (2018 – 12 – 13) [2019 – 10 – 11]. https: //www. fda. gov/regulatory – informa-tion/search – fda – guidance – documents/interpretation – deemed – be – license – provision –

biologics – price – competition – and – innovation – act – 2009.

［3］ The 78th United States Congress. Public Health Service Act ［EB/OL］. （2018 – 12 – 13）［2019 – 10 – 1］. https：//legcounsel. house. gov/Comps/PHSA – merged. pdf.

［4］ the 111th United States Congress. *Biologics Price Competition and Innovation Act of* 2009, Sec. 7001 – 7003 of *the Patient Protection and Affordable Care Act* ［EB/OL］. （2018 – 12 – 13）［2019 – 10 – 1］. https：//www. hhs. gov/sites/default/files/ppacacon. pdf.

关于互联网众筹创新的专利保护研究

吴　斌[*]

信息通信技术的融合和发展催生了信息社会、知识社会形态，推动了科技创新模式的发展，创新 2.0 正逐步浮出水面并引起科学界和社会的关注。普通公众不仅仅是科技创新的接收者，也可能是在知识社会条件下创新的主角。传统的以技术发展为导向、科研人员为主体、实验室为载体的科技创新活动正转向以用户为中心、社会实践为舞台，以共同创新、开放创新为特点的用户参与的创新 2.0 模式[1]。近些年来涌现出版权、创意的众筹或众包以及创客空间都能实现普通公众直接参与创新进程的初衷，但是一直以来都鲜有全球影响力的创新 2.0 模式的企业，而具备互联网众筹创新属性的 Quirky 公司迈出的每一步都吸引了创业者的强烈关注。不同于国外的 Kickstarter 或国内京东众筹等为创新产品募集资金的众筹模式，Quirky 公司通过互联网募集的是产品和技术的创新而不是资金。因此与其他的创意众筹模式相比，Quirky 公司的互联网创新模式与发明创造的过程本身的联系更为紧密。

从 2009 年 3 月成立，经历数年的高速发展直到 2015 年宣布申请破产保护，再到破产重整继续运营，Quirky 公司基本经历了完整的企业生命周期。

* 吴斌，四环医药控股集团知识产权部经理，从事知识产权工作多年。曾任北京国知专利预警咨询有限公司项目经理，国家知识产权局专利协作审查北京中心从事医药化学发明专利实质审查、PCT 国际检索及复审工作，期间借调专利协作审查广东中心从事新审查员培训和部门管理工作。

那么，对 Quirky 公司的专利管理及运营策略，笔者谈谈互联网众筹创新的知识产权保护，为我国互联网众筹创新企业的发展以及专利保护、管理及运营提供借鉴。

一、Quirky 众筹创新模式简介

Quirky 创始人是 25 岁的本·考夫曼（Ben Kaufman）。他中途辍学选择了创业，先是创办一家生产 iPhone 保护壳的公司，后来于 2009 年 3 月创立了 Quirky。与 kickstarter 这类商业众筹模式不同的是，kickstarter 只为你实现想法募集资金，Quirky 更进一步，直接帮你把想法实现成可用的产品。

Quirky 创新模式的大致运作流程见图 1。

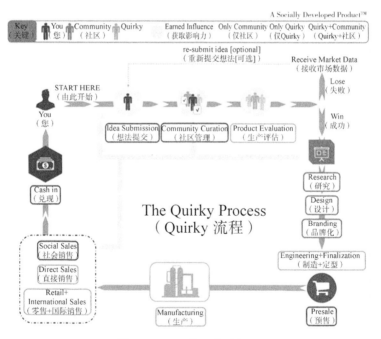

图 1　Quirky 的运作流程图

其运作流程为：①提交想法。把想法提交给 Quirky，Quirky 社区的人很快就提出意见和反馈，这样提出的想法就可以得到改进，并具有可实现性。②研究策划。Quirky 团队会对那些最有前途并能商业化的产品进行进一步的研究、设计和品牌构想。③原型产品及预售。Quirky 的产品设计师和工程师

组成的专家组将这个改良后的创意做成一个原型产品，再经过各方面精细的调整，生产出小批次的产品，供预售以做测试。④量产推广。如果预售表现不错，他们就确定了这一产品的市场需求，接下来就是量产，Quirky 将会努力扩大其销售渠道。⑤收益回馈。Quirky 将获得的部分收益回馈给社区中的创意提供者。

Quirky 总是那么地与众不同，它一方面通过创意众筹制造商品，另一方面通过申请专利对众筹形成的知识产权加以保护。

二、发明人权益分析

1. Quirky 公司发明人分析

美国专利法规定，专利的所有权利归属于专利申请中发明人[2]。Quirky 公司通过 www. quirky. com 平台进行创意众筹，并且 Quirky 团队会参与创意众筹的筛选以及产品的研究、设计。从发明创造完成的过程来看，Quirky 公司专利的发明人应该不止一位，创意众筹项目的发起人、创意众筹的参与者以及 Quirky 团队人员都有可能成为 Quirky 公司专利的发明人。如果不能合理地对专利权的归属进行有效处理，Quirky 公司就很难实现创新能力的聚合。在公司快速成长期，Quirky 公司对可扭转插线板和柑橘果汁喷雾器两件产品在全球进行了重点布局。

表 1　Quirky 公司重点布局的专利的发明人信息以及公司网站公开产品信息

产品名称	专利申请人	网站公开重要贡献者
可扭转插线板	ZIEN JACOB DANIEL（Z. J. 丹尼尔） DIATLO JORDAN（D. 乔丹） REMY STEVEN RICHARD（R. S. 理查得）	Jake zien（J. 泽恩） Quirky design staff（Quirky 设计人员） Don Darnell（D. 达内尔） Striker（斯泰克）
柑橘果汁喷雾器	HOULE TIMOTHY DAVID（H. T. 大卫） DIATLO JORDAN（D. 乔丹） YAN WARREN（Y. 沃伦） O'NEILL SANDRA LYNN（O. S. 林恩） O'NEILL TIMOTHY DEAN（O. T. 迪恩）	HOULE TIMOTHY DAVID（H. T. 大卫） Tersa（特莎） JPV J. Andre. C（J. 安德鲁·C） Cherlm（切尔姆）

www. quirky. com 上公开的信息显示，泽恩首先提出可扭转插线板的设想并提供了草图，但是泽恩以及其他重要贡献人达内尔和斯泰克并没有成为发明人。Linkdin 信息显示，在 2010 年至 2013 年担任 Quirky 的高级工业设计师乔丹参与可扭转插线板的设计。大卫首先提出柑橘果汁喷雾器的构想，并成为发明人之一，而其他重要贡献人却没有成为柑橘果汁喷雾器专利的发明人。2011 年至 2012 年担任 Quirky 的高级工程师的沃伦成为柑橘果汁喷雾器专利的发明人之一。

综合以上信息来看，Quirky 公司在专利申请的过程中考虑了创意发起人和 Quirky 团队对发明创造的贡献，但是并没有将网站上公开的其他贡献人列入专利发明人信息中。

2. 专利权归属及利益平衡分析

创意众筹项目发起人和创意众筹参与者通过网络平台进行连接，这种松散的连接在民事行为上既缺乏人合性又缺乏资合性。从申请主体角度来看，Quirky 公司更适合成为专利申请的申请人对集合创新发起保护。如果不能保护发明创造过程中各方的预期利益，Quirky 公司的众筹创新模式就不可能源源不断地从互联网获取创新能力。Quirky 公司通过专利申请中的发明人的信息明确了创新项目的重要贡献人，不仅对发明人进行了正向激励，也保护了发明人合法权利，为后续的利益分配提供了执行的基础。

美国专利法要求必须以发明人的名义申请专利且发明人为专利所有权人。但是劳动合同通常要求雇员在受雇期间完成的可获得专利的发明创造必须转让给雇主。即使劳动合同没有明确约定，如果发明属于雇员职责范围内，也会认为存在默视的转让义务，因此专利最终的所有权人往往是作为受让人的雇主[3]。Quirky 在众筹项目的推进过程中也有通过私权处分的民事合同让渡知识产权的相关行为。在 Quirky 网站的早期的会员注册协议[4]中存在与知识产权的相关条款，尤其是在 "Ownership of User Content" 部分涉及了知识产权的转让条款，同时在注册协议中也对会员获得回报的权利作出相应的规定，具体体现在 "Payment by the Company to Users" 部分。由此可见，众筹社区会员通过转让众筹前或众筹中产生的知识产权换取后续商品化获利的权利，类似对未来可期待知识产权的权利转让。

在 Quirky 网站会员注册时，知识产权的相关协议采用文本链接而非全文直接展示的方式，在冗长的协议文本中没有对知识产权条款突出显示，非常容易被新会员忽略。因此，会员在加入 Quirky 网站时起就丧失了与 Quirky 公司进行知识产权议价的权利。有人认为，Quirky 公司的知识产权转让协议剥夺了发明人的合法权益，属于霸王条款。但是从另外的角度来思考，如果发明人已经完成了发明创造并具备足够的资产配置能力，那就不需要借助Quirky 公司来推动产品的上市，转而可以选择 Kickstarter 等众筹电商来推动产品的上市。而 Quirky 众筹创新模式本身的工业设计的产业化能力，能够弥补松散的会员结构缺乏资产配置能力的短板，加速简单创意向系统创新产业化的过程。由于 Quirky 公司需要承担创意众筹、工业设计、加工生产以及商业推广等后续的运作成本和商业风险，因此在注册协议中加入上述知识产权的条款也属于情理之中。创意众筹项目的发起人、参与者以及 Quirky 公司需要借助合同中知识产权条款的效力进行利益交换。

3. 中美专利制度差异对互联网众筹创新的影响

（1）先发明制/先申请制度的影响。

美国专利法从 2013 年 3 月 16 日起，由先发明制修改成为发明人先申请制，并给予发明人一年的宽限期。关于宽限期，在美国发明法案第 102 条（b）款作出了相关规定，其中排除了由发明人、共同发明人或发明人、共同发明人直接或间接披露其发明并获得发明标的的第三人披露发明属于现有技术的情形[5-6]。

专利分析数据表明，2016 年前 Quirky 公司提交的专利申请都要求了美国优先权，所有申请的最早优先权均早于 2013 年 3 月 16 日。如果所有的优先权成立，Quirky 公司在 2016 年之前提交美国专利申请应当适用于先发明制而非发明人先申请制。原美国专利法中的先发明举证制度为 Quirky 众筹创新模式获得专利保护提供了先天的优势。即使适用于修改后的发明人先申请制，美国专利法中的宽限期也能涵盖从创意众筹到专利申请之间的真空期。整体上来看，美国的专利法有利于 Quirky 公司通过网络众筹完成相关的专利申请。

与美国早期实行的先发明制和修改后的发明人先申请制不同，我国适用的是传统意义上的先申请制。Quirky 众筹创新模式包括提交想法和创意众筹两个重要阶段，上述两个过程均以公开的方式在互联网上完成。在我国先申请制的专利法体系下 Quirky 网站上通过众筹公开产品信息的行为对其自身是非常不利的，具体体现在：第一，具备新颖性和创造性是获得发明授权的前提条件，也是维持专利权稳定的重要因素，而 Quirky 网站在专利申请日之前公开的内容可能构成现有技术，从而妨碍 Quirky 公司的专利申请在我国获得专利保护。虽然我国专利法也存在"不丧失新颖性的宽限期"的规定，但是其时间限制在申请日以前六个月内，局限于"在中国政府主办或承认的国际展览会上首次展出""在规定的学术会议或技术会议上首次发表的""他人未经申请人同意而泄露其内容"三种具体情形。因此，Quirky 网站上公开的内容并不适用于我国专利法"不丧失新颖性的宽限期"的有关规定[7]。第二，行业竞争者能够基于 Quirky 网站公开的产品原型信息，在 Quirky 公司之前推出类似产品、抢先申请专利或者生产模仿产品，直接参与竞争从而使 Quirky 公司的创新利润缩水。第三，即便 Quirky 公司能够通过专利审查获得专利权，Quirky 网站上公开的产品原型信息也能够成为无效 Quirky 专利的重要证据。第四，如果 Quirky 公司提起侵权诉讼，侵权被告可以利用 Quirky 网站上公开的内容进行现有技术抗辩。从以上分析来看，我国现行的先申请制专利法体系不利于 Quirky 众筹创新模式的发展，其根源在于提交想法和创意众筹两个重要阶段在互联网上以"开源"的方式完成。

综上所述，基于中美两国不同的专利法体系，相同保护范围的专利申请在审查、侵权、无效环节中可能产生完全不同的结论。与先申请制的专利法体系相比，美国专利法修改前的先发明制以及修改后的发明人先申请制更有利于 Quirky 众筹创新模式的保护。

（2）Quirky 网站公开信息对专利保护的影响分析。

似乎在网站设计之初 Quirky 公司就考虑到知识产权保护的问题，在网站设计上进行了风险规避。例如 www.quirky.com 网站虽然能够浏览项目在各阶段的相关信息，但是能够查阅的原始细节信息分布不均，具体体现在：在社区众筹阶段公开原始信息最为全面，进入销售环节后大量原始细节被删除，对于判断是否属于现有技术至关重要的公开时间也表现出由日—月—年逐级模糊的趋势。但是，现有的互联网档案馆"时光倒流机器"能够追溯网站已经公开的信息[8]，即使网站及时删除重要的相关信息也不可能完全清除互联网上留下的痕迹。

在美国进行的 Quirky 公司诉 OXO International, Inc. 的专利侵权案中就涉及互联网档案馆提供的相关产品信息。通过追溯授权 US8555459B2 对应的 US2013/0091651A1 专利申请及其同族 US2012/0260453A1 的专利审查过程文件[9-10]，发现其中存在第三方提供的互联网档案馆 www.archive.org 记载的 2010 年 3 月 25 日公开的 www.quirky.com/projects/261 的相关信息。此外，Quirky 公司在申请的现有技术信息中主动提交了与之对应的 Quirky 网站记载的研发信息。US2013/009165 的申请时间为 2012 年 12 月 10 日，并要求了 2011 年 4 月 18 日的最早优先权，上述时间均早于 2013 年 3 月 16 日；因此在法律适用上应当选择美国的先发明制，US2013/009165 及其同族的审查意见中没有引用 Quirky 网站的相关内容作为现有技术。此外，USPTO 的审查过程中指出，US2013/0091651A1 相对于 US5457884A 不具备可专利性，对此 Quirky 公司对原始提交的 52 项权利要求进行了两次修改，到最终获得 US8555459B2 授权，与申请日提交的权利要求相比，授权专利的权利要求的数目有所减少、保护范围也大大缩小。Quirky 在申请文件权利要求的撰写中采用多组并列并且层层限定的撰写策略，为后续的通过修改规避现有技术提供了提供良好基础。

综上所述，如果想利用 Quirky 网站上的产品信息作为无效 Quirky 专利需要综合考虑多方面因素，包括适用的法律体系、权利要求的撰写策略及其保护范围、现有技术公开的实际情况等。而不能简单认为，Quirky 网站上公开的信息必然导致对应产品的专利权丧失。

三、公司破产程序中的资产处置

不动产、机器和设备、存货等有形资产易于进行现金估计，在公司并购或者破产程序中实体资产往往被优先关注。对于创新型企业来说，知识产权是企业重要的无形资产，在商业并购、破产清算程序中发挥重要作用。

2015 年 9 月 Quirky 公司依据《美国破产法》第十一章提出破产申请以实现公司的自救。破产程序中 Quirky 与 Comerica Bank 之间达成了现金抵押协议以维持破产程序中公司的正常运转，相应的 Comerica Bank 取得 Quirky 公司部分资产的优先处置和留置权利，其中就包括部分知识产权。在招标拍卖程序中拍卖的资产包括 Quirky 公司的商标、域名和大量的产品等重要资产。2015 年底，Quirky 公司网站和它的大部分产品以 470 万美元被 Q Holding 公司收购，Quirky 公司的智能家居 Wink 平台以 1500 万美元卖给 Flextronics 公司。

Quirky 在商标、专利等领域的布局让知识产权成为重要的处置资产，在破产程序中备受关注。除了已开发产品项目之外，被 Quirky 公司列为处置资产还包括网站上大量处于"开发阶段的项目"，其中涉及 120 万社区会员利益。社区会员在注册 Quirky 网站时通过会员注册协议中的合同条款将知识产权权益转让给 Quirky 公司，在后续的利润分配环节没有更多议价能力处于弱势地位。这种弱势地位在 Quirky 公司破产程序中体现得更为明显。在拍卖招标过程中出售大约 120 万社区成员的个人身份信息的计划却遭到了上诉人反对。上诉人于 2015 年 11 月 19 日及 2015 年 12 月 4 日针对破产提出反对出售的意见。上诉人认为基于与网站订立的销售分配协议，社区成员应当持续获得特许权使用费。针对上诉人的异议，Quirky 公司指出在网站会员注册协议中社区会员已将所有权利的所有权转让给了 Quirky 公司，因此 Quirky 公司可以自由出售公司的知识产权和产品而不受上诉人的任何干扰。最终破产法院基于 Quirky 公司和社区成员在 quirky.com 上的使用条款和隐私协议，驳回了上诉人的异议[11]。借助网站上会员加入的注册协议在 Quirky 公司和会员之间建立起来的知识产权转让的协议在破产程序中成为法官裁判的依据。

四、公司重整后的知识产权制度变革

1. 从破产到重生

Quirky 公司的网站仍然在运作。扭扭充电板 Pivot power、柑橘喷雾器 stem metal 等 2015 年破产前的明星产品仍在网站销售。网站商城还推出了插线板

MgneCharge、可拆成两半的订书机 Align、智能排湿风扇 Iso 等新产品。在互联网众筹创新商业模式中 quirky 也不再孤单，在网站上出现了 HSN、NEXTFAB、MAKE48、UIA、inventors launchpad 等合作伙伴。截至 2019 年 1 月，Quirky 网站显示仍有 46 个项目在设计研发过程中，设计项目中存在五个小时之内的创意记录痕迹。种种迹象表明，经历 2015 年破产重整后，Quirky 公司仍保持着生命力。

2. 破产重整后修订会员协议保障会员收益

在 Quirky 网站早期的会员协议中 "Payment by the Company to Users" 部分没有约定具体的特许权使用费的比例，是否支付特许权使用费由 Quirky 公司决定。特许权使用费分配行为更类似于公司的 Quirky 赠予行为，而不是应付的服务合同款。因此，特许权使用费不能转化成为破产债权，提供创意的会员也就不能参与破产清偿程序。如果创意提供者的特许权使用费收益不能得到有效保障，这无疑将会重创 Quirky 公司的互联网创意收集模式。如何保护创意提供者的特许权使用费权益，是 Quirky 公司破产重整后必须应对的问题。

Quirky 网站在 2018 年 5 月 24 日修订的 "Terms of Service" 中的 "User Royalty" 部分明确公示针对不同情形向创意提供者分别支付 1.5%、3% 或 5% 特许权使用费，前提是该创意收集晚于 2015 年 12 月 22 日。以上条款修订明确了特许权使用的支付情形以及具体费率，属于附生效要件的合同条款，一旦条件达成将产生合同的债权债务效力，强化了未来收益的可预期性和确定性，是 Quirky 公司重整后知识产权制度的重大改革。保障了公司经营中创意提供者的获利权，完善了 Quirky 公司的互联网创意收集模式。

3. 通过专利权人变更强化公司的专利运营属性

重新检索 Quirky 公司的相关专利，发现 Quirky 公司的专利权人/申请人由 Quirky Inc. 变更为 Quirky IP Licensing LLC。从公司名称中增加的 "知识产权许可" —— "IP LICENSING" 的内容，可以看出，Quirky 公司意识到知识产权在互联网众筹创新模式中的重要性，并通过知识产权运营获得利润的经营理念和决心。

五、对中国互联网众筹创新模式的发展建议

经历了破产程序后 Quirky 公司涅槃重生，公司网站仍然在运作。公司在特许权使用费支付制度、专利权持有人名称方面进行了不少改革，但是此类互联网创新商业模式要想在我国落地生根，必须依据我国的法律政策的改革做出及时调整，以适应我国不断变化的商业土壤。

一是需要充分考虑互联网开源创新的特性，在众筹创新的不同阶段综合知识产权策略。具体而言，在专利布局中需要注意以下问题：①创意众筹团队在创业初期就需要考虑知识产权布局。在专利保护方面，应对产品的外观或样式提前申请外观设计专利保护，对于产品的核心技术或实现方式也要提前进行发明或实用新型专利申请保护。如果团队的资金或人力有限，应考虑采用商业秘密的方式确保核心技术或是技术原理不外泄或被抄袭，同时也有必要对商标和版权保护加以规划从而多方面构建知识产权保护体系。②在我国先申请制专利法体系下，采用 Quirky 众筹创新模式的创业者需要进行互联网平台的知识产权规避设计，避免网站信息影响后续的专利申请保护。可以设置信息审核环节，适度公开众筹信息并适时中止；介于网络证据易于修改的特殊性，对于众筹信息的公开时间可以采用模糊化处理或者不予公开。③如果在美国申请专利，在 Quirky 互联网创新模式下需要控制产品的研发周期，在核心信息公布后的 1 年内提交专利申请并对研发材料及时存档，合理利用美国专利法发明人先申请制中的宽限期。④构筑知识产权体系的作用并不局限于对自身进行保护，还可以通过融资、转让、许可、质押等途径进行专利运营，拓展创新利润的获利途径。

二是通过完善知识产权会计信息披露制度，防范知识产权运营中的资产贱卖风险。我国破产法规定，启动破产程序后将进入后续的重整、和解或清算程序，知识产权作为无形资产将成为公司财产中的重要组成部分。长期以来我国对专利资产的价值评估没有建立完善的估值体系，在资产计算过程中往往被统一计入无形资产中，难以对单个知识产权逐一作价，因此在专利运

营中就存在被贱卖的风险。2018 年财政部、国家知识产权局关于印发《知识产权相关会计信息披露规定》的通知，规定企业应当按照类别对确认为无形资产的知识产权相关会计信息进行披露，需要披露账面原值、累计摊销、减值准备和账面价值信息。该规定于 2019 年 1 月 1 日起施行。以上规定的实施将有助于公司加强对专利、商标等无形资产的监督管理，提前确定专利、商标等无形资产的账面现值，减轻知识产权运营中的资产贱卖风险。

三是通过专利保护商业模式，储备无形资产。商业模式本身不能获得专利保护。2017 年 3 月 2 日，国家知识产权局公布了《关于修改〈专利审查指南〉的决定》，其中最重要的一项修改是："涉及商业模式的权利要求，如果既包含商业规则和方法的内容，又包含技术特征，则不应当依据专利法第二十五条排除其获得专利权的可能性。"这意味着自 2017 年 4 月 1 日起"商业模式"也可以寻求专利保护。Quirky 互联网众筹创新模式利用互联网开源特性加快了创新速度，属于商业模式创新的范畴。此类公司可以充分利用各网络平台构建过程中使用的 IT 技术，例如创意信息的收集、加工、处理技术，将技术内容抽提出来作为技术特征用于权利要求的构建，从而实现对商业模式的变相保护。互联网创新企业应当注意到 2017 年《专利审查指南》上述修改动向，在专利布局工作中关注之前被忽视的商业模式专利申请，通过专利保护商业模式储备更多的无形资产。

四是充分利用不同知识产权组合优势，打造立体知识产权保护体系。Quirky 公司的产品线基本都是围绕日常生活用品展开，例如扭扭充电板、柑橘喷雾器、可拆成两半的订书机等。此生活居家类产品除了发明专利外还可以通过实用新型专利、外观专利、著作权等手段加以保护。针对智能安防等物联网产品，除了专利保护之外还可以布局计算机软件著作权。针对明星产品还可以对通过商标对商品名加以保护。创新主体可以通过综合利用发明专利、实用新型专利、外观设计专利、软件著作权、商标等不同知识产权的排他效力，在市场竞争中将获得更多的竞争优势。

五是综合利用法律保护、行政保护及电商知识产权维权平台，强化市场控制力。中国是全球重要的小商品生产加工及出口国，Quirky 公司的家居类产品生产成本低，容易被山寨货侵占市场份额。专利和商标作为重要的法律武器能够有效维护权利人的合法利益，但是侵权诉讼存在维权成本高、周期长的缺陷。面对侵权事件，在双方协商无果的情况下，除了侵权诉讼外，公司还可以选择行政手段解决侵权纠纷。我国新一轮的机构改革中将知识产权局归入市场监督管理局体系下。在 2019 年 4 月 26 日市场监管总局知识产权局关于印发《2019 年知识产权执法"铁拳"行动方案》的通知中明确了将专利执法职责交由市场监管综合执法队伍承担。这将极大改善以往知识产权执法队伍人员不足的局面，强化知识产权的行政保护力度。除了法律保护和行政保护之外，通过电商平台下架侵权商品也是行之有效的解决途径。例如，京东网站上有知识产权维权选项，阿里巴巴也建立了知识产权保护平台。权利人一旦发现知识产权侵权的商品和行为（包括商标侵权、著作权侵权、专利侵权等），可以在电商平台进行知识产权侵权投诉，通过产品下架，删除链接等方式快速肃清上市的侵权产品，充分利用专利、商标等知识产权赋予的排他效力，在商业竞争中强化企业的市场控制能力。

六、结语

Quirky 公司不仅将知识产权制度应用于企业的经营发展中，还将知识产权游戏规则本身融入商业模式设计以及产业生态链整合中，为互联网模式的技术创新和制度创新提供了丰富的借鉴思路。种种迹象表明，经历 2015 年破产风波后的 Quirky 公司仍保持着生命力。相信在完善知识产权管理、供应链管理、销售渠道管理之后，Quirky 等互联网众筹创新公司仍然存在继续发展的空间。

参考文献

[1] 宋刚，唐蔷，陈锐，等. 复杂性科学视野下的科技创新 [J]. 科学对社会的影响，2008（2）：28 – 33.

[2] 李明德. 美国知识产权法 [M]. 北京：法律出版社，2014：50 – 51.

[3] DURHA M，ALAN L. Patent law essentials [M]. Praeger Publishers，2009：48.

[4] Quirky website. Terms of use and privacy policy [EB/OL]. (2016 – 01 – 26) [2019 –

05 – 03］. http：//www. quirky. com.

［5］易继明. 美国专利法 ［M］. 北京：知识产权出版社，2013.

［6］谢幸初，阎洁，杨凯鹏. 美国发明人先申请制的启示和应对策略 ［J］. 法制与社会，
2013（7）：263 – 264.

［7］中华人民共和国国家知识产权局. 专利审查指南 ［M］. 知识产权出版社，2009：166.

［8］王芳，史海燕. 国外 Web Archive 研究与实践进展 ［J］. 中国图书馆学报，2013
（1）：36 – 43.

［9］US2013/0091651A1 审查信息 ［EB/OL］.（2016 – 01 – 04）［2019 – 07 – 06］. http：//
globaldossier. uspto. gov/#/details/US/13709391/A/127654.

［10］US2012/0260453A1 审查信息 ［EB/OL］.（2016 – 01 – 04）［2019 – 07 – 06］. ht-
tp：//globaldossier. uspto. gov/#/details/US/13226745/A/76868.

高价值专利培育的价值量化评价实践研究

陈映林[*]

目前市面上关于高价值专利培育的书籍已经很多，总结了不少高价值专利培育和评估的方法，但是高价值专利评估和培育本身是一个系统工程，不同发展阶段、规模和产品类型的企业情况各异。广大企业普遍面临一个困境：企业自身情况各种各样，如何根据企业现实情况，进行合适的高价值专利量化评价工作。

专利技术来源于技术，但是高于技术，又实施以法律。所谓"高价值专利培育"，可以将它拆分成"高""价值""专利"和"培育"四个部分。"专利"具有在特定时空内的排他性，是技术和法律的复合体；"价值"其实就是能够为权利人带来经济利益或竞争优势；"高低"是在比较中产生的，具有相对性，例如比较竞争优势；而"培育"又可以分为培养和孵化，很明显具有时间的延续性、效果显现的滞后性。上述四个部分组合在一起，我们可以理解高价值专利就是"技术和法律关系的总和，能在特定时间和空间内，基于权利人的特定战略或战术目的，为权利人带来经济利益或竞争优势的专利"。

而专利技术往往和创新主体的各类项目研发开展息息相关，笔者从专利与项目研发之间的关系出发，依据平时专利价值量化评价工作的一些实践，抛砖引玉做一个分享。

---

[*] 陈映林，就职于中国铁建重工集团有限公司，从事科研管理、知识产权管理工作10余年。

一、专利价值量化评价的维度

高价值专利通常是指市场发展前景较好、技术创新难度较高、竞争力较强、保护适当且稳定的专利，在实际项目开展过程的不同时机，又可依据标准划分为基础专利、核心专利、重要专利和一般专利。

市场是专利发挥价值的场所；技术是专利实现控制力的依据；法律是专利确定价值的保障。专利的价值不仅由其自有特性决定，还受市场状况，如持有者、行业新技术发展、竞争者情况等因素影响，有人从技术、法律、战略和经济四个维度来进行衡量[1]。根据笔者的工作实践，通常从技术、经济和法律三个基本的维度来进行评价具有实际可操作性，而且法律维度是其中最为重要的维度。

（1）技术价值指标是指从技术的角度来评价一项专利的价值。该指标包括：行业发展趋势，技术所处行业发展状况；技术先进性，专利技术与其他技术相比是否处于领先地位；可替代性，是否存在于专利类似可替代的产品和技术；技术成熟度，技术的发展阶段。

（2）经济价值指标是从市场经济效益的角度来评价专利的价值。包括：市场应用，专利技术进行市场化应用的前景如何；市场规模，专利产品或技术潜在实现的销售规模；竞争情况，是否存在同类或类似专利形成竞争。

（3）法律价值度是从法律的角度来评价一项专利的价值。包括：有效性，专利保护期限；专利权稳定性，权利要求保护范围是否合适；地域布局及多国申请情况；专利侵权可判定性，权利要求技术特征是否容易发现和判断侵权行为的发生，是否容易举证。

专利的法律价值评价应在专利申请前、专利公布前、实质审查和专利授权前进行实施，需要知识产权或法律专家参与。

典型的专利价值评估按照以下基本流程进行（见图1），不同维度指标的权重，根据项目情况有所差异。从实际来看，专利权稳定性是其中具有否决性的要素，其中专利法律价值占据的比重较大，取值在 50% ~ 60% 为宜。价值分析和评估会耗费一定的人力和时间，该工作一般在项目立项后实施中的评审节点进行为宜。

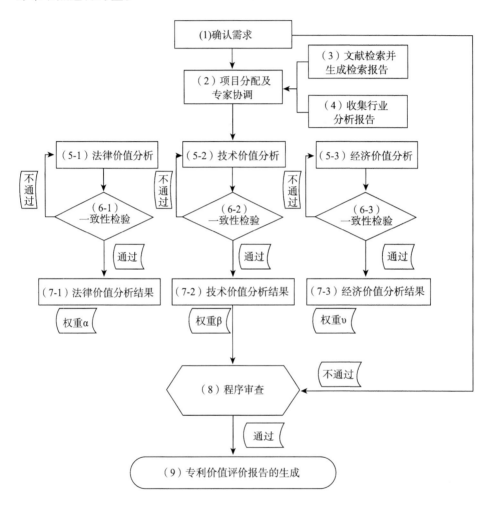

图1 专利价值评估维度及一般流程

二、专利价值量化评价的重点

专利价值量化评价，不在于制作出多么复杂的量化指标体系，而是要在项目环节的合适节点及时地进行标准化的评价。以专利法律价值为例，如果在项目开展过程中，从项目立项、项目研发、产品试制、产品销售，滚动开展其中的检索分析及价值评价，进行价值评估，对专利价值提升的帮助将非常明显。

在项目立项时，甚至在项目立项前一段时间，应该根据项目知识产权审核控制程序，着手对专利技术文献作检索分析，从而为高价值专利的技术价值评判打下基础。

图 2 为项目技术研发之初和研发过程中，高度重视运用专利信息，找准研发起点的量化评价的流程示意图[2]。

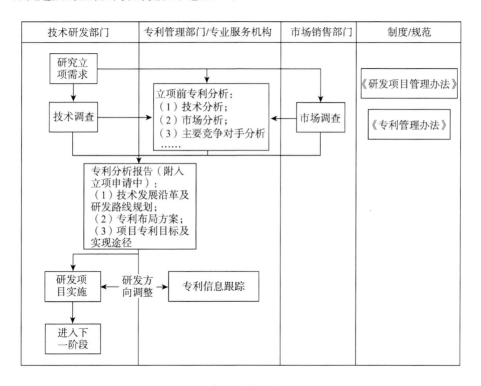

图 2　专利量化评价流程

例如，从项目立项时，针对项目开展全方位的检索分析，范围包括专利文献、论文文献等，还可以包含相关发布的标准。表 1 是项目开展过程中知识产权分析样表。

表1 项目知识产权分析表

项目编号及名称	
产品销售地区	
产品研发阶段	
项目概述 技术先进性评估	
检索过程 检索策略 检索式及检索结果	
一般分析 专利摘要及其他著录项目简析、专利摘要翻译 专利技术领域分析 专利技术功效分析 重要专利分析 专利引用情况专利族情况 专利诉讼情况 项目专利侵权风险分析 规避设计分析 附录 国内外专利检索清单 论文检索清单	

这一部分的量化评价是整个评价过程的开始，具有非常重要的意义，后续评估可以基于本次评价进行滚动或延伸。

具体实施过程中，可以对其内容及过程进行评分，从而保证成效。评估评分可按表2内容进行。

表2 项目可行性评估表

序号	评估项	得分
1	项目技术内容描述清晰程度	
2	项目技术先进性	
3	检索过程合规性	
4	专利布局级别规划	
	总分	

严格来说，对于专利文献的科技查新检索应当贯穿整个项目研发过程，

立项过程的管控尤为重要，是专利价值量化评估的基础和开始。无论是单一专利申请，还是专利组合布局，其价值评估，有赖于项目知识产权检索分析，检索的范围又不仅限于专利文献。

一般情况下以研发负责人为主导，对研发项目进行全生命周期管理。包括牵头成立各子项目组，评估课题的立项、成果申报规划、专利布局级别规划；负责组织研发项目的立项报告审核、跟踪实施进程、组织进行项目验收和研发成果鉴定、评价；对项目进度、经费使用、人员安排、设备使用等进行监督、协调等。

而为了提高公司研发项目管理水平，促进研发项目管理规范化，提高公司的核心竞争力和技术创新能力，保障研发项目的顺利实施，根据项目大小、重要程度、延续时间长短，进行分级分类管理（见图3）。如研发项目级别：国家、省、市级立项课题；公司研发部自选课题；公司与外单位合作研究的课题等。

各研究方向的组长对所分管的研发子项进行管理，并向研发负责人汇报。项目组长负责编制各自项目的立项申请书，严格按照批准的立项申请书内容和要求开展研发工作，及时报告执行中出现的重大问题，并在研发总负责人的领导下参与阶段审核、项目验收、成果鉴定工作。一般情况下，组长应每个月定期向研发负责人汇报研发进展及存在的问题、下一步计划等，具体根据情形有周报、半月报和月报制度。考虑到技术研发人员和企业知识产权工程师的工作交叉程度，项目知识产权分析评估文件的出具一般以月报或双月报为宜。

研发负责人对初定的课题，组织人员对项目现状、前瞻性、市场需求、经济社会效益等进行市场调研、收集信息，分析课题研究重点与难点。与此同时或更早，组织人员进行项目知识产权检索、分析，形成检索分析报告，分析有利用价值的专利，进行专利布局规划，确保项目研发适合用专利保护的创新成果得到保护。

这一环节完成项目立项申请材料。一般情况下立项申请书的内容包括：项目简介、国内外研究现状（包括研究技术国内外专利申请和授权情况、技术热点、空白点等分析）、现有研究基础、市场需求分析、创新点、研究内容

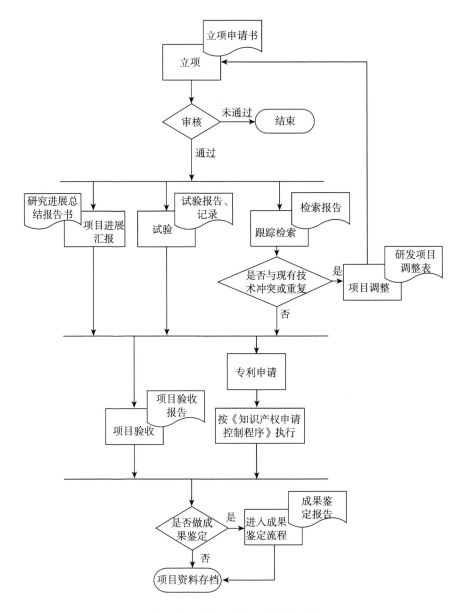

图3　项目管理流程及成果的形成

及技术路线、研究进展、考核指标（包括知识产权指标）、经费预算、研究人员等。如果是国家及省市项目的立项，则需要按照其要求填写。立项申请书上报研发负责人审核，审核通过后，确定是否立项，并对知识产权权属进行约定。

建立专利信息分析利用规范和机制，在科技创新与技术研发立项前，充分运用专利技术生命周期分析、主要竞争对手分析、专利技术功效分析、专利同族与引用分等方法，把握技术发展沿革与脉络，确定产业技术发展和专利分布情况，评价企业竞争环境和竞争力，预测产业技术发展趋势和产品市场需求，从而建立专利布局机制。"产品未动，专利先行"，企业的高价值专利申请和布局是为了在未来的市场竞争中形成有利格局，形成相对竞争优势。

围绕产业发展部署技术研发与专利培育，依据专利地图，开展前瞻性布局。寻找产业发展技术空白点，确立核心技术和关键技术研发策略和路径，结合防御性专利申请，构建专利组合；依据竞争对手情况选择专利申报时机，结合目标市场状况开展海外专利布局；参与重要国际国内标准制定，将高价值专利纳入标准。

只有以布局的思想指导企业的专利工作的开展，将布局的意识融入企业的专利战略中，才有可能将专利布局落实到具体的技术研发和专利挖掘布局中，实现专利布局的目标[3]。

三、高质量专利是高价值专利的前提

培育高价值专利的重要前提条件，就是专利权足够稳定，因此，在做好前期项目知识产权分析，对技术和经济有了全面细致深入的了解之后，需要更进一步明确，专利文献的检索、专利性评价应当贯穿专利申请文件的整个撰写过程[4]，从而打磨出高质量专利，保证专利权的稳定性。通过拥有稳定的高质量专利权，将其实施在产品上、许可他人、组建专利池、专利联盟、标准专利等方式将高质量专利运营起来，才算达到高价值专利的目的。那么，首先如何做到高质量专利呢？笔者总结了以下几点分享给大家。

1. 完善专利布局，优化专利保护网络

在技术、产品开发等知识产权产生过程中，组长应对市场动态随时进行知识产权信息跟踪，及时调整开发策略，对因知识产权状况而需调整开发方向的，填写研发项目调整申请表，及时向研发负责人报告。由此，根据专利

类型、地域和时间等因素策划专利申请方案，形成有针对性、结构化和动态的创新成果专利保护网络（见图4）。

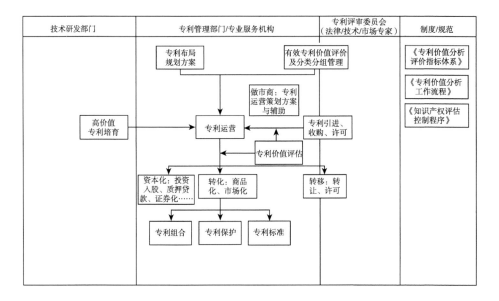

图 4 专利布局规划流程图

该步骤主要在企业业务主管部门由资深知识产权工程师进行，形成分级规划方案，并可以体现在申请文件审核表中。有条件的企业可以将专利布局规划信息通过软件系统进行横向、纵向沟通，减少信息不对称带来的弊端。

2. 开展发明构思，进行专利提案评价

要加强研发成果披露，开展技术创意和发明构思收集、筛选，选择优秀创意构思，进行专利挖掘，形成专利提案；定期组织具有技术、市场及运营经验的专家，对提案的市场前景、技术先进性、可专利性等进行评价。

研发项目的实施和管理需保证主要时间和精力用于项目技术的研究与开发，保证项目预期成果的获得。

研发项目管理可实行执行情况报告制度，加强对同类研发项目过程的跟踪、控制与管理。组长定期向研发负责人进行研发进展汇报，年中和年底向公司提交科研项目进展情况表，报告的主要内容是研发项目研究工作完成情况、阶段成果及存在的问题和下一步计划等。对研发项目执行过程中取得的

重大突破或阶段性成果要及时上报研发负责人。研发项目过程中，需要对滚动开展项目做专利检索分析报告。

项目组成员在试验过程中，要做好原始记录，及时形成试验报告。试验报告包含试验目的、试验时间、试验地点、试验材料、试验内容及方案、结果及分析、结论等。试验报告经组长审核通过后，上报研发负责人，经审核通过后存档。

有条件的企业可以建立横向跨部门的创意创新管理系统，形成数据库。

3. 开展专利申请文件预审查

在充分的文献检索和理解发明技术内容基础上，对重点专利申请文件进行全面预审查。要明确技术创新点，优化权利要求配置，充分考虑技术特征的数量及上位下位，确定每个专利的合理权利要求范围，优化技术特征的表述，确保授权专利的稳定性；认真研究专利审查标准，尤其是关于"三性评价""公开充分"等实质性驳回条款等内容，避免不必要的专利驳回。专利申请文件的审查是对于专利提案评价环节的一个验证。

同时，对其他程序性信息，应该进行记录，如对比文件、返稿信息等进行录入强化过程管理，也有助于形成基础数据，有条件的企业可以将该信息集成到系统中，内容如表3所示。

表3　专利质量评价表

序号	专利质量评价	得分
1	保护客体是否全面和准确（装置/系统/方法）	
2	独权的撰写（例如有无出现非必要技术特征、清楚简要）	
3	权利要求数量	
4	发明内容是否清楚完整地说明和公开、有无替代方案	
5	附图及标注、编号的质量	
6	是否描述足够清楚，并能解决声称可解决的问题	
7	撰写的用词、规范，逻辑清晰程度	
8	说明书是否具有一个最佳实施例	
9	权利要求书保护范围的适当性	
10	评分	

对专利质量审核实施多级审查制，上一环节的专利申请文件到后一环节的质量审核经理处，其审核标准有所差别。表 4 是对专利文本质量进一步进行判断的量化评分表。

表 4　专利申请质量评分表

专利项目			
	项目	内容	得分
审核标准示例	1	有无检索到至少 2 篇对比文件，是否本领域技术文献	
	2	①说明书是否清楚、完整表述了技术方案的内容；②说明书中的专业技术名词是否准确，说明书附图标注与具体实施例中名词是否一一对应	
	3	独立权利要求是否相对现有技术没有区别技术特征，无新颖性	
	4	独立权利要求是否包括实现其发明目的不必要的技术特征，导致范围被不合理地缩小	
	5	说明书中技术问题、技术方案、技术效果的描述是否相对应，背景技术表述是否正确，逻辑思维是否清楚。	
	6	发明名称中是否包含有足够的保护客体，避免出现保护范围过小的情形，发明名称中是否包含发明点	
	7	权利要求书是否能得到说明书支持，说明书的各实施例、技术方案是否得到权利要求书合适上位	
	8	权利要求不清楚，语言有歧义，造成权利要求保护范围不确定	
		合计	

4. 加强与专利审查部门沟通，积极配合专利审查

认真对待专利审查意见，要求服务机构与技术研发人员充分沟通，提出专利申请文件修改意见，撰写答复意见陈述书；积极利用专利审查绿色通道，提高重点领域核心专利的获权效率，积极配合专利审查，积极争取最大权益。

鉴于在项目立项等前期环节中，就可能出现专利提案、专利申请，因此上述各个环节，在项目立项阶段也应该得到重视。事贵预，预则立，不预则废。这一部分，也应该建立在对项目知识产权做一个全面的分析，对专利申请和布局进行有效规划基础之上[5]。

5. 高价值专利组合培育也是立体化布局过程

进行专利申请的过程中，以及专利申请后，都要进行专利价值量化分析，每一个环节的价值量化分析可以作为下一个环节评价的参考。高价值专利培育的布局流程见图5所示。

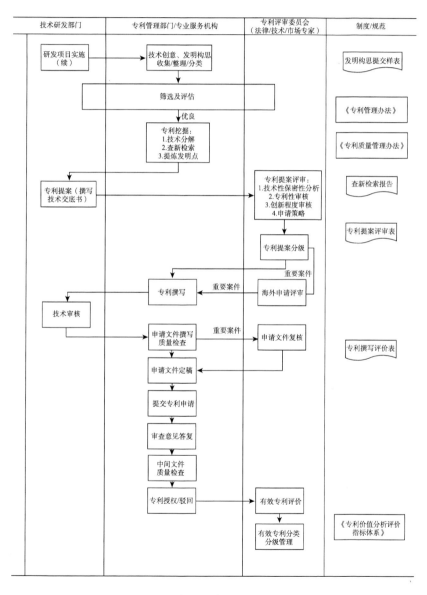

图5　高价值专利培育流程

6. 保密管理辅助高价值专利布局规划

项目高价值专利布局过程中，应与专利挖掘活动应该联系，参与专利挖掘活动的人员应该具有较强的保密管理意识和高超的挖掘技巧，从而对项目创新成果保持敏感，进行创造性的剖析和甄选[6]，对阶段性及最终成果中属于专利法保护范围的，应当执行知识产权检索控制程序和专利申请控制程序，进行专利申请，或以技术秘密方式及其他知识产权方式保护。

经评审决定某项知识产权不申请专利，而是以技术秘密处理的，经过内部评审依据技术秘密的保护方案进行保护，项目参与者和接触秘密的有关人员须签订技术秘密保护协议。

进入技术秘密评审的范围：项目实施过程中所取得的专利技术、新技术、新工艺、新产品、论文、研究报告等创新性超前、研究深入的技术内容。评审准备：材料由项目小组负责人编写，申报前将相关资料逐级报研发项目负责人及技术主管领导、知识产权管理办公室，由项目总负责人对资料进行审核，报评估小组评审。

项目研发形成的技术秘密的保密范围和期限由研发部规定不得转让或以技术入股、折资入股。在项目开展过程中，公司知识产权管理部分对项目形成的知识产权一般会进行协议约定，约定为公司所有。针对合作项目，其知识产权由各出资方共有，所占份额要在呈报的立项申请书中明确说明，相关权益由合作单位在立项前约定。

同时，研发人员和其他了解、接触技术秘密内容的有关人员，依照规定承担保密义务。研发项目取得知识产权的成果，在保密期内，未经公司允许，不得利用论文、期刊、书籍、交流等形式擅自披露其核心技术。承担研发项目的研发人员因工作变动离开公司的，在约定期限内不得从事与该项目相同的科技开发和经营活动。

四、高价值专利培育过程的思考与展望

高价值专利产出乃至价值实现需要从研发立项前进行专利分析与布局、

研发过程中专利策划、挖掘与评价、市场层面的专利运营等多个环节加以规划和管控，其中，研发立项的高价值专利策划是开端和基石，研发过程中实施和滚动分析是纠偏和完善，专利运营是检验专利质量和价值的试金石和手段。

整体而言，企业要结合自身优势，在专利检索分析基础上，结合市场状况和企业自身优势选定重点产业与领域；可在企业知识产权管理规范的指引下，建立适宜的企业高价值专利培育机制，从而将专利价值分析评价指标体系有效融入项目科技研发过程中，通过有效专利策划、布局和运营，最终实现高价值专利真正的经济价值。研发项目的各节点应该关注评价结果的可信度评价和管理，这样才能有效地进行专利价值运营。在上述各环节中，依据质量法则，下一个环节作为上一个环节的客户，价值评估要遵循以客户为核心，以客户的技术、法律、经济价值实现为目标开展工作，专利价值量化评估工作才能收到实效。

目前大数据信息技术日新月异，笔者在高价值专利实践过程中，认为今后企业可以关注如下两点：①专利挖掘与布局系统。通过为企业提供专利挖掘布局、规划管理等服务，帮助企业形成优质专利组合，为企业投融资增加谈判的筹码，有效提升了企业的市值。②专利申请评价可视化系统。专利申请评价可视化系统提供权威解读审查规则，一键定位撰写缺陷，帮助申请人节省人力成本，通过该系统的分析，缩短审查周期。该系统一定程度上帮助专利权人更好地改进专利申请质量，给申请人节约宝贵的时间成本和人力成本，从而大幅提升高价值专利乃至知识产权培育水平。

企业可在专业团队的支持下，利用数据挖掘和可视化技术为企业高价值专利培育提供更多便利工具，让高价值专利的价值得到更好发掘，更好为企业战略服务。

参考文献

[1] 马天旗，巴特，何丽娜，等．高价值专利筛选［M］．北京：知识产权出版社，2018.

[2] 马天旗，马新明，赵星，等．高价值专利培育与评估［M］．北京：知识产权出版社，2018.

［3］杨铁军．企业专利工作实务手册［M］．北京：知识产权出版社，2013.

［4］马圆．深度挖掘现有技术，构建完美保护范围——从检索的视角来看专利申请文件的质量提升［C］//中华全国专利代理人协会．高质量的专利申请文件——2013年专利审查与专利代理学术研讨会优秀论文集．北京：知识产权出版社，2013.

［5］马天旗，李银锁，王华，等．专利布局［M］．北京：知识产权出版社，2016.

［6］马天旗，赵强，苏丹，等．专利挖掘［M］．北京：知识产权出版社，2016.

高价值专利培育在企业中的实践和价值体现

何永春[*]

出门问问信息科技有限公司（以下简称"出门问问公司"或"出门问问"）是一家以语音交互和软硬件结合为核心的人工智能公司，其自主研发并建立了完整的"端到端"人机交互相关技术栈，包括声音信号处理、热词唤醒、语音识别、自然语言理解、对话管理等；且以定义下一代人机交互，让人和机器的交互更自然为使命，力争站在技术前沿。自成立以来陆续推出了出门问问手机 App、AI 智能手表 TicWatch 系列、AI 真无线智能耳机 TicPods 系列、智能音箱 TicKasa 系列等人工智能软硬件结合产品，成为全球消费者喜爱的 AI 可穿戴品牌。依靠强大的软硬件结合能力和语音交互技术及工程能力，出门问问公司已为物联网、金融、电信、健康养老、餐饮、车载等企业级场景提供服务。

出门问问公司设立知识产权部来管理全公司的知识产权事务，包括但不限于专利、商标、著作权、商业秘密等，知识产权部从资产积累、风险管控、价值实现等多个角度全面支撑公司的运营和发展。知识产权部作为独立的一

  * 何永春，出门问问信息技术有限公司知识产权总监，知识产权领域从业 10 余年；曾任联想集团资深专利主管，国家知识产权局专利审查协作北京中心室主任。全国优秀企业知识产权工作者，国家知识产权局骨干人才，国家知识产权局专利审查协作中心骨干人才、核心人才、优秀青年，全国首批专利信息实务人才。对企业知识产权管理、各国知识产权制度和实践、专利撰写、审查与运用具有精深的了解。

级部门，直接向联合创始人、CEO 等公司最高管理者汇报。公司相信发明人是公司的创新主体和中坚力量，非常重视对发明人的培养和激励。此外，公司要求知识产权团队有力地融入研发团队，并与供应链密切配合，才能更为实际地解决技术痛点，促进创新。

出门问问公司多年坚持创新，重视高价值专利培育，将高价值专利培育作为企业知识产权工作的一个重点，在实践操作中，形成对于高价值专利培育的一些认识，分享给大家。

一、有价值的专利长什么样？

对于专利价值，目前已经有很多讨论和分析，业内外测算专利价值的方式也多种多样，从技术价值、法律价值、市场价值等多种角度来对专利的价值进行量化和评估。从企业实务角度，我们一般从新颖性/创造性、规避难易程度、侵权取证难易程度、产品成本、市场容量这五个维度来评估专利的价值。

（1）新颖性/创造性是专利的基本要求，如果新颖性/创造性存在疑问，即使在审查阶段获得了授权，也面临权利不稳定的问题。在后续使用过程中，极有可能因为缺乏新颖性/创造性而导致专利权无效，而无效的专利权不能产生实际的价值，因而新颖性/创造性在评判专利价值时处于"一票否决"的地位。如果新颖性/创造性存在疑问，该专利价值将急剧减少，甚至消失。

（2）规避难易程度，指的是如果竞争对手开发相同或相似的产品，绕开专利保护范围的难易程度。高价值的专利能够让竞争对手完全规避不了专利所描述的保护范围，或者即使能够绕开，但是需要付出极高的研发/原材料/制造成本，从而丧失市场竞争力。越难规避的专利技术，其价值越大，反之，则价值越小。

（3）侵权取证难易程度也与专利价值密切相关。侵权取证越难，专利价值越低；越容易取得和固定侵权证据，专利价值越大。从这个角度看，复杂的计算机算法专利，即使存在算法抄袭、故意侵权的情况，由于反向编译和反向工程的难度极大，并且在技术理解和比对上艰深晦涩，很难有效证明存在侵权现象，因而，在现行的专利制度下，对于计算机算法专利的保护效果还需要提高，这也影响了计算机算法相关专利的价值。与之相反，外观设计、实用新型专利，通常由于其表现直观，技术容易理解，侵权行为发生时，相对容易比对和取证，因而，在这个维度上，通常外观设计和实用新型专利具有很强的竞争力。

（4）专利技术最终要在产业上应用，才能完成由理论技术到实践产品的转化。在这个过程中，站在产业界的角度，专利技术向实际产品转化的难度，即产品化的成本，极大影响着专利的价值，转化使用专利技术的成本越低，市场竞争优势越大，专利价值越高。反之，如果转化成本过高，虽然技术先进，创新高度很高，但难以在产业上大规模利用，从而造成市场价值不高，也会使得专利价值降低。

（5）专利技术涉及的产品的市场容量，对于企业来言，也是重要的衡量专利价值的因素。大容量的产品市场，会相应推高所对应专利技术的价值；反之，其所对应的专利技术价值也难以提升。

正由于上述因素影响着专利价值，在培育和产生高价值专利的过程中，需要根据这五个因素来有目的地发现、培育、产生、使用高价值专利。

在我们公司 TicWatch 2 发布刚刚 3 个月后，收到了用户的第一波评价反馈。不少人提到，TicWatch 2 这种回归经典的智能手表设计很好看，但一天一充电有点儿麻烦。续航短是智能手表行业的痛点，电池技术在短时间内难以实现巨大的飞跃。面对这样的状况，公司对智能手表市场进行了充分的调研，围绕现有的持久续航方案开展了知识产权评议，本着让用户享受智能产品以及人工智能技术给生活带来便捷与乐趣的初衷，进入了双层屏幕、双模系统这个前人未曾涉足的领域，大力开展双屏，双系统的智能手表的研发工作。

根据上述提及的影响专利价值的因素，涉及智能手表方面的创新技术，如果侵权取证容易而且容易产业化，那一定会产生高价值专利，比如双层屏的简洁的结构，双系统之间的切换控制方式，由于双屏双系统而衍生的智能手表的新功能、新的操作方式。这些技术，如果被别人抄袭，很容易发现和取证，同时产业上也容易实现。由于简单容易实现，也通常意味着竞争对手不愿意规避，或者规避会带来较大的生产成本。当具备专利法规定的新颖性、创造性时，便能够在每年增长 30% 的庞大的智能手表市场中，产生一批高价值专利。

在公司具体的专利布局和专利申请实践中，我们围绕双屏双系统布局了上百件专利，有效地将创新转化为公司的知识产权资产，这部分专利的积累将成为公司高价值的资产，充分体现公司的创新实力，保障产品运营。

二、如何培育高价值专利？

当企业具备良好的创新土壤，有足够的创新条件时，高价值专利的产生仍然需要企业专利工作者精心的布局、细致的挖掘、精心的维护和良好的运营。在企业的运营实践中，我们总结了如下培育高价值专利的方式。

1. 利用专利导航成果，做好专利布局

高价值专利培育的第一步，做好专利布局，综合产业、市场、法律、研发战略等因素，对专利计划进行有机结合，涵盖相关的时间、地域、技术和产品等维度，构建严密高效的专利计划。根据专利计划，形成对企业有利格局的专利组合，最终，作为专利布局的成果，企业的专利组合应该具备一定的数量规模，保护层级分明、功效齐备，从而获得在特定领域的专利竞争优势。

专利布局需要考虑的因素包括：所处行业的整体专利状况、市场分析在内的产业发展情况、本公司的研发战略这三个最重要的因素。其中所处行业的整体专利状况需要对全行业的专利状况进行扫描，是一项需要很多资源投入的分析项目。国家知识产权局近年来推广专利导航项目，对数十个技术领域做了全面深入的专利分析，企业可以充分利用这些已经公开的信息，节约自身投入。

目前可以利用的专利导航分为产业规划类、企业运营类。产业规划类项目围绕产业宏观层面的规划决策，为企业专利运营提供方向指引和平台环境；企业运营类项目围绕企业专利运营活动，指引企业创新路径和专利布局，是宏观规划决策进一步落实的具体举措。

例如，国家知识产权局发布的《产业专利分析报告（第31册）——移动互联网》一书对移动互联网行业进行了全面的分析和扫描，并归纳总结了一些很有价值的信息。比如在涉及移动应用的专利分析时，认为在移动应用领域，目前属于沉睡的战场，未来可能是专利事务的一个热点领域[1]。移动互联网企业可以直接利用书中给出的数据和分析结论，在移动应用技术分支给予更多的关注，优先挖掘和布局该领域的专利。

企业运营类专利导航项目主要包括四个分析模块：一是企业发展现状分析；二是企业重点产品专利导航分析；三是企业重点产品开发策略分析；四是专利导航项目成果应用。

每个模块之间环环相扣，模块一对企业的发展现状、环境和定位进行分析，综合诊断企业特征与需求，选定本项目分析的企业重点产品；模块二围绕企业重点发展的产品，开展核心技术、竞争对手和侵权风险等分析；模块三从企业重点产品开发基本策略出发，将专利布局、储备和运营嵌入产品开发全过程，形成专利运营方案；模块四将专利导航项目成果深度融入企业各项决策，完善企业战略、产品、技术等相关发展规划。

专利导航的好处，能够有效地利用专利信息，使企业研发工作平均缩短60%的技术研发周期，节约40%科研经费，还可以提高产业创新效率和水平，防范和规避产业知识产权风险，强化产业竞争力的专利支撑，提升产业创新驱动发展能力。

2. 了解产业市场和自身研发战略

了解行业的专利状况之后，还需要了解产业的市场状况，搜集有关资料和数据，采用适当的方法，分析研究、探索市场变化规律，了解专利布局所对应的产品品种、规格、质量、性能、价格的意见和要求，了解市场对某种产品的需求量和销售趋势，了解产品的市场占有率和竞争单位的市场占有情况，了解社会商品购买力和社会商品可供量的变化，并从中判明商品供需平衡的不同情况（平衡或供大于需，或需大于供），为企业生产经营尤其是专利资源投入提供重要依据。

在了解产业专利状况、市场信息的同时，还需要了解本公司的研发战略、研发计划等研发信息。在实践中，虽然也存在一定数量的灵光一现类的创新并据此申请了专利，但大多数专利尤其是高价值专利来源于研发。实实在在的研发项目产生高价值专利的可能性是最高的，研发才是产生高价值专利的土壤。因此，在做专利布局的时候，必然需要了解企业自身的研发状况，包括人员结构、资金投入、研发方向、研发计划等内容，据此勾勒出可能产生的专利，尤其是可能产生高价值专利的创新源头。

以下几个方面是最有可能产生高价值专利的技术领域：核心产品的基本技术架构，产业的基本支撑技术，行业标准，引领产业潮流的创新方向，创意与创新商业模式。具体地说，通信领域的标准必要专利价值巨大，因而，涉及通信标准或者计算机信息处理的标准等方面的专利属于高价值专利。在人工智能领域，基础的算法研究也容易产生高价值的创新，因而虽然计算机算法抽象难理解，但人工智能基础算法仍然需要按照高价值专利的标准和目标对待。在智能化席卷全球的时代，传统的家居家具乃至装饰品都纷纷被赋予智能属性，能够接入万物互联的物联网，因而，智能家居、智能珠宝等方面的创新引领了产业化发展的潮流，很容易产生高价值专利。

3. 专利工程师融入研发，判断创新技术的价值

一方面，现代企业中分工越来越细致。一般来说，研发人员只负责研究开发，没有精力也没有必要兼顾专利产出。如果在研发项目立项之时，有专业的专利律师介入，跟踪和参与整个研发过程，有利于创新成果的及时全面保护。研发人员作为发明人，是公司的创新主体和中坚力量，公司需要非常重视对发明人的培养和激励。此外，知识产权团队有力地融入研发团队，并与供应链密切配合，才能更为实际地解决技术痛点，促进创新。

另一方面，企业中由于组织结构的要求，专门的专利工程师数量远少于研发人员数量，引入外部专利律师又会产生一笔不小的开销，因而，在研发过程中，也需要有意识地培养研发人员专利产出的意识和能力。在并不具备全面的专利背景知识的情况下，研发人员可以通过简化的过程来初步判断创新的价值，比如通过考虑未来 2~20 年是否会被使用，是否可检测、可比较、可判别，判断研发中的创新可能的价值高低。这些信息可以提供给专利同事，

以供参考和后续处理。

当然，高价值专利培育和产出的任务更多的还是需要专门的专利工程师来承担。专利工程师需要从多个维度有意识地创造高价值专利，将好的创新技术和创新想法以专利的形式转化为对企业有价值的知识产权。

首先，专利工程师需要从技术内容上进行审视，从技术创新性、技术通用性、技术转化难度等角度来判断技术内容是否具备很好的技术创新价值。技术创新性，需要结合现有技术状况，必要时候，需要进行适当的检索，甚至是全面深入的检索，以发现最接近的现有技术，来判断本公司技术相对于已知的现有技术，其创新技术手段所在。还需要考虑技术通用性，具体从应用领域是否宽广、应用条件是否存在特别的限制、具体应用方式是否简单简便来衡量技术价值。对于实体制造业，应用越宽广，越简单容易实现；用户体验越好的技术，其蕴含的市场价值和潜力越大，涉及这些方面的创新自然会产生很高的价值。技术转化难度也需要考虑，过于前沿、难以商业化、难以全面推广的技术，或者需要在实验室持续研究，或者只能在特定场所应用，其技术价值就不如通用性、市场广阔的普适性技术。

其次，专利工程师还需要保障专利文件的准确、合理和高质量。说明书应当正确、全面地描述发明的整体构思和技术手段，说明书附图清晰正确。权利要求书数量合理，各类型权利要求全面，逻辑正确流畅，独立权利要求范围合理，上位概括合理，得到说明书支持；从属权利要求层次分明，进一步限定的技术特征正确合理。

最后，专利工程师还需要与公司其他部门，比如研发、产品销售、市场宣传、财务等部门保持沟通和信息同步，及时获得研发进展、市场宣传、产品销售等方面的信息，及时调整对于专利的投入程度和关注程度，从而力争件件专利有价值，重点专利高价值，所有创新都得到保护，全面支持研发、产品和市场的自由扩展。

4. 新品上市前的专利查缺补漏

新的产品或服务在正式推向市场之前，其主要创新点、主打功能等要素基本已经明确。此前需要进行专利检查，看看是否存在未保护到的创新之处，以及已经完成的专利布局是否还存在不完全、不充分、不全面的地方。

尤其对于即将大力宣传，可能极大提高市场竞争力的创新产品，更需要逐项进行核实和检查：整体设计，各零部件的设计，局部的设计细节，电子产品的交互界面设计等是否已经申请了外观设计专利，已经申请的外观设计在视图表达、简要说明等申请文件上是否正确、明确地体现了创新设计，并进行了扩展，能够有效保护产品的外观。

对于产品结构、新材料等，可以使用实用新型专利保护创新点，是否已经申请了实用新型专利；已经申请实用新型专利的，其权利要求书尤其是说明书是否准确地描述了创新构思，进行了有效和充分的扩展，并和发明专利申请形成了全面充分的呼应。

对于产品和服务的其他创新点，尤其是方法流程、创新功能和实践，核查是否已经申请了发明专利保护；已经申请的发明专利文件，其权利要求书和说明书是否准确地表达了发明构思，并进行了合理合法的扩展，其保护范围不仅仅涵盖本公司所实际产出的产品和服务，而且全面充分地进行了扩展，尽可能产生了较为宽广的专利保护范围。

在我们的日常实践中，在产品研发完成后测试之前、全面测试之后、正式上市之前，需要进行三轮专利检查，与研发和产品同事一起核实创新点是否都申请了专利，撰写的专利文件是否准确描述了创新技术，是否撰写了合适的权利要求，专利类型和地域能够匹配产品的要求，专利布局能够覆盖或对应可能出现的竞品。

5. 确权过程的专利管理与维护

在专利生命周期中，由于审查和无效程序的规定，权利要求可能历经多次修改，其保护范围也会发生变化，因而在高价值专利培育的过程中审查阶段也是不可忽视的环节。针对审查过程中审查员提供的现有技术，需要认真分析这些现有技术，明确与本申请的区别，尽可能在专利授权和保护范围之间，有理有据地取得平衡：既满足新颖性、创造性的要求，又确实保护自身创新的内涵，并使得竞争对手难以规避，从而更好地支撑研发创新和产品市场。

只注重审查过程的处理还不够，还需要在实务中准确掌握 OA 答复的各项技能。第一，需要密切跟踪和学习审查精神，熟悉审查指南的各章规定，了解审查部门对于专利审查的政策和要求，从而才能准确判断和把握专利申请的审查流程。第二，需要仔细阅读和分析现有技术，从整体构思、技术手段、技术问题和效果、结合的启示等多个方面，来比较现有技术和本专利申请，发现差别，明确相对于现有技术应当获得的专利保护范围。第三，善于使用修改时机。审查阶段的修改和完善权利要求保护范围的重要手段，尤其在现有技术明确的情况下，更加要求修改准确合法。在满足新颖性/创造性的基础上，不引入非必要技术特征，使得保护范围合理。第四，即使申请文件被驳回，根据驳回理由，依然要考虑是否尝试复审。复审是唯一的对于驳回的救济手段，对于真正有理可诉，同时可能价值比较高的专利申请，应当使用后续的救济程序，而不能被驳回就放弃。第五，充分利用分案权利。分案可以很好地弥补原申请文件在权利要求布局方面的不足，也能够很好地弥补权利要求撰写过程产生的失误，修正明显的错误。即使是在获得授权时，仍然可以根据现有技术状况，使用分案来加强权利要求布局，争取更加准确的保护范围。

如果遇到无效阶段，在无效阶段除了正常进行抗辩之外，慎重进行修改。目前无效阶段对于修改不再局限于权利要求的合并，可以以部门特征引入的方式修改独立权利要求。这一点对于专利权人是比较有利的，应当积极利用。

在专利的整个生命周期，都需要进行管理和维护，不仅仅在确权阶段需要根据现有技术调整专利保护的范围，在其他阶段，例如许可或者诉讼时候，也需要根据情况，调整专利信息，做好数据管理和更新，提升专利价值，减少价值损耗。

6. 竞品跟踪与分析

专利源自研发创新，但在市场环境之中，能够更好地发现和印证其价值，对于竞争对手竞品的跟踪和了解，对于企业专利资产积累也是非常重要的。专利的价值常因市场的变化而变化，因而，定期梳理和更新对专利价值的判断也是高价值专利培育工作中的基础性和日常性的工作。对于企业而言，在条件和资源允许的情况下，应当每年梳理和更新专利资产的价值情况，根据企业战略方向的变化、市场经营的态势、竞争对手的情况，对专利价值进行再判断。

三、专利高价值如何体现？

专利是科学技术，尤其是工程技术的法律体现，本质上其描述的是创新的技术手段、技术构思和技术实现，因而专利的价值实际上也是一种技术价值，技术价值同样被映射到专利价值之上。于是专利也具备美学价值、使用价值、市场价值、品牌文化价值。

外观设计专利作为重要的专利类型，名称就预示了其承载着丰富的美学要求，流线型的汽车、飞机首先给人美的享受，冰箱、电视既是家用电器，也是家居空间的装饰；珠宝首饰就更加给人美的享受。实用新型和发明专利同样能给人们带来美的体验，从宇宙飞船的内部结构到建筑物材质线条，到药品的微观结构，都能够承载美、体现美。

专利技术已经在人类社会获得了广泛的使用，并深刻地改变人类社会生活，包含数十万件专利技术的智能手机将普通人带入现代信息生活，轻、重工业流水线生产的各类专利产品在生活中随处可见，医疗设备和药品大大提高了人类的寿命，专利的使用价值不需要更多的证明。

现在，已经没有人否认专利的市场价值，全球专利许可费用已经在千亿美元的规模。在专利被重点强调的通信领域，一件标准必要专利价值数十万美元，还常常有价无市。而生物制药等领域，一件专利每年能产生上亿美元的市场销售额，专利的市场价值正得到越来越多的承认和重视。

专利作为行政权力保障的法律权利，也常常代表了国家形象，代表行业发展状况。从企业的角度看，拥有专利数量的多少、质量的高低，也常常被用来衡量企业的创新能力和综合实力。

目前已经存在多种实现专利价值的途径，传统的专利许可、专利诉讼依然有旺盛的生命力，新兴的专利质押也在快速发展，更新的证券化、金融化也在更高更广的方向上扩展了专利价值实现方式。对于企业来说，无论是传统的方式，还是新业态、新模式，都值得尝试。专利不仅仅是法律权利，更是一种资产，而且还是企业的优质资产。这种资产不仅仅可以支撑企业的研发、产品和市场，通过运作运营，本身也能够实现收益。

企业中的高价值培育还处在方兴未艾的起步阶段，不同领域、不同阶段的企业有着不同的理解和执行策略，还需要在企业经营管理实践中继续总结经验，互相交流学习，探索出适合企业自身的培育方式。

参考文献

[1] 杨铁军. 产业专利分析报告（第31册）——移动互联网［M］. 北京：知识产权出版社，2015.

专利合伙人制度，激活创造潜能，驱动创新发展

王振凯[*]　王　玲[**]

深圳前海达闼科技有限公司（以下简称"达闼科技"），有个"星期一现象"，即每周一早上，企业的知识产权人员的电子邮箱会被公司研发人员发来的大量计划提交专利申请的技术材料塞满。为什么是发生在周一早上？原来研发人员工作日都在潜心搞研发，这一周积累的创新想法只能利用周末的时间撰写相关的技术交底材料。员工自发利用周末时间撰写专利申请材料的积极性，源自达闼科技"专利合伙人制度"对研发人员的激励效应。

达闼科技专利合伙人制度是为了充分激活公司员工的创造力和积极性，迅速积累和保护技术研发成果，培育高价值专利的产生和提高工作效能。该制度适用于公司全体在职员工的职务发明创造，其核心内容包括：职务发明奖励、高质量专利奖励、专利运用奖励等。

达闼科技成立于 2015 年 5 月，是全球首家云端智能机器人运营商，专注于实现云端智能机器人运营级别的云计算网络、大型混合人工智能机器学习

　＊　王振凯，硕士，达闼科技法务知识产权部总监，曾任职华为技术有限公司知识产权部，中国移动通信研究院知识产权法务主管。著作有《创新之光——企业专利秘籍》《工业区块链》等。在企业知识产权战略管理、知识产权组合管理与运营方面有丰富的经验，也是多个专利的发明人。

　＊＊　王玲，中国政法大学商学院教授，斯坦福大学访问学者，清华大学中国企业成长与经济安全研究中心研究员。主持国家自然科学基金等纵向课题 10 余项，世界银行等资助的横向课题 20 余项。发表中英文期刊论文 50 余篇。国家知识产权局专利导航产业创新规划指导专家，专注于创新战略、技术创新与知识产权管理、专利许可谈判、开源社区等领域的研究。

平台，以及安全智能终端和机器人控制器技术研究。公司名"达闼"取自"Data"的音译，创始人兼 CEO 黄晓庆是科幻迷。他认为，《星际迷航》主角机器人 Data 就是人类理想中智能机器人的模型（出色的运算能力、胜任联邦星舰"进取号"的要职、有人类的情感），因此将公司命名为"达闼"来表达公司的愿景，即在 2025 年为每一个家庭提供家庭机器人。

达闼科技创业之初汇聚了曾在 Google、三星、华为、思科、中移动、IBM、索尼、小米等著名公司工作过的顶尖技术专家，短短三年时间，就成长为一家拥有多项"黑科技"明星产品的高新技术企业。2016 年，由达闼科技研发的 META 导盲机器人，依托可靠的天网与私有云，凭借立体视觉、3D 建模、实时导航定位等技术，让盲人群体能够更加精准地获取周围信息、感知周围环境，帮助他们重新获得安全感。达闼科技一直在践行让"黑科技"造福人类的理念，力争研发出将认知系统放在"云端"，将身体、驱动、传感器放在机器人本体上，通过移动通信将二者连接起来，做出一个现实版的"阿凡达"，打造一个包括云端、网络、智能终端的产业链让智能机器人共享云端"大脑"。对此，黄晓庆有一个形象的比喻："人类大脑拥有上千亿个神经元，如果每个神经元用一个芯片来模拟，会重达数千吨，智能机器人不可能顶着这样一个'负担'四处移动的。我们要做的，就是把智能机器人的大脑放在云端。"

达闼科技业务模式如图 1 所示。

2017 年 2 月，达闼科技受软银集团、富士康集团等多家全球著名企业和风险投资机构的青睐，完成 1 亿美元的 A 轮融资，成为全球单一的人工智能领域企业 A 轮融资额的前五位。2018 年 3 月公司荣获 GTI 创新大奖。达闼科技在近四年的创业中获得了"多项云端智能方面的相关专利"。截至 2019 年 3 月 31 日，在中国提交了 579 项专利申请，PCT 专利申请 432 项，其中已进入美国、欧洲、日本等国家的专利有 150 余项。全球各个国家/地区已累计获得授权专利 62 项。公司在行业协会方面也获得很多殊荣，包括：2015 年 12 月与工信部电子一所、华为、中兴、中国移动、京东方等 60 家单位共同发起成立"中国集成电路知识产权联盟"，并担任副理事长单位；2016 年 1 月成为"智能终端知识产权防御联盟"首批成员，该联盟集中了 OPPO、VIVO、中兴

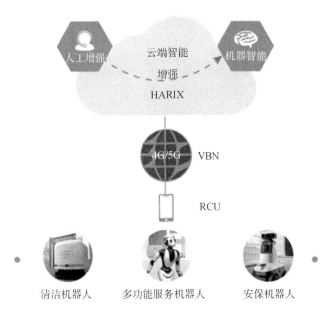

图 1　达闼科技业务模式

等终端制造厂家；2016 年 4 月发起成立"中关村集成电路知识产权联盟"；2016 年 5 月成为北京市专利试点培育单位；2016 年 7 月获得国家知识产权管理标准 GB/T 29490－2013 认证；2017 年 2 月成为北京市专利试点单位；2017 年 12 月成为中国专利保护协会副理事长单位；2018 年 1 月在云端智能的关键安全技术——区块链方面的专利，全球排名第九。

达闼科技本科以上学历员工占比 99%，硕士及其以上占近 50%，博士占比超过 6%，是一家典型的知识工作者密集的企业。公司能够持续激发研发人员的创新热情，产生一批批高价值知识产权成果，为达闼科技的迅速发展注入了强大动力，主要源于企业内部设立的"专利合伙人制度"（Patent Partnership Plan，员工简称为 3P 计划）的创新激励机制。

一、达闼专利合伙人制度的提出

知识产权是由国家通过法律赋予权利人在一定时期内享有独占权利，包括专利、商标、版权、商业秘密等。知识经济及全球化的今天，知识产权对于企业参与市场竞争尤为重要，主要表现在：①有效帮助企业做好防御布局；②有效帮助企业获得合作机会；③有效帮助企业寻求附加价值；④有效帮助企业塑造长期优势。企业的知识产权部门需要明晰公司的发展战略，能够针对未来技术发展方向进行适应性的知识产权布局，适当地预见技术革命并主动通过各类文献探索技术发展，以使企业成为该领域的领跑者。

达闼科技拥有知识产权战略与管理的基因，对其在企业的定位也非常清晰。公司的知识产权战略方法论里提到："企业知识产权战略应服从于达闼科技的整体战略需要。"达闼科技之所以对知识产权如此重视，一是因为绝大多数员工，尤其是高层管理人员，都是工程师出身，对于技术的发明和成果保护有超前的意识，而且大部分有跨国公司工作的经历，养成了重视无形资产价值的理念；二是因为人工智能领域是典型的知识产权密集型产业，发展和壮大的关键在于不断的自主创新和有力的知识产权保护。达闼科技作为云端智能机器人运营商，唯有在建立和运营云端智能机器人网络的过程中，通过技术专利化对创新成果形成严密的保护网，以及知识产权的全球布局，才能让用户更安心，以此获得长期的竞争优势。

进行知识产权布局的前提，也是重中之重的，就是如何有效激活员工的创新创造潜能。从创立之初，高层管理者就达成了利益分享的共识，制定激励机制的核心理念就是把员工完成职务发明的行为转换成类似投资的行为。企业帮助员工把创新成果转换成专利进行保护，并且其专利质量的高低还与后续转化、维权过程中产生价值的大小相关联，决定员工收益的高低。这项制度的实质是重塑了员工与企业之间的收益分配关系。

在此理念基础上，2015 年企业创立仅 4 个月后就制定并出台一项知识产权激励政策——"专利合伙人制度"。

二、达闼的专利合伙人制度激活创造潜能

合伙制是一种古老的商业组织形式，早在公元前 18 世纪的古巴比伦《汉谟拉比法典》中就规定了合伙的原则。中国古代合伙制起源于春秋时期，以《史记》中记载的"管鲍之交"为例。归其本身，合伙人制度是通过契约关

系将利益与风险进行分担，实现共同经营、共享利益和共担风险的原则。以阿里巴巴、万科等企业为首的公司在践行"事业合伙人制度"，该制度是用一种"资合"的法律结构，以共识、共担、共创、共享为合伙理念，重构组织与人、资本的合作伙伴关系。

达闼专利合伙人制度充分借鉴了"事业合伙人"理念，其核心在于将员工变成合伙人，把发明创造成果转换成类似投资的行为，实现价值目标的共识、共担、共创和共享。员工所申请专利质量的高低与其后续知识产权的运用（自行实施、许可、转让、维权等）过程中产生价值的大小相关，也直接关联员工的收益。

在科技型企业中，知识产权在企业经营过程中具有持续发挥作用并带来超额收益的特征，成为企业财富的重要来源以及保驾护航的利器。企业为了提升技术实力，往往将专利数量作为企业 KPI（key performance indicators，关键绩效指标）的内容之一，用于激励和拓宽研发人员的创新行为及思路，但研发人员往往对这类 KPI 带有某种程度的偏见，见表 1。

表 1　偏见对比解决表

研发人员的偏见	弊端及解决之道
专利申请只为了完成 KPI	员工按照行政命令完成考核任务，专利内容与企业战略容易形成"两层皮"，脱离核心战略的专利就是"沉睡专利"
专利只要能被授权就行	满足创新性，获得专利局授权证书只是第一步；专利质量 = 技术 + 市场 + 法律；技术方案是专利商业化使用的起点，否则无异于在沙滩上建造高楼
写专利可挣点零花钱	专利奖励要考虑专利生产和专利运营；专利奖励要全面，充分考虑发明人 + 利益相关者；专利奖励要兼具时效性与长期性
专利获得的收益与我无关	专利创新来源于员工智力活动，与员工主观意愿程度关联性极高；如何最大限度地让员工愿意把"脑袋"里的创新想法共享给企业，需要通过制度激活创造潜能

达闼科技通过专利合伙人制度的设计破解了研发人员的偏见，建立了"一份人人可参加的（who）""一份永远的（when）""一份奖金不上封顶的（how much）"知识产权利益分享机制，全员、全过程、全方位地推动，以激发科研人员的创造潜能，驱动公司的创新发展（见图 2）。

一份人人皆可参加计划
达闼每一位员工都可以发明专利。达闼让每一位员工都能发明专利；其中，不但发明人，所有帮助实现运营的利益相关者也同时分享受益。

一份奖金上不封顶的计划
对外专利诉讼赔偿额、将专利出售给其他人所得价款。公司拿出10%作为资金基础

一份永远的计划
无论是否在职，只要你曾经是达闼专利的发明人，将永远纳入奖励范畴。

图2 达闼科技专利合伙人制度的核心内容

达闼专利合伙人制度的核心内容包含职务发明奖励、高质量专利奖励、专利运用奖励三个部分。此外，在达闼科技的专利管理办法中，凡是被认定为高价值专利的，企业还会对发明人按一定标准进行奖励。

（1）职务发明奖励。申请一件发明专利，奖励发明人1000美元/件。

（2）高质量专利奖励。如果相关专利被写入国际或国家标准中，成为标准必要专利（standards-essential patent，SEP），公司按1万美元/件进行奖励。其中，奖励金的范围为：专利发明人+利益相关者。

（3）专利运用奖励。通过专利转让或维权产生的经济收入，公司将转让收入或赔偿额度的10%奖给专利发明人和负责转让或维权工作的职工，也就是所谓的该专利的"利益相关人员"，即奖励金范围：专利发明人+利益相关者。

按照该制度规定，任何一位员工在达闼科技工作期间参与了该计划（提交过专利申请），就会被纳入奖励范围，无论员工在职与否。比如，在符合相关条件下，一件专利后续在企业商业活动中产生了1000万元的运营收入，企业将其中10%即100万元作为奖金发放给员工，即使员工离职了也照常发放。专利是一种特殊的无形资产，专利合伙人制度能够更好地促进员工将创新方案具象为专利保护文件，帮助企业提升及实现其综合价值。

三、达闼科技的专利合伙人制度：驱动创新发展

企业创新工作的核心是培育高价值核心专利，储备相应专利，对行业发

展、技术进步起到引领作用甚至改变行业技术发展方向。达闼科技专利合伙人制度通过强调专利质量的重要性、对高价值专利奖励的倾斜，合理引导研发人员在初始专利产生环节就重视质量，避免或降低"沉睡专利"的出现，树立"专利量质并重，以质量牵引数量"价值导向。

为了积极配合专利合伙人制度的落实，保障高质量专利的获取，达闼科技结合国家标准（GB/T 29490－2013）以及相关方需求和自身情况进行了知识产权管理体系的策划与建设工作。将知识产权管理流程内嵌于企业的日常管理中，包括：在企业战略层面进行专利布局，实施全流程管理体系，组建知识产权工作团队以及构建知识产权模块化管理系统。经过几个月的奋战，公司于2016年7月通过了《企业知识产权管理规范》（GB/T 29490－2013）标准认证，获得了"知识产权管理体系认证证书"，是一家初创企业但是快速建立知识产权管理体系并通过认证的典型案例。

达闼科技在建立专利合伙人制度时，尤其在策划知识产权管理体系时，发现知识产权生命周期应该有一个系统的、专业的管理流程，包括创造、保护、管理及运营四个方面的内容，还包括研发阶段—科技文献—创新成果—知识产权申请—审查—授权—维护—运用等知识产权生命周期的有效管理。整个过程实现企业知识产权质与量的提升与积累。具体可细分为：积累知识产权数量，逐步积累与企业相匹配的知识产权申请数量和知识产权授权数量，为其他知识产权工作奠定基础；提高知识产权质量，提高知识产权的个体质量和整体质量，为其他知识产权工作奠定基础；知识产权生命周期管理，妥善完成知识产权整个生命周期的程序性工作，保护创新技术成果，防止知识产权权利丧失。

达闼科技在建立专利合伙人制度之时，也对公司的专利战略进行了明确，包括专利的布局定位、专利布局的目标以及专利生命周期的有效管理目标。

专利布局定位为：①专利资产积累是企业知识产权工作的基础和核心；②拥有合理数量的高质量专利是形成企业核心竞争优势和降低专利风险的重要手段；③形成有效专利布局是检验企业创新工作质量的重要标志和重要保障。

专利布局目标为：①保持与企业创新规模相匹配的专利布局数量；②构

建与企业战略相对应的全球专利布局；③构建与企业发展相适应的专利质量的策略和控制体系。

专利全流程管理（见图3）为：①集中化：有利于发挥企业内部资源的整合优势，符合专利工作的内在规律；②标准化：统一专利生命周期各阶段的工作模式和标准，提高工作质量和效率；③信息化：搭建专利信息管理平台，提高工作效率、实现资源共享。

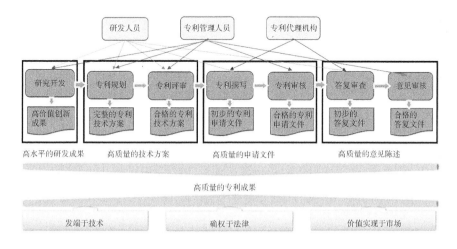

图3　达闼科技专利流程管理体系

达闼科技建立了知识产权战略方针与目标，搭建了管理体系，后续关键任务就是工作的落实，如何将知识产权工作内嵌于企业日常经营活动中，如何与经营活动的各部门进行有效的内部沟通及知识产权运用的引导，将是知识产权管理工作在落实中纠错机制的完善与体现。

目前企业管理不论是产品线管理方式，还是集成产品开发方式，基本都是将一个产品从预研到研发，再到市场由一个团队来负责，因此知识产权工作也可以并且应当嵌入这个团队的日常活动中，成为该团队的一项工作。采取这种嵌入式知识产权工作方式，知识产权工作人员不再是独自开展各项知识产权工作，知识产权工作也不是独立进行的工作。知识产权工作人员将成为产品团队的一分子，知识产权工作将成为产品生命周期中的一项分支活动，这样将知识产权的创造、管理、保护和运用通过产品融合在一起，构成一个有机体。

在嵌入式知识产权工作活动中，可以采取以下步骤：①研发项目组提供研发项目的研究内容或者研究方向，研发项目组与知识产权工作人员确定研发项目的技术点和相关专利检索关键词；②知识产权工作人员进行检索，将检索结果信息以及初步的知识产权申请建议，提供给项目组参考；③项目组针对检索出来的知识产权信息，提出本项目的创新技术方案，以摘要的方式提供给知识产权工作人员；④知识产权工作人员对本项目的创新技术方案进行进一步检索分析，提出创新技术方案的知识产权申请建议；⑤项目组提出技术交底书，知识产权工作人员提出检索分析报告，向企业提出知识产权申请评审，准备知识产权申请文件；⑥项目结题后，知识产权工作人员提出项目实施知识产权应用和知识产权风险分析和建议，形成完整的研发项目知识产权工作报告。

通过这种嵌入式知识产权工作方式，为产品团队带来以下好处：①对他人知识产权的借鉴，可以有效提升研发项目的起点和质量，并能防止侵权风险；②知识产权产出是研发项目重要的质量标志和成果体现；③知识产权保护是研发项目成果产生效益的主要保障；④培养技术人员把知识产权作为研发工作有机组成部分的意识和能力。对于知识产权团队，也有以下好处：①可以充分发挥知识产权工作对研发工作的导向和提升作用；②提高知识产权申请的主动性、系统性、计划性，从源头保障知识产权质量；③提升知识产权人员的技术能力以及对研发项目需求的理解力；④实现各知识产权工作模块的有机统一；⑤有效解决合作和委托项目的知识产权归属，为后期发挥知识产权价值打下坚实基础。

达闼科技在建立知识产权管理体系时，确定了四种角色的知识产权工作者：①知识产权工作管理者，企业的中高层领导，也可以是知识产权管理体系的管理者代表，负责制定企业知识产权战略、政策，协调知识产权工作机构与企业其他部门的关系，落实知识产权工作；②知识产权管理人员，全程参与知识产权生命周期管理，完成各项知识产权流程工作，是一般企业知识产权工作人员的主体；③知识产权工程师，直接参与研发活动，提供诸如知识产权情报信息，挖掘专利申请，为专利分析提供技术支撑，进行专利技术规避设计，多为兼职专利工作人员；④知识产权法务人员，负责处理涉及知识产权的各项法务工作，包括知识产权权属的处理，知识产权许可和转让，解决与其他公司的知识产权纠纷。

一般而言，知识产权工程师是重要的角色。知识产权工程师作为研发项目组的成员之一，不仅了解知识产权基本知识，其本身可以算作研发人员属性。知识产权工程师通过对现有专利文献的技术分析，能够帮助研发项目组充分理解现有的研发成果，从而提高研发的起点，避免低水平重复。知识产权工程师还可以充分利用自己的专利知识，对研发项目组的研发成果进行知识产权挖掘，并制定完善的知识产权保护策略，尤其是知识产权工程师从专利的角度去提供专利技术交底书，避免一般研发人员只从技术角度去提供专利技术交底书，限制了专利申请质量。对于其他员工提出的拟申请专利的技术，知识产权工程师应起到审核的作用，不仅可以从中筛选出重要的专利，并且可以提出技术交底书的修改意见，甚至可以根据自己的经验对技术方案本身提出修改、完善意见，以提高专利申请的质量。

以上四种角色的工作内容基本覆盖了企业的全部知识产权工作内容，不同角色安排多少人员，需要根据不同角色的工作量进行安排，可能有的角色需要安排多人，也可能一个人分担多个角色。

企业知识产权工作中，不论是自有知识产权的申请、生命周期管理、资源管理，还是他人专利的检索分析、侵权证据、规避设计等，都会涉及大量的数据信息。这些数据信息多数依赖于知识产权工作人员个人的 know–how 技能，通过知识产权工作人员的口手相传来与企业其他人员共享，效率低且信息交换损失率高。达闼科技决定借助现代化的信息平台，将公司的知识产权进行模块化管理，通过几年的实践，总结出几个模块化管理的优点：①条块清晰、便于管理。企业知识产权工作内容非常庞杂，管理起来千头万绪，而通过模块化管理，可以将企业专利工作分解为若干个功能相对独立的模块，每个模块流程简单、职责明确、评估方便，出现问题也容易及时发现、查遗补缺、有效处理。②适应未来知识产权工作的变化。企业的知识产权工作内容在不断更新调整，在企业工作模块化管理过程中，即使出现新的工作内容，也可以通过模块的增减变化，来自由调整企业专利工作，而不需要影响其他模块。③信息共享、减少重复工作。企业的知识产权工作不仅内容庞杂，而且牵涉企业多个部门主体。实施企业专利工作模块化管理，可以明确规范各个工作模块的输出信息，供相关部门主体共享，工作信息的透明，能够有效地减少重复性的工作。④专利工作模块化不仅可以用于对知识产权工作进行评估，还可以用于知识产权工作目标的分解和知识产权工作重点的选择。

在企业内部，有两类知识产权信息平台，供知识产权工作人员和企业其他相关人员使用，一类是动态的流程平台，一类是静态的数据库。动态的流程平台就像办公电子流，通过这个流程平台，不同角色的人员根据自己的权限和工作提交或者处理相关事务。技术人员通过流程平台提交知识产权创新点挖掘表和技术交底书，并通过流程平台审核知识产权申请文件；评审专家通过流程平台评审知识产权创新点挖掘表和技术交底书；知识产权管理人员通过流程平台审核知识产权创新点挖掘表、技术交底书和专利申请文件，并通过流程平台监控知识产权生命周期的各个环节。静态的数据库则用于相关信息的存储，主要是自有知识产权生命周期各个环节产生的文档，如知识产权创新点挖掘表、技术交底书、知识产权申请文件、过程文档，包括对自有知识产权进行资源管理过程中产生的信息、自有知识产权被他人实施的情况和证据以及自有知识产权的运用信息，还可以包括他人知识产权的文本、分析数据以及使用情况。数据库还可以包括本企业的知识产权制度、知识产权相关合同、知识产权奖励数据等与企业知识产权有关的各种信息。当然动态的流程平台与静态的数据库往往结合在一起，数据库为流程平台提供数据源，流程平台对数据源进行处理后再返回到数据库进行存储。

在企业知识产权信息平台中，需要注意信息共享和信息保密之间的关系。信息共享是企业知识产权信息平台的主要功能，但对于涉及企业机密的信息，比如未公开的自有知识产权、他人侵犯本企业知识产权的证据、对他人知识产权的分析数据等，都需要严格区分，对数据进行相应的处理，以及设置人员权限等。

无论是知识产权各类角色的设计，还是模块化的知识产权管理系统，都将大大促进知识产权信息的再利用与无障碍传播的途径，推进行业向产业链中高端不断迈进，为公司乃至行业的创新发展助力。

达闼科技知识产权模块化管理系统如图4所示。

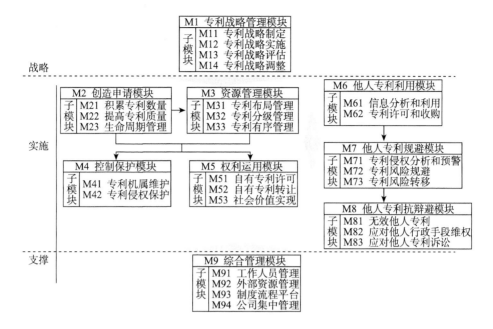

图4 达闼科技知识产权模块化管理系统

四、结束语

机器人产业是"制造业皇冠顶端的明珠",其研发、制造、应用是衡量一个国家科技创新和高端制造业水平的重要标志。伴随着欧美日等传统工业机器人强国相继在机器人领域投入不断加大,机器人产业竞争越来越多地体现为包括知识产权竞争在内的全方位竞争。达闼科技通过专利合伙人制度的实施,目前已经拥有全球最大、最核心的云端智能机器人专利组合,其中,发明专利占比超过80%,已经在美国、日本、欧洲等多个国家或地区进行了海外专利布局。

专利合伙人制度是企业知识产权管理理论的创新探索,通过利益的分享机制,让员工与企业形成创新上的利益共同体。该计划不仅营造了企业内部创新的氛围,更激活了员工的创造潜能,充分调动研发人员的积极性和主动性,让研发人员想创新、敢创新、能创新,而且通过这样一个内部机制的构建,进一步驱动企业创新发展,实现自身的商业价值和社会价值。

第三章

商标篇

铁腕柔情的智慧

——商标打假与维权

孔　虹[*]

GB/T 29490 – 2013《企业知识产权管理规范》（以下简称《规范》）8.5
条 c 款规定：建立产品销售市场监控程序，采取保护措施，及时跟踪和调查
相关知识产权被侵权情况，建立和保持相关记录。

在整个《规范》的推进过程中，企业实现知识产权价值最重要的途径之
一是充分行使手中的权利，而充分行使权利关键在于对"产品销售市场监控"
采取有效的保护措施。

"如果你们不愿意防御性地行使你所有拥有的权利，为什么还要在知识产
权上花钱？"这里引用《董事会里的爱迪生》中的一句话，开始讨论企业如何
实现其知识产权价值的话题。

北京东方雨虹防水技术股份有限公司成立于 1998 年，主营防水业务，延
伸民用建材、非织造布、建筑涂料、建筑修缮、节能保温、特种砂浆等相关
产业链。东方雨虹是北京市首批知识产权管理标准化示范单位，也是北京市

---

* 孔虹，北京东方雨虹防水技术股份有限公司知识产权部经理，从事知识产权工作 10 余年。作为
企业知识产权负责人，在较短时间为集团的 5 家企业搭建并推进知识产权管理体系，使其都通过体系
认证。任职期间，东方雨虹荣获国家知识产权示范企业（防水行业首家）、国家知识产权优势企业、
北京市工业企业知识产权运用示范企业、中国专利奖优秀奖，北京市发明专利三等奖等诸多称号。个
人荣获国家知识产权局"企业知识产权工作先进个人"，所带领团队荣获"北京市专利工作先进集
体"。

首批通过 GB/T 29490 – 2013 认证的单位之一。集团目前共有 5 家独立法人单位分别通过了知识产权管理体系的认证。自成立之初，东方雨虹即成立了专业的商标打假维权团队，每年处理商标维权行政案件和刑事案件超过百余件，为企业经营起到了保驾护航的作用。

随着知识产权强国战略的确立，我国对知识产权的保护力度也在逐年加强。大家都知道知识产权的保护方式可以分成民事法律保护、行政执法保护与刑事法律保护。那么，如何巧妙地运用好这三种保护方式，用相对较小的成本取得相对较大的维权收益，将充分体现知识产权的价值与权利人的聪明才智。本文将重点分享企业经营中商标运用经验，解析商标维权保护的途径，并分析三种途径的优缺点及其适宜性。

一、刑事手段优先：手腕要铁，打击假冒产品，权利人绝不能手软

根据《中华人民共和国刑法》（以下简称《刑法》）第三章"破坏社会主义市场经济秩序罪"第七节"侵犯知识产权罪"，其中涉及商标打假的罪名有 3 个，第二百一十三条假冒注册商标罪，第二百一十四条销售假冒注册商标的商品罪，第二百一十五条非法制造、销售非法制造的注册商标标识罪。以下重点分析商标侵权的两个重点行为：

1. 生产制造商标侵权产品的行为

《刑法》第二百一十三条规定：

未经注册商标所有人许可，在同一种商品上使用与其注册商标相同的商标，情节严重的，处三年以下有期徒刑或者拘役，并处或者单处罚金；情节特别严重的，处三年以上七年以下有期徒刑，并处罚金。

2016 年，东方雨虹商标维权团队在一次市场监控中发现蔡某某明知孙某某生产的 1500 卷防水材料是假冒的东方雨虹产品，仍将该产品销售给案外人并将假冒产品用在项目上。东方雨虹即向吉林省××市公安机关进行举报。公安机关立案侦查后，经公诉机关指控，蔡某某和孙某某两人被判处有期徒刑一年六个月，缓刑两年六个月，并处相应罚金。

2. 销售商标侵权产品的行为

《刑法》第二百一十四条规定：

销售明知是假冒注册商标的商品，销售金额数额较大的，处三年以下有期徒刑或者拘役，并处或者单处罚金；销售金额数额巨大的，处三年以上七年以下有期徒刑，并处罚金。

《最高人民检察院、公安部关于公安机关管辖的刑事案件立案追诉标准的规定（二）》：

第六十九条［假冒注册商标案（刑法第二百一十三条）］未经注册商标所有人许可，在同一种商品上使用与其注册商标相同的商标，涉嫌下列情形之一的，应予立案追诉：

（一）非法经营数额在五万元以上或者违法所得数额在三万元以上的；

（二）假冒两种以上注册商标，非法经营数额在三万元以上或者违法所得数额在二万元以上的；

（三）其他情节严重的情形。

第七十条［销售假冒注册商标的商品案（刑法第二百一十四条）］销售明知是假冒注册商标的商品，涉嫌下列情形之一的，应予立案追诉：

（一）销售金额在五万元以上的；

（二）尚未销售，货值金额在十五万元以上的；

（三）销售金额不满五万元，但已销售金额与尚未销售的货值金额合计在十五万元以上的。

2016 年，东方雨虹商标维权团队发现王某某销售假冒东方雨虹商标的产品线索后，即向公安机关举报。该案被北京市某区公安机关立案侦查，仅用了 3 个月，就确认王某某明知其销售的 800 卷防水材料是假的东方雨虹产品，仍将该产品销售出去，且采购方将该批假冒材料用在了项目上。最终王某某被抓获归案，经公诉机关指控，王某某被判有期徒刑 6 个月，并处罚金 4 万元。

通过上述笔者企业的实际案例以及相应法律的规定，作为权利人一旦发现侵权线索，预估非法经营数额在 5 万元以上的，最简单最经济的方式就是向公安机关报案，不仅可以大大节约维权人的维权成本，同时还会对侵权者产生极大的震慑作用。

也许有人要问，5 万元是什么概念呢？

对于一双 1000 元的耐克鞋子来说，5 万元是 50 双鞋；对于一件 2000 元的波司登羽绒服来说，5 万元是 25 件羽绒服；对于一部 5000 元的华为手机来说，5 万元是 10 部手机；对于一台 6000 元的西门子冰箱来说，5 万元是 9 台冰箱；对于一件 1 万元的海宁真皮大衣来说，5 万元是 5 件衣服……

由此可见，作为经济犯罪一种，知识产权刑事追诉的门槛并不高。

经济犯罪的特点在于逐利性，马克思曾经说过："如果有 10% 的利润，它就保证到处被使用；有 20% 的利润，它就活跃起来；有 50% 的利润，它就铤而走险；为了 100% 的利润，它就敢践踏一切人间法律；有 300% 的利润，它就敢犯任何罪行，甚至绞首的危险。"一件假冒耐克的高仿鞋成本不到 100，正品售价 1000，真假混卖，商标侵权者可以得到超过 10 倍的利润。在假冒商标高额的利润回报下，许多商标侵权者起初只是小规模的侵权违法行为，一旦尝到高额利润的甜头，往往会扩大其侵权产品的生产或销售规模，甚至形成完整的生产 – 销售的产业链，给权利人造成巨大经济损失，甚至毁灭性破坏权利人苦心经营的品牌口碑。

权利人若不利用《刑法》大胆保护自己，纵容商标侵权的结果是品牌的没落。劣币驱逐良币，被假货淹没，逼出市场的知名品牌数不胜数，例如，意大利某高级服饰品牌进入中国市场后，各种假冒品牌的衣服鞋帽充斥着大街小巷，最后假品牌打跑了真品牌，上演了一场"李鬼打跑李逵"的闹剧。

如果非法经营数额不够 5 万元，怎么办呢？团结一切可以团结的力量，联合打假！很多商标侵权专业户的特点是"只要产品卖得动，你要哪个品牌我给你贴哪个牌子"，权利人可以联合其他行业知名品牌一起净化市场，如果发现商标侵权方假冒两种以上的注册商标，非法经营数额只要达到 3 万元以上，便可进行刑事追诉。

通过上述案例我们可以看出，刑事手段保护的好处就是快、准、狠。

1. 快：快速制止商标侵权行为

公安机关一旦发现假冒产品，可以现场扣押侵权产品，出具扣押清单。只要侵权产品被公安机关扣押，侵权行为即行停止，达到快速制止商标侵权行为的目的。

2. 准：商标侵权打击准确，治标又治本

由于商标侵权行为的隐蔽性，在权利人发现商标侵权线索之后，侵权方很容易销毁证据，尤其是侵权商品的销售情况主要由侵权方掌握，权利人很难准确获得。一旦公安机关强力介入，可以极大解决权利人的证据难题，降低权利人的查证成本。公安机关搜集的证据种类包括：①物证、书证：现场起获的待售商品，价签、报价单、进货单、订购合同、宣传册、出货单、销售合同、账本、销售记录等；②勘验、检查笔录：公安机关可以勘验犯罪嫌疑人电脑或手机与销售涉案商品有关的资料，提取销售业务相关通信、聊天记录。③视听资料：进货、销售现场的监控录像等；④询问笔录：犯罪嫌疑人供述、房主邻居等知情人员的证言等[1]。这些证据都是在民事诉讼案件中权利人很难获得的宝贵证据，通过公安机关的调查取证，沿着侵权线索顺藤摸瓜甚至可以抓到侵权的生产制造源头，治标又治本，实现商标侵权的源头打假，精准打击侵权者的"老巢"。

3. 狠：侵犯知识产权是犯罪！

由于知识产权犯罪属于法定犯，不像杀人放火，很难用传统伦理道德观进行评价。不少犯罪分子不仅没有负罪感，甚至犯罪后还没有任何羞耻感，被追责后往往还觉得"委屈"。

通过追诉知识产权刑事责任，让侵权者受到刑法严惩，让侵权者从心里明白"造假是要坐牢的！"，发自内心忏悔或后悔，这比单纯追究民事赔偿要管用得多。利用追究刑事责任，形成"火炉效应"，就像"火炉"烧得红红的，放在那里，本身并不会主动烫人，但只要有人敢于触摸，就必烫无疑，扬威立信，形成强大的震慑作用，避免商标侵权屡禁不止。

二、行政执法投诉，充分利用政府的市场监督管理网络

如某品牌猫爪杯子，一个杯子 200 块钱，要凑够 5 万元，约需 250 个杯子，达到追诉刑事责任有点儿难，怎么办呢？再说，电子商务，网上交易，销售者真假混卖，怎么实现商标打假维权呢？

请注意《中华人民共和国商标法》（以下简称《商标法》）第六十一条、第六十二条！

《商标法》第六十一条：

对侵犯注册商标专用权的行为，工商行政管理部门有权依法查处；涉嫌犯罪的，应当依法及时移送司法机关处理。

《商标法》第六十二条：

县级以上工商行政管理部门根据已经取得的违法嫌疑证据或者举报，对涉嫌侵犯他人注册商标专用权的行为进行查处时，可以行使下列职权：（一）询问有关当事人，调查与侵犯他人注册商标专用权有关的情况；（二）查阅、复制当事人与侵权活动有关的合同、发票、账簿以及其他有关资料；（三）对当事人涉嫌从事侵犯他人注册商标专用权活动的场所实施现场检查；（四）检查与侵权活动有关的物品；对有证据证明是侵犯他人注册商标专用权的物品，可以查封或者扣押。工商行政管理部门依法行使前款规定的职权时，当事人应当予以协助、配合，不得拒绝、阻挠。在查处商标侵权案件过程中，对商标权属存在争议或者权利人同时向人民法院提起商标侵权诉讼的，工商行政管理部门可以中止案件的查处。中止原因消除后，应当恢复或者终结案件查处程序。

在实践中，除了民事保护，在政府层面知识产权保护已经形成行政执法与刑事司法两条路径并行运作的"双轨制"保护模式，由商标行政执法部门对轻微违法行为进行打击，由公安机关、检察机关对严重违法行为启动刑事程序。

通过行政执法手段与刑事司法保护的衔接，利用国家公权力力量保护权利人的利益不受非法侵害。从国家的整体知识产权保护来看，自 2016 年起，

最高人民法院在全国法院体系推进知识产权民事、行政和刑事案件审判"三合一"工作，系统性地增强司法机关和行政机关执法合力。2018 年，国家知识产权局正式并入市场监督管理体系，知识产权行政执法力量进一步加强，中国的知识产权保护进入历史上最好的时代。

知识产权具有无形性的特点。商标侵权行为隐蔽性很高，很多时候，即使权利人已经竭尽所能去收集证据，也未必能搜集得到充分证据来维权。权利人若已掌握侵权产品的仓库或生产销售场所，虽然不知道侵权的具体数量，可以向侵权所在地的市场监督管理机关投诉举报，适当借助行政公权力可以帮助权利人固定证据，为维权打下基础，即便在电子商务领域，也可以通过行政手段固定电子证据。中国行政执法网络经过多年发展已趋于成熟，权利人要充分利用现有的成熟的行政执法网络，有效进行行政投诉。利用行政机关的执法力量，不仅在市场上可以第一时间查获商标侵权产品，实现快速维权保障机制，而且快速制止商标侵权行为，可以快速净化市场，为企业的经营发展保驾护航。

若权利人准备通过行政查处维护自身权益，一般情况下需要准备投诉书、权属证明、授权委托书、初步侵权证据，选择侵权所在地的县级市场监督管理机关投诉。如县级市场监督管理机关不受理或者对管辖权拿不准，也可以向上一级市场监督管理机关投诉，由市级市场监督管理机关向下级机关分派。

三、民事侵权诉讼，知识产权侵权损害赔偿一个子儿不能少

上面笔者介绍了刑事追诉与行政投诉的诸多好处，为什么仍然有很多的权利人更愿意选择民事诉讼维护自身权益呢？那是因为绝大多数的知识产权权利人在前期对创新技术的研发、品牌口碑的传播等投入了大量财力，在权利受到侵害时，首先关注的是损害能否得到填补。比起侵权者受到行政处罚或刑法严惩，权利人更希望可以得到 3 倍的惩罚性赔偿弥补遭受的损失。甚至不少人会担心，商标侵权受到刑事追诉或行政处罚后，再向法院提起民事诉讼，法院会以"一事不再理"的原则，导致自己失去要求损害赔偿的权利。

在知识产权领域的实践中，刑事打击或行政处罚，与商标民事诉讼并不

冲突。

《侵权责任法》第四条规定：

侵权人因同一行为应当承担行政责任或者刑事责任的，不影响依法承担侵权责任。因同一行为应当承担侵权责任和行政责任、刑事责任，侵权人的财产不足以支付的，先承担侵权责任。

换言之，在刑事追责或行政处罚之后，不会影响知识产权侵权责任承担，权利人完全可以基于相同的事实和理由，对侵权人提出侵权损害赔偿要求。

不仅如此，刑事责任或行政责任先行承担，由于商标侵权事实已由生效刑事判决书所认定（或由行政处罚决定书认定），属于证据中已决事实，当事人无须再举证，为民事法官省去了认定事实的环节。民事法官只要按照《商标法》第六十三条确定商标侵权的赔偿数额即可，极大方便了权利人追究民事损害赔偿责任。

若权利人准备通过民事诉讼维护自身权益，一般情况下权利人需要准备起诉书、证据目录（权属证明，侵权证据，获利证据）、营业执照、法定代表人身份证明、授权委托书（既可以委托公司法务，也可以委托律师）等文件向有管辖权的人民法院进行立案。

知识产权管辖权相对来说比较复杂，按照地域管辖，除被告住所地之外，还可以选择侵权行为地；按照级别管辖，除了应当经最高人民法院指定具有一般知识产权民事案件管辖权的基层人民法院管辖的以外，均由中级人民法院管辖。

就在写作本文时，上海首例知识产权惩罚性赔偿案件出现了。

因认为对方生产、销售的同款健身器材侵犯自身注册商标，一家美国企业来华将国内某运动器材有限公司诉至上海市浦东新区人民法院（以下简称"上海浦东法院"），除要求对方停止侵权行为外，还诉请赔偿包括律师费、公证费等在内的经济损失300万元。9月6日，上海浦东法院对该案作出公开宣判，认定被告侵权获利逾100万元，且其商标侵权行为符合《商标法》关于惩罚性赔偿的适用要件，遂判决全额支持原告诉请。

这是上海首例知识产权侵权惩罚性赔偿案件一审落槌。虽然300万的判赔额振奋人心，但是对于权利人来说，选择民事诉讼的维权之路依旧漫漫，原告可能还会面临被告的上诉、即将到来的二审、申请执行、可能的执行异议等，是否能把赔偿款真正拿到手仍是个未知数。

下面笔者分享一下对上海首例知识产权侵权惩罚性赔偿案件的思考，权利人应如何使用"三合一"的维权方式更有效地维护自身权益。

（1）在本案中，被告使用的商标与原告商标完全相同，且商品类别亦与原告涉案商标核定使用的商品相同，已构成商标侵权，且被告侵权获利逾100万元。案值巨大，大大超出刑事案件立案追诉标准的非法经营额5万元或违法所得3万元，按照中国刑法，早该采取刑事强制措施，先行关押涉案人员，重点侦查破案，固定经济犯罪的证据。商标侵权人员不仅是经济赔偿这么简单，若被认定为情节严重，按照刑法规定，应当处3年以上7年以下有期徒刑。

（2）在本案中，被告通过某展览会销售了侵权产品。依据2006年3月施行的《展会知识产权保护办法》，通过行政投诉，利用工商行政执法力量可以第一时间在展会上查处商标违法行为，第一时间停止侵权行为，降低侵权损失。（需要注意，若权利人先向法院提起了民事诉讼，地方工商行政管理部门将不受理该投诉。）

（3）在刑事判决或行政执法之后，权利人为弥补损失，马上提起民事诉讼索要侵权损害赔偿。被告的财务账册和原始凭证等销售数据是刑事案件或行政执法处罚决定中认定案值的关键性证据，加上由于知识产权审判"三合一"法院体系改革，不少刑事案件管辖法院与民事案件管辖法院趋于一致，法院调取证据远比当事人直接取证固定证据要容易得多，民事诉讼案件也会变得简单容易很多。

四、最后的总结——铁腕柔情的维权智慧

一，手腕要铁。如果权利人不去主张自己的权利、维护自己的权利，连假货都打不跑赶不走，闹出"李鬼打跑李逵"的笑话，何论在激烈的市场竞争中站稳脚跟、打跑竞争对手，更是完全谈不上主导市场、占领市场。

二，兼顾柔情。商标侵权出现最主要的原因还是品牌好，产品好，有市

场需求，才会有人制假造假。若是一个口碑极差的小品牌，怕是没有人愿意去花大力气制假售假。既然市场有需求，权利人铁腕治理市场的同时，更需要柔情感化，如果侵权者真的"改邪归正"，完全可以成为正品的销售推广者，成为正品厂家的经销商网络一部分。

知识产权的权利人若充分利用铁腕柔情的智慧，一手铁腕，一手柔情，两手抓，不仅品牌保护得好，而且生意也会红红火火。

参考文献

[1] 北京市海淀区人民检察院. 知识产权犯罪案件办理指南 [M]. 北京：中国检察出版社，2018.

论商标"反向假冒"行为的侵权认定及实务

高　硕[*]

提起商标的"反向假冒"行为，很多人会觉得非常陌生。商标"反向假冒"的概念其实是一个"舶来品"，源自美国 1946 年《兰哈姆法》（1946 年美国商标法），其中第 1125 条第 128 项为"反向假冒"。"反向假冒"通行的英文表述为"reverse passing – off"，字面意思为"相反的骗卖"或者"颠倒的骗卖"。我国知识产权学者郑成思给其下的定义为"未经商标权利人的许可而撤换他人合法附贴的商标后，再将商品投放市场的行为"[1]。

在我国的司法实践中，1994 年发生的"枫叶"诉"鳄鱼"商标纠纷一案，堪称是我国首例涉及商标反向假冒的案件。1994 年，北京百盛商业中心一专柜把标有"枫叶"商标的北京服装厂制作的服装撕去"枫叶"注册商标，换上了"鳄鱼"商标，以高出原"枫叶"服装数倍的价格出售。围绕西裤上的"枫叶"商标被人替换的正当性，产生了广泛的探讨：把他人已经使用的商标去除，换上自己的商标出售，表面上并没有使用他人的商标，或者应该是恰恰没有使用他人的商标，似乎与商标侵权绝不相干[2]。自此，我国

---

　* 高硕，科技企业资深知识产权专业人士，国家标准化管理委员会集成电路标准化专家组成员。参与制定了多项国家标准和行业标准，包括：《串行存储器接口要求》（SJ/T 11585 – 2016）、《半导体集成电路串行外设接口测试方法》（SJ/T 11702 – 2018）、《串行 NAND 型快闪存储器接口规范》（GB/T 35009 – 2018）、《串行 NOR 型快闪存储器接口规范》（GB/T 35008 – 2018）、《非易失性存储器耐久和数据保持试验方法》（GB/T 35003 – 2018）、《快闪存储器测试方法》（GB/T 36477 – 2018）、《集成电路倒装焊试验方法》（GB/T 35005 – 2018）。

知识产权界展开了一场对商标反向假冒理论这一"舶来品"的深入、持久的讨论。

商标的价值在于商标具有识别来源、质量保障、广告宣传及消费维权等诸多功能，而商标之所以能正常地发挥这些功能，是因为商标在商品与消费者之间建立了一个信息传递的通道，因此商标功能的发挥必须以商标与商品的完全结合为前提。同时，商标专用权赋予了商标注册人依法在其商品上使用其注册商标，并禁止他人假冒、撤换，其目的就在于保障商标与商品的结合。所以，无论是在相同或类似商品上使用与注册商标相同或近似的商标的行为，还是将他人商标取下而换上自己的商标的行为，都切断了原商品与原商标的联系，切断了生产者与消费者之间的桥梁，妨碍了商标功能的正常发挥，侵犯了他人的商标专用权。本文将重点探讨商标反向假冒行为的性质和特征，以期进一步完善对商标反向假冒理论的认知，并有效地规制这种商标侵权行为。

一、对商标"反向假冒"行为的定性

2001 年我国修正《中华人民共和国商标法》（以下简称《商标法》）时，新增的第五十二条第（四）项将学界惯称为"反向假冒"的行为明确为法定的侵犯注册商标专用权的主要表现形式之一。该条款一直沿袭至今，成为《商标法》（2019 年修正）第五十七条第（五）项的内容："未经商标注册人同意，更换其注册商标并将该更换商标的商品又投入市场"的行为。

现行商标法将商标反向假冒行为纳入了我国法律的调整规制范畴，将其明确认定为"侵犯注册商标专用权"的行为。持该观点的人认为，在商标权利人将其注册商标"烙印"在商品上的那一刻起，商标与商品便建立起了一种紧密的联系。行为人在市场上购买该商品后，未经商标权利人同意，更换该商品商标的行为，人为地割裂了该商品与原有商标之间的联系。在行为人将更换商标后的商品再次投入市场的过程中，原商标权利人无法再通过商品的不断流通而扩大自身品牌的知名度、影响力，从而认定行为人侵犯了权利人的注册商标专用权。

二、对商标"反向假冒"行为的侵权认定

商标反向假冒在我国最早的法律实践源于上面提到的"枫叶"商标案。我国商标法理论和实践经过几十年的发展，已经积累了丰富的经验。下面笔者将列举数件涉及商标"反向假冒"的典型案例及其主要裁判观点来探讨司法实践中对商标"反向假冒"行为的侵权认定。

1. 将他人生产的旧设备去除原有商标后以自己产品出售，构成侵犯商标权

原告江苏省如皋市印刷机械厂诉被告江苏省如皋市轶德物资有限责任公司侵犯其商标专用权纠纷案（最高人民法院公报案例）：

原告江苏省如皋市印刷机械厂认为被告江苏省如皋市轶德物资有限责任公司侵犯其商标专利权，于2003年6月10日向江苏省南通市中级人民法院提起诉讼。经审理，南通市中级人民法院认为该案的争议焦点是：被告轶德公司将他人使用过的"银雉"牌印刷机械购回予以修整，去除商标标识后向他人销售的行为，是否侵犯了原告印刷机械厂的商标专用权。注册商标中的商品商标，作为商标权人与商品使用者之间的纽带，只有附在核准使用的商品上随着商品流通，才能加强商品的知名度和竞争力，使商品使用者认知商品生产者及其商品的全部价值，增加商品的市场交易机会，满足商标权人实现其最大经济利益的目的。所以，商品商标与商品具有不可分离的属性，商标权人有权在商品的任何流通环节，要求保护商品商标的完整性，保障其经济利益。在商品流通过程中去除原有商标的行为，显然割断了商标权人和商品使用者的联系，不仅使商品使用者无从知道商品的实际生产者，从而剥夺公众对商品生产者及商品商标认知的权利，还终结了该商品所具有的市场扩张属性，直接侵犯了商标权人所享有的商标专用权，并最终损害商标权人的经济利益。因此，法院最终认定被告轶德公司在商品交易中擅自将原告印刷机械厂的"银雉"牌商标与该商标标识的商品分离，认定被告违反商标法第五十二条第（五）项的规定，侵犯了原告印刷机械厂商标专用权的行为[3]。

2. 擅自将自己的商标标识完全覆盖商品本身商标并将更换商标的商品又投入市场的构成反向假冒商标侵权

原告汉王科技股份有限公司诉被告中国联合网络通信集团有限公司、江苏大为科技股份有限公司侵犯商标专用权纠纷案〔（2011）一中民初字第17449号〕：

该案中，被告大为公司在未经原告汉王公司同意的情况下，擅自将大为公司的商标标识覆盖在"汉王"商标之上，将"汉王"商标全部覆盖，使整个汉王公司的产品看不出是由汉王公司所生产，并用汉王公司的该产品参加了江阴市车辆行踪监控系统项目的投标，中标后又将汉王公司的该产品投入市场，大为公司的行为已经违反商标法第五十二条第（四）项规定，其行为构成侵犯原告汉王公司的注册商标专用权。就该案而言，被告大为公司侵犯他人注册专用权的行为实际上是一种商标反向假冒侵权行为，即未经商标权人许可，更换其注册商标并将更换商标的商品又投入市场的行为。商标反向假冒的侵权行为其行为表现形式虽然与其他商标侵权行为不同，但在行为性质上并无实质差别，同样损害了他人的商标专用权，影响了商标功能的正常发挥，欺骗了消费者，造成商品流通秩序的混乱。

经合法购买他人标注有商标的商品后，未经商标权人同意，擅自将自己的商标标识完全覆盖商品本身商标，使整个商品看不出是由原商标权人所生产，并将更换商标的商品又投入市场，实际上是一种商标反向假冒侵权行为。商标反向假冒的侵权行为其行为表现形式虽然与其他商标侵权行为不同，但在行为性质上并无实质差别，同样损害了他人的商标专用权，影响了商标功能的正常发挥，欺骗了消费者，造成商品流通秩序的混乱，侵权人应承担停止侵害、赔偿损失的民事责任[4]。

3. 商品更换商标后作为样品展览不构成反向假冒商标侵权

原告徐州工程机械集团有限公司、徐工集团工程机械股份有限公司、徐州徐工筑路机械有限公司诉被告青州装载机厂有限公司侵害商标权、不正当竞争纠纷案（案号：［2013］浦民三知初字第775号）：

经审理，上海市浦东新区人民法院认为：商标是商品和消费者之间的联系纽带，是消费者辨认和选择商品的标记。反向假冒行为令商标与商品分离，导致商标权人无法通过商品的销售展示商标，无法将商品的良好声誉累积在商标上以提高商标的知名度，实现和发挥商标激发和维持消费者购买自己商品的功能。但是，只有在市场的商品流通中，通过商品的销售，消费者才能知晓商品的高质量，商标与商品才能建立联系，商标才能作为商业信誉的载体发挥功能，故如果更换商标的商品未投入市场进行销售，则未发生割裂商标与商品之间联系的结果，难以认定构成反向假冒的商标侵权行为。该案中，被告将涉案平地机的标识进行更换，并将更换后的商品进行展出的行为，系用原告优良的商品作为自己的商品样品进行广告宣传，以使消费者误认为其能生产该高品质的产品，而非将更换后的商品投入市场销售，故被告的行为不属于"将更换后的商品投入市场"的行为，不构成反向假冒的商标侵权。

据此，"反向假冒"行为应当满足两个构成要件：更换注册商标，并将更换商标后的商品投入市场。需要特别注意的是，投入市场指的是将商品进行销售。如果仅仅将该商品作为样品进行展示，其行为属于对商品质量的虚假宣传而不是反向假冒[5]。

4. 未经许可将自己商标覆盖在所购他人商品的注册商标之上，并将更换了商标的商品投入市场，构成反向假冒商标侵权

原告万利达集团有限公司与被告北京仁歌视听科技有限公司、上海亿人通信终端有限公司、北京中天控创科技有限公司侵害商标权纠纷案（案号：［2015］浙甬知初字第41号）：

原告是"malata"注册商标的专用权人。原告2014年7月发现安装在宁波某商务楼的平板电脑与其制造的"malata"品牌平板电脑十分近似。经调查后发现，涉案平板电脑系由原告制造，在平板电脑背部盖板的右下方标有"AOV"标识，覆盖了原本喷涂在此处的"malata"商标及原告的企业名称。涉案平板电脑系被告亿人公司从被告中天公司购买并出售给被告仁歌公司，仁歌公司将涉案平板电脑安装在该商务楼。

经审理，宁波市中级人民法院认为：被告中天公司将其经授权使用的"AOV"商标覆盖在"malata"商标之上，并将更换了商标的平板电脑又投入市场，剥夺了原告向相关公众展示其商标的权利，会使相关公众对于涉案平板电脑的来源产生误认，将原本来源于原告的商品误认为和"AOV"商标有特定联系的商品，使原告失去了通过市场创建品牌，获得商誉的机会，妨碍了"malata"注册商标发挥识别作用的功能，无法体现其品牌价值，已经构成商标侵权。被告亿人公司、仁歌公司的行为系销售侵犯注册商标专用权的商品，也构成商标侵权，但其不知道销售的商品为侵权商品，且能证明涉案商品的合法来源，故不应承担赔偿责任。

未经许可，将自己商标覆盖在所购他人商品的注册商标之上，并将更换了商标的商品又投入市场，剥夺了原商标权人向公众展示其商标的权利，妨碍了原注册商标识别功能的发挥，会使相关公众对商品来源产生误认，应认定为反向假冒的商标侵权行为，侵权人应立即停止侵害、赔偿损失；销售该侵犯注册商标专用权的商品，同样构成商标侵权，但因反向假冒行为具有隐蔽性，销售者不知道其销售商品侵犯了注册商标专用权，且能够证明涉案商品为合法所得，故销售者仅承担停止侵害的民事责任[6]。

三、商标反向假冒侵权行为的认定标准

（1）商品的来源是原商标权利人。商品来源与原商标权利人是商标反向假冒的首要前提，如果商品并非来源于原商标权利人，就不会侵犯原商标权利人的合法权益。

（2）侵权的目的是借助他人商誉牟利。原商品生产者和原商标权利人为建立商品信誉和商标声誉付出了巨大的努力和心血，侵权人之所以会选择此类商品、商标，就是觊觎其品牌的市场价值，企图搭借这个商品、商标在市场和消费者心中业已形成的良好商誉，以达到低成本、高收益的谋利目的。

（3）未经同意擅自更换商品商标。商标的重要作用就是区分商品的来源即此商品与彼商品，原商标权利人有权选择如何处理商品上的商标，而侵权人未经原商标权利人授权擅自更换上自己或其他权利人的商标，既侵犯了原

商标权利人的利益，也欺骗了消费者。

（4）更换商标后的商品投入了市场。如果侵权人只是将商标更换而未投入市场流通，未进行商业交易，未为侵权人取得利益和商誉，则不构成商标的反向假冒行为[7]。

那么，为了更准确地理解上述商标假冒行为的四要件，还要特别注意以下两点：

第一，须是行为人未经商标所有人同意而擅自更换商标。未经许可是构成侵权的必要条件。应予排除的是自愿为他人提供产品的情况，如在定牌生产、来料加工、来样加工等贸易活动中，经营者生产加工的产品进入市场所使用的商标是许可方的商标，对许可方来说，是利用他人的产品树立自己的声誉。这种经营上的互利合作关系是在双方自愿基础上建立的。

第二，撤换商标的行为须发生在商品流通过程之中而尚未到达消费者。如果带有原商标的商品已经到达消费者手中，商标已实现其功能，商标权即告终结。消费者对属于自己财物上的商标标识、标牌如何处置，都无损于他人利益，商标所有人自然无须过问了[8]。

四、商标反向假冒侵权行为构成侵权的根据

第一，反向假冒对消费者购买的商品来源作了虚假表示，欺骗了消费者。商标的重要功能在于区别其他商品，进而降低消费者在市场中的"寻找费用"。反向假冒行为者虚假地表示商品来源的信息，错误地引导消费者做出购买行为，这显然构成欺诈。

第二，反向假冒行为者虚假表示商品的来源信息，从消费者对商品建立的商誉中获得不正当利益。行为者之所以进行反向假冒，其目的在于"搭便车"，获得不正当的利益。消费者使用商标提供的关于商品来源的信息，同样是为了实现自身利益最大化，获得物美价廉的商品或服务。对商品有满意经历的消费者会记住一些商标，在将来更可能选择购买这一品牌。一个商标给消费者提供了合适的方法来区分他喜欢或不喜欢的商品，销售者通过利用商标来获得以前销售所创造的商誉，商誉的创造依靠消费者的购买经历，这种

经历包括价格的合理和质量的优良。一般商标假冒是利用商标所代表的质量信息来获得利益，而商标反向假冒利用的是商品低廉的价格和优良的质量来获取商誉。

五、商标反向假冒的表现形式："显性反向假冒"与"隐性反向假冒"

商标反向假冒行为有两种表现形式：一是摘除他人商标，换上自己的商标进行商品销售（显性反向假冒）；二是摘除他人商标在无商标的情况下进行销售（隐性反向假冒）。无论是显性反向假冒，还是隐性反向假冒，都有一个共同的特点——将他人投入市场的商品上的商标摘除。而这是典型的侵犯商标使用权的行为。侵犯商标"禁用权"构成商标侵权，侵犯商标的使用权的行为同样构成商标侵权[9]。

显性反向假冒，就是将产品上原有的商标替换之后，再把该产品投回市场的行为。隐性反向假冒，则指侵权人去除产品上原有的商标后，并不另外贴附其他商标，投回市场的做法。现行《商标法》五十七条第（五）项规定"未经商标注册人同意，更换其注册商标并将该更换商标的商品又投入市场的"，属侵犯注册商标专用权的行为。其中"更换"一词，根据字面解释，指"更新替换；更改调换"。因此该行为的核心构成要件便是将权利人 A 商标替换为 B 商标并投入市场的行为。实则该规定是对显性商标"反向假冒"行为的界定，并未就实践中大量存在的隐性商标"反向假冒"行为进行规制。在行政和司法实践中隐性反向假冒行为更为多样化，主要包括以下五种表现形式：去除原商标，不贴任何商标，即销声匿迹；用其他权利人的商标更换原商标，即冒名顶替；用自己或其他权利人的商标更换部分原商标，即偷梁换柱；用自己或其他权利人的商标覆盖原商标，即张冠李戴；将自己或其他权利人的商标与原商标同时使用，即鱼目混珠。

按照立法者的观点来分析，其实无论行为人对商品原有商标进行了替换、还是对原有商标予以去除，都破坏了商品本身与商标之间存在的密切联系。

使得在市场环境中，消费者无从对商标权利人商品进行识别，商标权利人意图通过商品对商标的声誉增加也无从谈起。无疑，行为人这种去除商标的行为依旧属于侵犯注册商标专用权的行为。因此笔者建议，应当尽快将此类"去除商标"的行为也同样纳入《商标法》的调整范围之内；在立法尚未做出改变之前，在司法实践中不妨对"更换"做扩大解释，将"去除商标"的"隐性反向假冒"行为纳入《商标法》的调整范围之中。

另一种观点认为，"隐性反向假冒"的行为完全可以纳入《反不正当竞争法》进行调整。制订反不正当竞争法的初衷是为了使正当经营、诚实经营的商人以及广大消费者的合法权益得以保护。市场存在竞争是必然的，市场竞争者为了增强自身的竞争力，提高商品质量、降低成本、改进技术进而在市场中提高自身商誉是理所应当的，但是商标隐性反向假冒者买进了他人商品以后，却将原来的商标去掉，并再次出售该商品，企图以此来隐瞒商品的来源，获取不正当的市场利益，这种严重扰乱公平竞争的市场秩序的不诚信行为，违背了反不正当竞争法的立法精神，理应受到《反不正当竞争法》的规制。

六、总结

商标在传递商品来源信息且在消费者的购买决策中起到非常关键的作用，其不但能防止他人通过使用和商标权人相混淆的商标欺骗消费者从而使消费者产生误认，同时也要防止商标知名商品来源遭到非法妨碍。商标"反向假冒"行为割裂并切断了消费者认识商品来源的途径，同时也在实质上消除了权利人累积商誉的机会，具有极大的危害性。它不仅使商品和商标两者间的联系被切断，损害了权利人商标专用权，还极大地危害了正当合法的市场秩序与竞争秩序，如果不对其予以打击和规制，长久下去必然会后患无穷。

虽然如今国内有较多关于商标假冒行为的研究、判例和理论，但是对于商标"反向假冒"尤其是"隐性商标反向假冒"方面的专门研究却少之又少。近年来经济发展的态势使得反向假冒行为尤其是隐性的假冒行为有增长之势，但是当前对于该行为的规制还非常欠缺。

司法实践中，由于"商标反向假冒"行为的虚假性、隐蔽性及复杂性，长期被人们忽视，但这种行为在一定程度上剥夺了原商标权人向公众展示其商标的权利，削弱了商标本质上的识别功能，足以引起商品流通秩序的混乱，明显是一种需要法律予以规制的商标侵权行为。

参考文献

[1] 郑成思．浅议《反不正当竞争法》与《商标法》的交叉与重叠［J］．知识产权，1998，4：7.

[2] 黄晖．郑成思知识产权文集（商标和反不正当竞争卷）［M］．北京：知识产权出版社，2017：310.

[3] 《中华人民共和国最高人民法院公报》2004年第10期（总第96期）［EB/OL］．（2004－10－30）［2019－07－05］．http：//gongbao. court. gov. cn/QueryArticle. html? title = &content = &document_ number = &serial_ no = －1&year = 2004&number = 10.

[4] 北京市第一中级人民法院（2011）一中民初字第17449号民事判决书［EB/OL］．（2012－09－10）［2019－07－05］．http：//www. chinaeclaw. com/show. php? contentid = 18383.

[5] 上海市浦东新区人民法院（2013）浦民三（知）初字第775号民事判决书［EB/OL］．（2004－02－10）［2019－07－05］．http：//m. law－lib. com/cpws/cpws_ view. asp? id = 200402563357.

[6] 浙江省宁波市中级人民法院（2015）浙甬知初字第41号民事判决书［EB/OL］．（2016－05－05）［2019－07－05］．http：//wenshu. court. gov. cn/website/wenshu/181107ANFZ0BXSK4/index. html? docId = 29fb5636eed44ebfb6c94c81988aa803.

[7] 余明．商标反向假冒行为的法律适用［J］．市场监督管理，2019，7.

[8] 吴汉东．知识产权法学：第6版［M］．北京：北京大学出版社，2014：269.

[9] 张玉敏，王法强．论商标反向假冒的性质：兼谈商标的使用权［J］．知识产权，2004（1）．

第四章

商业秘密篇

基于涉诉案例对商业秘密保护的几点思考

王艳丽[*]

随着技术、信息、人才在企业经营中的作用越来越大，近几年来，商业秘密不仅备受学界关注，而且实务中也出现很多商业秘密的案件，在这种背景下，《中华人民共和国反不正当竞争法》（以下简称《反不正当竞争法》）继 2017 年修改后于 2019 年再次修改，主要对涉及商业秘密的四个条款进行了一次集中修改，新法自 2019 年 4 月 23 日起施行。修改后的《反不正当竞争法》对商业秘密的规定更完善，以应对不断发展变化的营商环境。

笔者在无讼案例网以"侵犯商业秘密"作为关键字进行案例检索，截至 2019 年 10 月 9 日，共检索到 2860 篇文书，其中一审案件 1504 篇，大概确定了侵犯商业秘密案件的数量，根据上述数据的图表分析（见图 1），可以看出，商业秘密案件自 2013 年开始呈现上升趋势，主要案件分布在我国经济发达地区（见图 2）。同时，通过对案例的进一步分析，发现侵犯商业秘密案件中，商业秘密、重大损失、不为公众所知悉、保密措施、经济利益等词是出现频率较高的相关关键词（见图 3）。

因此，笔者将依据侵犯商业秘密案件中相关关键词以及企业经营过程中常见的保护商业秘密的关键节点，结合案例进行分析，希望对企业的商业秘

---

* 王艳丽，华帝股份有限公司知识产权部经理，从事知识产权 10 余年，具有事务所及企业工作经历，热爱知识产权事业，曾办理多起知识产权疑难复杂案件。

密保护有所启发。

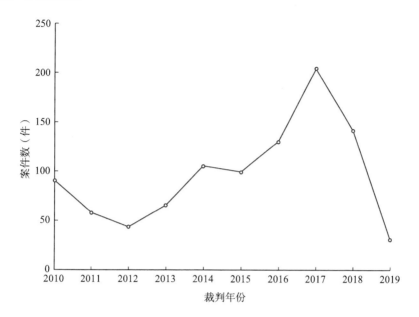

图 1　侵犯商业秘密相关案件（按照时间分布）

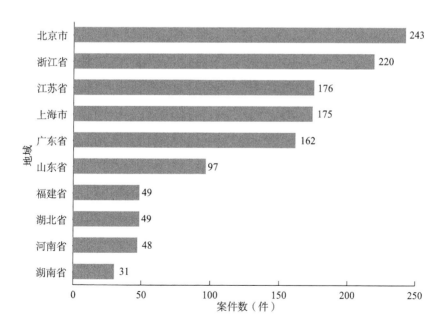

图 2　侵犯商业秘密相关案件（按照地域分布）

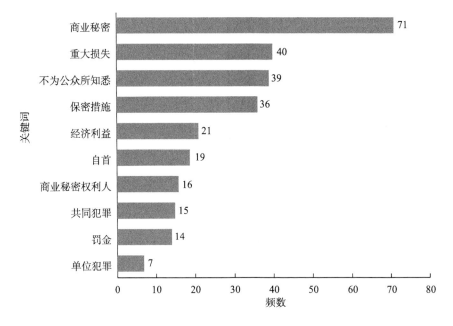

图3 侵犯商业秘密案件高频关键词

一、商业秘密的定义和特点

《反不正当竞争法》第九条规定，商业秘密，是指不为公众所知悉、具有商业价值并经权利人采取相应保密措施的技术信息、经营信息等商业信息。从上述定义可以看出，商业秘密具有秘密性即应当是不为公众所知悉的信息；具有商业价值，能为权利人带来现实的或者隐含的商业机会和商业价值；商业秘密还必须是采取了保密措施，而非暴露在光天化日之下。当然，对于保密措施的规定并非是一刀切，是根据商业秘密本身的价值而采取相当手段的保密措施。

二、案情介绍及法院判决

案情简介：玉联公司成立于1995年7月，是一家从事食品机械、石油机械、电子产品、机电设备制作销售、货物运输（普货）生产和销售的有限责任公司。其创新了螺杆泵定子芯轴的加工工艺、螺杆泵转子（长转子）的加工办法、螺杆泵定子和转子选配方法、螺杆泵砂带抛光及尺寸检测方法、螺杆泵地面驱动装置结构等技术秘密，并且经过多年的经营，与华兴公司、河南油田等建立了自主的销售渠道。

于某某自 1996 年 8 月 9 日从玉田和平毛麻纺织厂调至玉联公司工作至 2005 年 12 月 31 日，职位为营销负责人。其间于某某分别于 2001 年 1 月 12 日、2004 年 1 月 1 日同玉联公司签订了两份"劳动合同协议书"，双方在合同中约定的期限为 3 年、2 年。2002 年 6 月，于某某注册成立了科联公司，在其提交给工商管理部门的履历表中显示，1995 年至填表之日其工作性质为个体。2004 年 9 月 15 日，经国家知识产权局授权，于某某作为专利权人，取得了"防砂卡螺杆泵"的实用新型专利证书。

科联公司成立于 2002 年 6 月，是一家从事石油钻采设备、环保器材及配件制作销售、水暖器材零售的有限责任公司，其法定代表人为于某某。2006 年至 2009 年间，科联公司取得一系列油田的供应商、市场准入，与玉联公司形成竞争关系。

玉联公司于 2010 年将于某某、科联公司起诉至人民法院，要求停止侵犯玉联公司石油螺杆泵生产技术和销售渠道商业秘密的行为，并赔偿损失。为支持其诉讼请求，玉联公司向法院提交了相关技术的工艺资料、两份劳动合同协议书、销售管理制度和营销责任书、《关于保密工作的几项规定》，损失鉴定报告等证据。

法院判决：该案件的一审法院支持了原告的诉讼请求，判决被告停止侵权行为、登报道歉、赔偿损失。但是，该案件在二审及再审程序时有不同的判定，在二审及再审程序中，均认定玉联公司并未就商业秘密采取适当、合理的保密措施，不符合商业秘密的构成要件。

二审及再审法院均认为：玉联公司主张其通过制定《关于保密工作的几项规定》《关于技术秘密管理的具体措施》等保密制度、《销售管理制度》及与于某某签订《劳动合同协议书》《营销服务责任书》等方式对商业秘密采取了保密措施。法院认为，《关于保密工作的几项规定》仅有四条，且内容仅原则性要求所有员工保守企业销售、经营、生产技术秘密，在厂期间和离厂二年内，不得利用所掌握的技术生产或为他人生产与本公司有竞争的产品和提供技术服务，上述规定无法让该规定针对的对象即所有员工知悉玉联公司作为商业秘密保护的信息范围即保密客体，仅此不属于切实可行的防止技术秘密泄露的措施，在现实中不能起到保密的效果。《销售管理制度》《营销服务责任书》采取的措施内容基本一致，即要求公司营销人员在职期间和离职三年之内不得利用原销售渠道销售公司同类产品。最后，《劳动合同协议书》为劳动人事局等部门制定的格式合同，其第十一条第五项规定，乙方要保守甲方的技术经营机密，泄露甲方机密或利用甲方技术机密与甲方竞争者，甲方保留追究经济损失的权利。该规定同样不能认定为构成符合规定的保密措施。［案件来源：（2016）冀民终 689 号、（2017）最高法民申 2964 号］

三、案件启示及思考

纵观整个案件，玉联公司确实拥有具有商业价值的技术信息，被告也实施了侵权行为，但是，因为原告对技术信息并未采取适当、合理的保密措施，而造成了损失，通过侵犯商业秘密的途径无法获得救济，实在可惜。这个案件可以作为前车之鉴。接下来，笔者谈几点企业在商业秘密保护方面的思考，望给读者以启示。

1. 关于保密措施

首先，看一下关于保密措施的法律规定。《最高人民法院关于审理不正当竞争民事案件应用法律若干问题的解释》第十一条规定：

权利人为防止信息泄漏所采取的与其商业价值等具体情况相适应的合理保护措施，应当认定为反不正当竞争法第十条第三款规定的"保密措施"。人民法院应当根据所涉信息载体的特性、权利人保密的意愿、保密措施的可识别程度、他人通过正当方式获得的难易程度等因素，认定权利人是否采取了保密措施。具有下列情形之一，在正常情况下足以防止涉密信息泄漏的，应当认定权利人采取了保密措施：（一）限定涉密信息的知悉范围，只对必须知悉的相关人员告知其内容；（二）对于涉密信息载体采取加锁等防范措施；

（三）在涉密信息的载体上标有保密标志；（四）对于涉密信息采用密码或者代码等；（五）签订保密协议；（六）对于涉密的机器、厂房、车间等场所限制来访者或者提出保密要求；（七）确保信息秘密的其他合理措施。

比照保密措施的规定，笔者建议企业从以下几方面着手：

第一，企业应当有保密管理制度，确定商业秘密的客体。这个制度是企业保密体系的纲领性文件，在保密制度中将商业秘密的定义结合企业的实际经营情况、经营产品的种类、提供服务的情况进行细分，以确保可以确定保密信息的客体。同时，还应当对各个部门可能涉及的信息通过表格的方式附在制度后面，切记应当有相关的兜底规定。从上述案例也可看出，不应当只是在制度中对商业秘密进行笼统性、概念性的规定，否则，会因为无法确定保密客体而被认定为不属于法律所保护的商业秘密。对于保密管理制度应当要求对公司全员进行培训，并要求签名确认。

第二，应当对商业秘密的载体采取保密措施。随着信息化程度的提高以及信息储存方式的多样，给商业秘密的保护带来了很大的挑战。从近几年商业秘密的案例来看，泄露商业秘密的方式也越来越多样化、科技化，很多案件是通过各种信息手段窃取或泄露。从笔者所在企业的管理经验看，首先，应当要做到所有商业秘密的载体应当有统一的登记管理，电脑、硬盘、U盘等应当有使用规定，并且对所有的载体都采取加密措施。现在很多企业员工办公的电脑不再有主机，办公桌只有显示器，主机统一在云端，每个员工都有登录的用户名和密码，这样就减少了商业秘密泄露的输出端口，减少泄露的机会。其次，商业秘密的输出端都应当有控制，留痕迹。打印扫描设备都应当有记录，即时通信工具微信、QQ等禁止发送文件，文件只能通过邮件发送等，确保所有流出的文件都有迹可循。再次，所有呈现涉密信息的文件都应当有"保密"字样或者"秘密文件"字样等。可以在电脑的电子版文件设置水印，根据保密级别的分类，所有流转的保密文件，应当有"保密"字样，并且对流转的方式进行规定。

第三，对涉密人员采取保密措施。保密信息最重要的环节就是涉密人员，人员是涉密信息泄露的主体。对于公司员工，首先，最重要的就是保密意识的培养。有些员工可能不清楚哪些是商业秘密，泄露商业秘密会有什么样的后果。因此，在硬件保密措施完善后，应当定期对员工开展保密意识的培训，并且将相关保密的规定纳入员工的绩效考核，定期检视，以督促员工形成保密的习惯。其次，签订保密协议。保密条款可以在劳动合同中体现，也可以单独签订保密协议的方式确定，建议对于核心的研发人员和销售人员等的保密信息应当细化，尽量细化与工作内容相关联，同时，在条款中直接约定违约责任，这样减少了以后索赔的举证责任。最后，如核心人员离职，在与其签订竞业限制协议的同时，应当将其在公司工作期间，所接触到的重要涉密信息、项目信息等进行签名确认，由此可以确定商业秘密信息客体、保密措施、接触过保密信息。

第四，重要项目的保密措施。企业在进行重要项目的保密管理时，应当尽量采用信息化手段对项目资料进行管理，对接触项目资料的人员进行限定。相信很多企业已经做到这一点，但是另外比较重要的一点是关于项目涉密信息客体的确定，即本项目产品的哪些成果是商业秘密，要保护的对象是什么。这在项目的研发过程中比较模糊，有可能是研发初期的一个创意，头脑风暴的一个想法。笔者曾经办过一个案件，就是权利人不能证明保护的客体，而导致败诉。为此，笔者建议企业在项目推进过程中，对于重大的会议成果或者认为有必要保护的成果，应当通过可见的载体的形式表现出来。

当然，对于保密措施的制定，并非越严格越好，应当根据企业的发展阶段、实际经营情况、行业特点等采取适当、合理的措施，在做到保密的同时，也要兼顾经营效率。

2. 关于竞业禁止与侵犯商业秘密

竞业禁止与侵犯商业秘密紧密相连，两者既有联系又有区别。竞业禁止是指企事业单位员工在任职期间及离职后一定时间内不得从事与本企业相竞争业务的一种法律制度。根据我国现行法的规定，可分为法定竞业禁止和约定竞业禁止两种。法定竞业禁止，法律直接规定某一类人员禁止从事某种活动。比如《中华人民共和国公司法》第一百四十八条规定：董事、高级管理人员不得有下列行为：未经股东会或者股东大会同意，利用职务便利为自己或者他人谋取属于公司的商业机会，自营或者为他人经营与所任职公司同类的业务。约定竞业禁止，是指企事业单位与某些特定人员，一般是负有保密义务的人员签订协议，约定竞业禁止的义务。从字面看，竞业禁止并未直接表明商业秘密，但是其背后的动因却是防止商业秘密的泄露。从审判实务看，最近几年约定竞业禁止的案件频发，并且大多与侵犯商业秘密相关。

用人单位或者权利人在面对员工离职并且引发商业秘密泄露时，是通过违反竞业禁止约定进行违约之诉还是通过侵犯商业秘密进行侵权之诉，两者是只能择其一还是可以同时使用？通过分析过往案例，笔者发现这两者可以同时使用。因为两者行使的请求权基础不同，并且通常因为离职而引发的侵犯商业秘密纠纷还存在着使用商业秘密的其他单位和个人，其他单位和个人应当依据侵权进行赔偿。

如果出现了负有竞业禁止义务的员工离职而引发侵犯商业秘密的行为，笔者建议可以进行如下处理：

（1）根据竞业禁止协议或者条款的约定向劳动争议仲裁委员会提起仲裁，要求劳动者承担违约责任。此时对于用人单位来说，举证责任相对简单，并且一般约定了违约金额，索赔金额比较容易证明。需要注意的是，现行法律规定，劳动争议案件的诉讼时效是两年，注意不要错过仲裁时间。

（2）以侵犯商业秘密为由，将劳动者及商业秘密使用人起诉至法院，要求赔偿因为其使用商业秘密给原用人单位所造成的损失。此时，原用人单位承担的举证责任较大，即需要证明享有商业秘密、采取了保密措施、侵权人使用了商业秘密，侵权人获利或者原单位有损失。对权利人举证责任要求很高，所以，在很多侵犯商业秘密案件中，原告以败诉告终。

对于本文中的案件，原被告有关于竞业禁止的约定，如果在劳动争议仲裁申请的诉讼期间内，原告亦可向劳动争议仲裁委员会申请仲裁。

3. 侵犯商业秘密民事案件与刑事案件区别

在企业经营过程中，当权利人发现有竞争对手侵犯其商业秘密时，第一反应是，竞争对手是否涉嫌侵犯商业秘密罪，是否可以让其承担刑事责任。对于侵犯商业秘密民事案件与刑事案件在实际办案过程中存在一些区别，笔者简述如下：

（1）案件管辖不同。侵犯商业秘密民事案件的受理法院为中级人民法院以及最高人民法院指定的少数基层人民法院，侵犯商业秘密刑事案件一般为基层人民法院。

（2）案件的举证规则不同。侵犯商业秘密民事案件的主要举证责任在权利人，谁主张谁举证，法院拥有自由心证的权力。而侵犯商业秘密刑事案件则有严格的证据规定，采取排除合理怀疑、疑罪从无原则，当然从举证角度看，权利人只需要提供相关基础证据证明犯罪行为存在，公安机关可以利用其侦查权调查取证，相对权利人取证要容易。因此，实务中一些权利人为了打击竞争对手，也往往滥用此项权利进行刑事案件立案，从而调查取证，破坏竞争秩序。

（3）损失的认定标准不同。在侵犯商业秘密民事案件中，对于损失的认定可以是权利人的损失，侵权人的获利，或者是在没有证据证明时，法官的自由裁量。但是，在刑事案件中，要求必须是确实、充分的证据来证明损失。侵犯商业秘密罪要求给权利人造成重大损失，即直接损失在 50 万元以上的。因此，即使民事诉讼中判赔金额在 50 万元以上，也不必然会构成侵犯商业秘密罪。但是，如果一旦侵犯商业秘密罪名成立，权利人可以通过附带民事诉讼要求民事赔偿。

因此，在案件实务中，笔者建议根据案件本身的证据以及权利人本身通过诉讼想要达到的目的出发，选择有利于自身的权利救济方式。

四、结语

商业秘密是宝贵的无形资产，权利人应当通过适当、合理的方式保护，让商业秘密在企业发挥最大的作用。同时，亦不要企图通过违法的手段窃取、获取他人的商业秘密，否则，终将得不偿失，受到法律的制裁。

企业商业秘密管理体系之构建

宋巧丽[*]

随着近年来世界贸易的进一步发展，企业与企业之间，国家与国家之间的经济交往日益频繁，贸易活动日益密集，市场竞争趋于激烈，其中商业秘密无疑成为竞争利器。在经济发达的西方国家，商业秘密一直是一种重要而独特的知识产权，因此欧美的跨国企业及国家一直以来都很重视商业秘密的保护。

在我国，近年商业秘密纠纷呈现增长态势，企业对完善商业秘密制度和打击商业秘密侵权的呼声越来越高。尤其是当前中美贸易谈判中，美国频频要求中国加强商业秘密保护和完善保护制度。所以既是呼应国内的需求也是满足国际的要求，我国近来对《反不正当竞争法》经过了多次修改。身处知识经济高度发展时代的现代企业，商业秘密作为企业的重要无形资产，是企业核心竞争力的体现，如何管理好企业的商业秘密至关重要。相对于事后救济，企业应该更加重视事前的防范。由于商业秘密管理的复杂性，很多企业尽管意识到了商业秘密保护的重要性但是真正建立了完善的管理制度的却很少。基于此，笔者就企业如何建立商业秘密管理体系进行阐述。

---

* 宋巧丽，北京北方华创微电子装备有限公司知识产权总监，从事企业知识产权管理工作 13 年，擅长将知识产权管理融入企业经营管理中，尤其擅于搭建专利和商业秘密管理体系，带领北方华创从零起步获得国家知识产权示范单位。

一、何为商业秘密

商业秘密，是指不为公众所知悉、能为权利人带来经济利益、具有实用性并经权利人采取了商业秘密保护措施的技术信息和经营信息。

商业秘密具有三个特性，即非公知性、实用性、管理性。①非公知性是指该信息不能从公开渠道直接取得并为公众所知，即要求商业秘密必须具有实质上的秘密性或者秘密因素。这里的公众是指本行业以及准备涉足本行业、某一技术或业务领域，并且有可能从该项商业秘密的利用中取得经济利益的人，不包括本公司的涉密岗位员工和因与本公司有业务关系需要知悉商业秘密的外部人员。②实用性是指该信息具有确定的可用性，能为权利人带来现实的或潜在的经济利益或竞争优势，即具有"实用价值"和"经济价值"。实用价值是指可以应用于经营、生产、研发等各项实践活动，并能产生较好的经济效益，具有确定性，不是仅为抽象的原理或者概念。其中确定性并不是要求商业秘密有可感知的实物形式或者已经用文字材料固定，而是要求商业秘密构成完整的、可实施的方案。经济价值是指能为权利人带来经济利益的竞争优势，包括直接的经济利益，间接的经济利益和潜在的经济利益。直接经济利益，即通过实施转化能取得经济利益；通过转让或者许可能取得经济收入。间接经济利益比如减少开支、降低成本等。潜在经济利益比如竞争优势、强势地位、市场占有率等。③管理性是指权利人采取了相对合理的商业秘密措施，并足以使其职工或其他商业秘密义务人知道或应当知道商业秘密的存在并应该进行商业秘密保护。该要件往往被大部分企业忽视，导致大部分企业重要信息无法被认定为商业秘密，同时也是事后商业秘密诉讼纠纷中的重要证据。商业秘密的上述三个特性是认定商业秘密的充分必要条件，缺一不可。

在现实中，很多企业没有管理好商业秘密，所以在纠纷诉讼时常常由于不具备上述三个特性中的"管理性"而败诉。例如，北京某公司起诉李某、张某、刘某离职侵犯公司商业秘密一案，李、张、刘在离职前分别为该公司的生产经理、销售经理和财务部副经理，三人在职期间擅自成立另一新公司，利用在职期间掌握的产品价格、客户信息，抢夺客户资源。原公司根据劳动合同约定负有竞业限制和保密义务，起诉三人侵犯商业秘密，索赔 317 万余元。此案中涉案经营信息是否为公众所知悉、是否采取了商业秘密措施是诉讼中的争辩焦点。尽管该公司在劳动合同中规定"雇员必须遵守公司有关商业秘密资料的规定"等内容，但由于公司并未制定或签订有关商业秘密事宜的合同，也没有证据证明公司制定了有关商业秘密制度的规定，故该劳动合同并不涉及公司涉案经营信息。公司对涉案经营信息并未采取不为外界所知的实际措施。法院最终判决该公司所主张的涉案经营信息并不构成商业秘密，驳回原告诉讼请求。

该案例再次佐证了企业要保护自己的商业秘密，必须建立完善的商业秘密管理体系。商业秘密管理体系是针对企业商业秘密保护的实际需要和管理现状，对涉密信息、涉密人员、涉密活动、预警防护、分析评估等可能泄露商业秘密的多个维度进行分析，从静态的规划设定到动态的管理操作而建立的一套系统解决方案。体系建立的思路就是用管理的方法解决商业秘密法律风险，进而从源头上消除泄密隐患。

二、商业秘密管理体系的构建

商业秘密管理体系包括机构设置及职责、制度建立、密级管理、商业秘密保护预警机制等内容。对于企业而言，商业秘密管理体系建设可以从人员和文件两个角度进行矩阵式管理。

从人员维度进行管理，即从人员入职直到离职的全过程管理，包括入职时进行不招募调查，即该人员是否与前雇主签署了竞业限制协议并该竞业限制协议尚在有效期内，并检查该人员是否将前雇主的商业秘密带到本企业，同时与该人员签署协议约定其在本企业工作期间不得使用前雇主的商业秘密或者未披露的专利信息等，在职期间与其签署保密协议或者竞业限制协议等，然后根据岗位职责确定岗位密级，当岗位职责发生变化时随时调整岗位密级，当出现特殊情况需要接触超出其密级规定的文件或者技术时，需要制定临时措施，记录该人员超越密级规定接触文件的事件，比如员工 A 在某时间接触了文件×（文件的编号及主要内容），A签字确认其已知晓文件的所有内容并深刻理解，承诺其将对这些内容进行保密。

从文件维度进行管理，即针对从文件产生直到文件销毁的全过程进行管理，文件产生时要确定文件的密级，然后根据企业发展情况而随时进行密级调整，在进行密级调整时，需要进行密级调整审批。

下面笔者站在企业角度，谈谈企业建立商业秘密管理体系应涉及哪些模块、如何设计组织架构，以及如何建立有效的管理措施等。

1. 界定商业秘密的范围

商业秘密是不为公众所知悉，能为权利人带来经济利益，具有实用性并经权利人采取商业秘密措施的技术信息和经营信息。技术信息是指研发路线、设计图纸、技术情报、技术资料、生产工艺、工艺结果、技术改进、实验室记录、研发记录簿、研发报告、项目评审报告、产品手册、设计规范、设计文档、实验数据等技术信息。经营信息是指企业战略规划、企业市场拓展计划、客户信息、产品成本、对外合作信息、产品价格、市场分析报告、企业财务信息、企业薪酬体系、企业组织架构及职责定位、企业投融资规划、企业上市进程、企业预算、供应商名单、合作伙伴信息等。

企业应根据自身实际情况，界定好本企业的商业秘密都包括哪些内容、范围，尤其是边界需要特别明确，否则在后续纠纷发生时，证据的证明力会受影响。

2. 商业秘密管理组织

通常企业应该设置一个商业秘密管理委员会（该机构也可以由知识产权管理委员会兼任）。商业秘密管理委员会一般情况下是一个虚设机构，职责是对涉及商业秘密的重大事项进行决策，比如确定密级的原则、重大密级文件的定密解密决定、商业秘密的风险评估、商业秘密纠纷处理决策等。商业秘密管理委员会下设秘书处，通常秘书处可以由知识产权部或者专门的商业秘密管理部门担任。另外非常重要的是要设置一个首席商业秘密官（首席商业秘密官可以是兼任的，但是职务必须是企业副总以上）。首席商业秘密官负责协调跨部门的商业秘密管理事项，比如协调商业秘密纠纷处理的内部联动机制的建立等。商业秘密管理秘书处负责企业日常的商业秘密管理工作，包括拟定各种商业秘密管理制度、制定商业秘密培训计划并组织开展相关培训、监督企业各部门的商业秘密制度执行情况、负责建立并管理企业商业秘密库、负责对外活动中的商业秘密审查，例如企业宣传材料的涉密性审核等。图1是某企业的商业秘密管理组织架构。

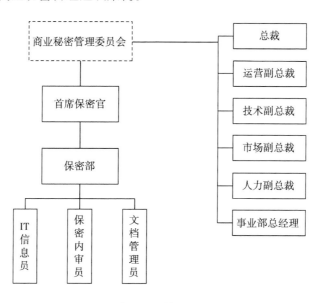

图1 商业秘密管理组织架构

为了更好地将商业秘密落到实处，企业应从决策层、执行层到操作层建立完整的商业秘密管理体系，包括决策、执行、操作三个层面分开，三者分工合作的管理体系。图2为某企业的商业秘密管理体系架构图，其中包括管控层、管控手段、管控对象、管控环节和管控环境几方面。

3. 商业秘密管理制度

制度是商业秘密管理体系的基础，贯穿了商业秘密体系构建的始终，企业制定完善明确的商业秘密管理制度，使商业秘密工作有章可循，企业日常运行和员工工作有了行为准则，将员工对企业的忠实义务明示化，有利于员

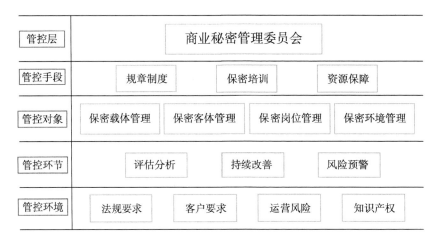

图 2 商业秘密管理体系架构

工实际遵照执行。因此在商业秘密管理中，应该针对涉密信息、涉密人员、涉密活动等制定商业秘密制度，建立包括档案管理、岗位商业秘密协议、涉密会议管理、涉密培训管理等在内的制度体系，使商业秘密管理制度化。比如某企业制定的部分商业秘密管理制度，即研发记录簿制度、商业秘密管理办法等。

4. 商业秘密等级划分

如何确定商业秘密等级对商业秘密管理非常关键，如果密级确定不合理，可能导致重要商业机密丧失其保密性，或者导致商业秘密管理成本的上升及企业内部效率低下。因此确定定密原则非常重要，建议以下述三个原则作为定密基本原则进行考虑，即以涉密信息价值为主导性因素的原则；以涉密信息传播范围为辅助影响因素的原则；以涉密信息相关管理手段作为调整因素的原则。在上述三个基本原则的基础上，从五个方面计算原始密级分值，即"实用性""价值量""传播范围""保密成本"和"泄密损失"。通过以上五个方面可计算出密级原始分值，密级原始分值 = 价值总和 × 传播系数 × （1 + 调整系数总和），表 1 是五个方面的计算关系。

表1　密级原始分值计算

分数核算	核算参数	子参数	一级因子
密级原始分值 = $A \times B \times (1 + C)$	$A = A1 + A2$	A1	实用性判断
		A2	价值量判断
	$B = B1 \times B2/100$	B1	传播范围判断
		B2	
	$C = (C1 + C2)/100$	C1	保密成本判断
		C2	泄密损失判断

根据计算出的密级原始分值，进行商业秘密等级的初步划分，定出哪些属于绝密、机密和秘密。然后再根据企业实际情况进行微调，确定商业秘密内容等级，建立企业商业秘密数据库，对商业秘密内容进行分级管理，使商业秘密工作突出重点，确保企业核心秘密的安全。商业秘密数据库的建立，也能够有效反映不同密级与企业利益的关系程度，进而能够帮助判断泄露后对企业所造成损害程度。

5. 商业秘密管理内容

企业商业秘密管理内容涉及方方面面，范围非常广泛，比如涉密文件的管理、会议管理、培训管理、访客管理等，下面笔者介绍几个比较重要的内容。

（1）会议管理。

会议管理分为内部会议管理和外部会议管理，其中内部会议应根据商业秘密管理规定对会议进行密级确定，对于密级较高的会议，应至少采取以下相应措施：①控制会议场所，采取保密措施；②根据岗位密级确定参会人员，并进行相应记录；③采用特定会议设备；④对会议达成的决议进行记录并经所有参会人员签字确认；⑤将会议决议送交商业秘密管理办公室进行保密管理。外部会议应根据会议内容确定会议密级。制定人员参加的，参会前应进行保密注意事项的告知，并在参会后及时将会议文件进行归档管理。

（2）培训管理。

根据人员岗位密级进行培训规划，涉密培训应由商业秘密管理办公室监督进行。所有参训人员均应签署保密声明，培训课件及资料应采取保密管理。

（3）访客管理。

建立访客管理制度，规定访客类型，针对不同类型的访客采取不同的接待方式及不同的要求，比如长期访客需经过保密培训和安全培训，而临时访客需要受访部门全程陪同等。另外，为了便于识别访客身份，针对不同访客设计不同的证件，比如长期访客佩戴黄色胸卡，而临时访客佩戴粉色胸卡等。

（4）员工管理。

企业商业秘密管理的好坏很大程度上取决于对企业内部员工的管理，这里的企业内部员工既包括在职员工也包括离职员工。目前大部分商业秘密案件都是由于企业内部人员的泄密或者窃密引发的。因此企业应该重视对员工的管理，提高员工的商业秘密保护意识，同时让员工明确侵犯商业秘密的法律后果，避免部分员工由于未能清楚认识到严重后果而事后后悔莫及，同时也避免给企业造成严重损失。因此在员工管理方面，要两手抓，一是制度层面，企业的保密制度要完整可执行，让员工没有可乘之机；二是教育层面，要开展有针对性的培训、宣传，让员工充分认识商业秘密保护的重要性和违反商业秘密保护制度的法律后果。

以某企业为例：该企业每年初在制定培训计划时都会将商业秘密培训纳入培训计划中并进行相关培训费用的预算，并且根据不同岗位和职位进行不同的课程设计。比如针对中高层领导和市场人员、采购人员等重点介绍商务过程中的商业秘密保护意识，而针对研发人员则进行提升商业秘密保护意识的培训，并进行相关法律后果的介绍。除了培训外，该企业制定了严格的商业秘密管理制度。比如根据员工的工作内容和职级进行岗位定密，对应岗位密级会制定该岗位密级能够接触的文件密级。比如三级工程师的岗位密级为初级，则其能够接触秘密级以下的文件；如果因工作原因确需接触高于秘密级的文件，则应提交相应申请，由相关领导确认方可接触；如果接触的是核心机密，还需为此特别签署一份保密协议。当然，岗位定密后，其参加会议、培训的密级也有相应规定。通过这些制度，使得企业员工在日常工作中就能够感受到公司的商业秘密保护氛围，进而形成自觉保护商业秘密的意识。除了日常制度外，公司应该与相关人员签署一份正式的保密协议和竞业限制协议，针对研发人员还应该签署知识产权归属协议。

（5）文件管理。

文件是企业商业秘密的载体，因此文件管理的优劣直接决定着企业商业秘密管理的成败。表 2 是某企业的文件定密审批表，图 3 是某企业的涉密文件复制流程。

表 2 文件定密审批表

文件名称		提出时间	
密级		保密期限	
知悉范围			
申请人姓名		申请部门	
申请人拟订密级依据			签字： 年 月 日
定密责任人意见			签字： 年 月 日
公司领导意见			签字： 年 月 日
保密管理部备案记录			签字： 年 月 日

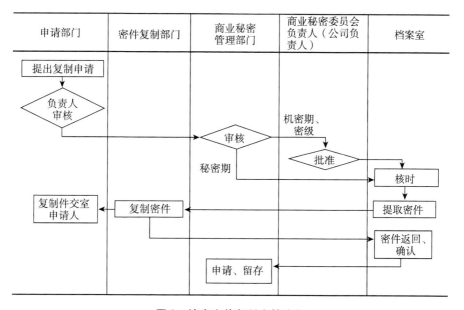

图 3 涉密文件复制审批流程

文件管理应从文件产生开始进行文件生命周期的管理。比如文件产生时对其进行密级确定，密级高的文件应统一由商业秘密管理部门直接进行管理，对这些文件的借阅、复制等均应设计相应的审批流程。

（6）对外合作管理。

对外合作的类型可以分为委托加工、委托开发、合作开发等几种。其中委托加工通常将研发设计图纸交由加工商进行按图加工，这个环节非常容易使商业秘密流失。以半导体装备业而言，大部分公司都是只进行设计而委托加工，并且很多时候由于半导体行业对材料及表面处理等加工精度要求高，经常全球能够满足加工精度要求的加工商只有极少数几家，有时候甚至只有一家，这就使得具有竞争关系的企业委托同一家加工商进行加工，很容易造成彼此技术秘密的泄露。比如全球前三大半导体设备提供商日本的 TEL 公司及美国的应用材料公司都曾因委托加工而与加工商之间发生过商业秘密诉讼。

例如：日本 TEL 公司诉 Discreet Industries（以下简称"Discreet"）盗用商业秘密及图纸。TEL 公司，全称是 TOKYO ELECTRON LTD，成立于 1963 年，是全球最大的半导体制造设备、液晶显示器制造设备制造商之一。其产品主要包括：涂布/显像设备、热处理成膜设备、干法刻蚀设备、CVD、湿法清洗设备及测试设备。在日本，TEL 还经销全球领先供应商的计算机网络相关产品和电子元件。TEL 集团在日本、美国、欧洲、韩国及中国等地都建立了自己的网点，目前在全球已拥有近 30 个子公司和 80 多个分支机构。被诉的 Discreet 公司全称是 Discreet Industries Corporation，总部设在纽约，为半导体工业制造商提供半导体元器件、半导体工业技术服务、半导体制造设备设计，以及商务流程设计等服务。本案涉及的知识产权为商业秘密、技术诀窍、设计图纸，涉及的产品为 Tokyo Electron Arizona 的 Eclipse 溅射设备。案件经过为 2001 年 5 月 21 日，TEL 位于美国亚利桑那州的分公司 Tokyo Electron Arizona（TAZ）向纽约法院起诉 Discreet 及其他一些和 TAZ 签有保密协议的长期供应商。宣称被告在制造和销售 TAZ 的 Eclipse 溅射设备的备件时，非法使用了 TAZ 的保密信息及技术诀窍。很快，TAZ 的供应商们与 TAZ 达成了和解协议，承认指控，并就其与 Discreet 的不正当交易做出了经济赔偿。2002 年 9 月 18 日，TAZ 与 Hummel Machine and Tool Company 就其不正当使用 TAZ 的商业秘密达成了和解协议。Hummel Machine and Tool Company 承认破坏了与 TAZ 签署的保密协议，并使用 TAZ 的保密信息为 Discreet 制造零部件。……2004 年 4 月 13 日，TEL 向纽约法院起诉 Discreet 不正当使用 TAZ 的商业秘密，并表示 TAZ 有证据证明 Discreet 从 TAZ 的保密供应商网络中，复制并盗取了一些重要零部件的技术图纸。2004 年 9 月 7 日，TEL 宣称 TAZ 获得了法院的永久禁止令，禁止 Discreet 使用 TAZ 的商业秘密，以及从 TAZ 非法复制的涉及 266 个零部件的技术图纸，并对 TAZ 做出 990 万美元的经济赔偿。此案件中，TAZ 的零部件加工商、供应商等，利用 TAZ 所提供的图纸、商业秘密、技术诀窍等信息，为 TAZ 的竞争对手 Discreet 制造、加工相关产品，并进行销售，违背了其曾与 TAZ 所签署的保密协议。可见，如何有效地管理加工商、供应商及其所掌握的图纸等信息，对制造型企业来说至关重要。

目前，对于委托加工、委托开发及合作开发等项目，一般企业的做法是签署保密协议，约定泄密惩罚。这些方法只是事后补救措施，并且这种补救的效力还要依赖于企业对商业秘密的管理是否到位。比较好的做法应该是采取一些技术手段实现对图纸的管控，比如要求供应商提供一台专用电脑接受企业发出的图纸，在该电脑内装载专门的软件用于打开经过处理的图纸，其他电脑即使接收了该图纸也无法正常打开。另外，企业内部的图纸发送也要专人专岗，统一出口和入口，在这样的管理机制下即使出现问题，也很容易发现证据，使后续的诉讼更加有力度，也更容易获得赔偿。除此之外，在对外合作管理方面还有很多细节可设计。

6. 商业秘密保护预警机制

泄密管理包括泄密责任处理和泄密应急预案。泄密责任处理明确了泄密人员的责任，使企业员工严肃保密制度，增强员工的保密意识，进而促进保密工作的开展和预防泄密事件的发生。泄密应急预案是在泄密事件发生前所做出的预警行为。建立应急预案，可以在泄密事件发生时使企业迅速做出决策，控制因泄密事件对企业造成的损害，实现减少损失的目的。在此基础上，建立保护预警机制，通过定期开展漏洞扫描、风险评估，实现主动预警和主动防护。企业应建立泄密应急协调机制，建立跨部门联合小组处理发生的泄密事件，以最快速度处理泄密事件并采取补救措施以降低企业的损失。

三、总结与展望

总的来说，对于商业秘密的保护，应分区域、分层次、分范围、分部门，点面结合地给予保护。具体来说，分区域就是有意识地将秘密区域细化，安排不同的人员开发、操作、管理该商业秘密的不同部分，使得企业中尽可能少的员工掌握该商业秘密的整体部分；分层次，就是对于不同级别的员工使掌握的商业秘密等级应该有所不同，附加在其身上的商业秘密义务也应有所区别，这是降低企业运营成本的需要；分范围、分部门，是指依据商业秘密的分类，对于涉及技术信息类秘密的人员，由于技术类信息的价值性在一般情况下时效都比较长，应有相应的较长时期的商业秘密义务，而经营类商业秘密通常情况下短时间内是稳定的、长期来看却常常处于变动之中，那么对于接触此类秘密的人员，其商业秘密义务与技术人员又有不同；点面结合的保护，就是指企业一般的商业秘密制度要制定、对于特定人员、特定秘密的商业秘密制度更要强化。

商业秘密作为知识产权的一种，企业应该将其与专利、商标等结合使用，注重区分专利与商业秘密保护的界限，多角度、全方位的进行规划，实现知识产权的最大价值。

例如：企业研制了一种新产品，通过技术人员和法律专家分析，其中某一创新点在产品投放市场后易于被"反向工程"解密，而其他都是不易被产品所反映的工艺程序、结构等信息。那么企业完全可以针对那一项创新点去申请专利的保护，而对后者适用商业秘密的保护；同时对于产品开发阶段以图纸、配方、实验报告等有形的载体表现出来的无形技术知识，又可以对这些图纸、文件等加以著作权法的保护。下一步，一旦这项含有商业秘密的产品享有盛誉占领了市场，商业秘密在某些情况下又可借助商标法的保护，其他人即使利用了同样的方法或配方制成了同样的产品，由于不能使用该畅销商品的注册商标，也就不能挤占该畅销产品的市场从而获利。

随着我国新《反不正当竞争法》和美国的《商业秘密保护法》（*Defend*

Trade Secrets Act of 2016，DTSA）的通过，商业秘密日益成为企业间竞争甚至是国与国之间竞争的利器。作为市场竞争主体的企业，如何建立一套适应自身企业发展需要的商业秘密管理体系至关重要。

第五章

标准与知识产权篇

大型勘测设计企业知识产权创新管理之路

张虎成* 汪 飞** 杨桃萍†

根据 2018 年《中国大企业发展特征分析报告》[1]，2018 中国 500 强企业发展主要呈现十大特征：营业收入迈上新台阶，资产负债率总体略有下降，实体企业与银行盈利差距缩小，去产能行业效益持续改善，千亿级企业持续扩容，研发投入持续增加，央企是参与标准制定的主体，世界 500 强中的地位稳中有升，跨国经营持续推进，品牌与创新的国际影响力进一步增强。其中，专利作为企业创新的实力指标之一，2018 年中国企业 500 强专利总量中，发明专利占比为 36.16%，较上年提高了 5.27%，专利质量显著改善。

中国电建集团贵阳勘测设计研究院有限公司（以下简称"贵阳院"）作为典型的大型勘测设计企业，是世界 500 强中国电力建设集团有限公司的重要成员企业，也是中央在黔大型国企之一。贵阳院多年保持"中国工程设计企业 60 强"，持有工程勘察综合甲级、工程设计综合甲级、工程咨询综合资信甲级，以及工程监理、测绘、造价等 23 项甲级资格证书，同时拥有市政、电力、房屋建筑等 3 项工程施工总承包一级资质，是国家认定企业技术中心、

---

  * 张虎成，博士后，正高级工程师，中国电建集团贵阳勘测设计研究院有限公司科技质量管理部副主任，长期从事企业创新管理与知识产权管理。

  ** 汪飞，工程师，中国电建集团贵阳勘测设计研究院有限公司知识产权主管，贵州省十百千知识产权人才高层次人才，全国专利信息实务人才，长期从事知识产权及科技创新工作。

  † 杨桃萍，硕士，正高级工程师，中国电建集团贵阳勘测设计研究院有限公司科技质量管理部主任，长期从事科技创新管理工作。

贵州自主创新品牌 100 强。在知识产权方面，贵阳院先后荣获"贵州省知识产权优势培育企业""国家知识产权优势企业""国家知识产权示范企业"等称号。截至 2018 年底公司持有有效专利总数达 1310 件，其中发明专利 202件，发明专利占比逐步提高，已在主营业务水利水电建设中的碾压混凝土材料、碾压混凝土坝和面板堆石坝、水电厂房、工程物探、金属结构、路桥设计、生态环保等主要业务领域形成了专利技术保护网。

大型勘测设计企业往往具有如下特点：组织结构形态较为复杂，员工数量通常在 1000 人以上[2]，具有多级下属分支二级或三级机构，具有一项或多项主营业务，但业务类型可能还会涉及其他多个行业，经营地域分布广泛（国内或国外），经营和管理模式多样，全方位工作协同，综合技术实力较强等。

那么，作为大型勘测设计企业的贵阳院，如何在组织结构复杂、主营业务涉及多个行业、员工数量大且分散的情况下建立可激发创新活动的机制，采用何种管理方法与框架对创新成果进行有效的管理，如何筛查与降低各类业务活动中的知识产权风险等，以期达到公司既定的知识产权战略方针与目标？笔者将结合企业的实际管理工作流程，并辅以相应案例，将贵阳院的创新管理与知识产权体系在融合中的实践经验分享给大家。

一、筹划创新管理体系

创新是一个民族进步的灵魂，是一个国家兴旺发达的不竭源泉，也是中华民族最鲜明的民族禀赋。党的十八大做出了实施创新驱动发展战略的重大部署，提出要坚持走中国特色自主创新道路，以全球视野谋划和推动创新。2015 年我国提出必须牢固树立并贯彻"创新、协调、绿色、开放、共享"的发展理念。而在这五大发展理念中，创新发展居于首要位置，是引领发展的第一动力。在党的十九大报告中，习总书记进一步提出，"加快建设创新型国家"。创新内涵丰富，不仅包括理论创新、制度创新、科技创新、文化创新，还有其他许多创新内容。对于企业而言，创新就是为企业提供独特的、不可模仿的竞争优势，是用新的方式更有效率地实现新的目标。大型企业不仅应注重技术革新，同时也应高度重视管理创新，这样才能保证企业获得源源不断的发展动力，在激烈的市场竞争环境中处于不败之地，获得强有力的竞争力。

贵阳院的创新管理覆盖工程技术服务业务、工程总承包业务和投资运营业务三大业务板块和公司管理部门、生产部门、技术研发平台、事业部等30个部门，4个工作地点，公司员工1500余人。业务内容包括水利水电工程、新能源工程、道路交通工程、市政公用工程、工业与民用建筑工程、环境工程、地质灾害防治工程、岩土工程的勘察、规划、设计、研发、咨询、评估、总承包、采购、监理、监测、检测业务所涉及的创新成果相关管理活动，以及与上述业务相关的计算机软件的研发、设计和采购过程所涉及的知识产权相关管理活动。

由国家质监总局联合国家标准化管理委员会共同发布的《企业知识产权管理规范》（GB/T 29490－2013）（以下简称《规范》），于2013年3月1日正式实施。[3]该《规范》旨在指导企业建立科学、系统的知识产权管理体系，有效提高企业运用知识产权制度的能力和水平，推动企业的创新和经营发展。[4]

该《规范》发布实施之后，我们组织相关人员认真学习该标准，并结合企业自身实际情况，充分论证了贵阳院创新管理体系现状与该标准的关联关系。贵阳院的创新管理体系建立的目的在于激励创新活动，激发研究人员的积极性，为贵阳院再上一个新台阶而进行规范化管理。而该《规范》就是帮助企业建立科学的、系统的创新成果管理体系。鉴于此，贵阳院为更好地实现创新管理目标，有效促进科技创新与成果管理，建立具有自身特色的创新管理体系，确立了"以持续创新促转型发展，以知识产权强竞争优势"的知识产权方针，开始了贵阳院知识产权创新管理之路。

二、搭建创新管理体系

在确定将创新管理与《规范》融合后，贵阳院随即开始对公司已有的各类科技、知识产权相关制度、流程等进行收集、分析、整理，开始了持续创新之路。

1. 管理程序形成过程

贵阳院科技管理部门先后建立并发布了知识产权手册、知识产权"十三五"规划及近20个程序文件并有效运行。在管理中依据规范和公司文件进行规范化管理，做到了有规可依，有章可循。

贵阳院知识产权创新管理体系文件共分为三个层次[5]（见图1），顶端是知识产权方针、目标，包含了量化指标（定量和定性）规划、年度目标、年度工作计划等；下面是知识产权手册和《知识产权"十三五"发展规划》，阐述了公司的知识产权方针、目标以及实现方针和目标的途径，是公司知识产权体系及一切知识产权工作遵循的纲领性文件和基本行为准则；最基础的一层是14个知识产权程序文件、4个院管理制度、2个控制程序和知识产权管理体系运行记录文件，对知识产权的获取、维护、运用和保护等过程提出了具有操作性和规范性的要求。

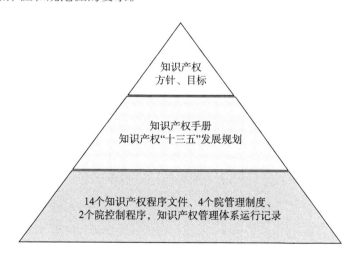

图1 贵阳院知识产权创新管理体系文件图

2. 建设信息资源与管理系统

专利文献是世界上反映科技发明发展水平最迅速、最系统、最全面的信息资源，是科学技术竞争情报中最活跃的因素。文献信息资源也是贵阳院在创新管理之路上的重要支撑资源。我院于 2015 年购买了专利文献数据库，为研发人员进行文献检索提供了方便，也大大提高了研发人员充分利用科技文献资源促进研发及风险的规避效率。

为了对知识产权生命周期进行有效的管理，贵阳院于 2017 年建设了院知识产权信息管理系统，目的是构建起支撑知识产权战略、业务运作、信息安全、全流程的管理平台，将高效、规范的管理通过信息化手段"落地"。建立覆盖提案、专利、商标、版权等无形资产的信息化管理平台，提供从提案挖掘、提案评价、提出申请、公开、实质审查、授权、维持、许可、转让、诉讼等知识产权全生命周期管理，实现提案评价、审查答复等电子化流程管控，将企业内部审批流程与外部申请流程有机融合。通过系统完善的数据报表分析，指导贵阳院做好知识产权考核和相关信息发布；通过系统内置的无形资产评价流程和评价模型，提高了知识产权保护的质量、知识产权投入的效率和产出效果。该系统应用不仅规范了贵阳院知识产权创造、保护、运用、管理业务流程，而且提高了知识产权的管理水平和管理效率。

3. 培养浓厚的科技创新氛围

创新氛围的营造对于企业创新来说非常必要。贵阳院在 2006 年之前，没有专利等知识产权。院多次号召广大员工积极申请专利，但收效甚微。2007年也仅有三件与贵州大学合作申请的实用新型专利获得授权。此后几年徘徊在每年两三件的申请量。为了调动和激发广大职工的创新热情，贵阳院制定了知识产权奖励制度，随后建立了知识产权创造激励机制，制定发布了《知识产权奖励与报酬程序》。制度的实施极大地激发他们的创新潜能。丰厚的激励机制，使广大职工创新热情高涨，每年申请专利近 300 件，发明人也获得了丰厚的奖励。同时每年在年初全院职工大会上，对专利发明人及科技类获奖团队均进行隆重表彰。这些举措均极大地激发了广大职工的创新意识和创新激情，形成全院参与创新的良好氛围。2013 年至 2018 年奖励知识产权发明人共计 2017.4 万元（见图 2）。

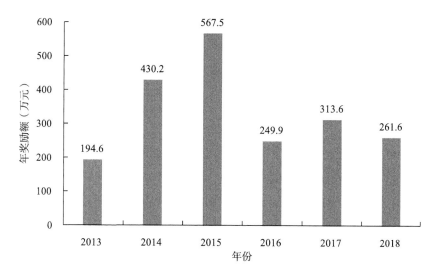

图 2　贵阳院历年知识产权奖励额

在激励制度实施过程中，由于贵阳院专利数量已经有了一定积累，因此，通过修订奖励制度调节，大幅降低实用新型专利奖励额度。通过经济杠杆引导企业发明专利占比持续提升，在专利数量和质量并重的同时，也实现了逐步降低企业经济负担的目的。

对于大型勘测设计企业来说，企业员工 90% 以上人员均为从事专业技术人员，在长期从事勘测设计任务的活动中，熟知本领域的背景技术，知晓创新方向，撰写专利交底书相对容易。但从管理角度而言，他们却参与甚少，对企业知识产权管理流程相对陌生，因此，就需要针对这些专业技术人员进行培养。贵阳院每年会自行培训或聘请外部专家进行相关知识产权主题的培训。培训对象和培训内容非常具有针对性。如针对企业决策领导层人员以及管理层人员应采取知识宣传的方式或者与专业机构进行交流学习的方式使其获取知识产权管理方法和保护技巧等；对于技术以及普通职员来说，针对不同的专业和需求举办各种类型的知识产权培训班，保证员工能够得到全面、细致的知识产权知识培训，从而提高企业每位员工的知识产权保护意识。另外，在知识产权管理人才培养过程中，选择具有创新基础的技术人才作为发展管理人才的基础，确保管理人才能够通过自身行为和思想影响企业其他员工，提高整个企业员工创新意识，为企业技术和产品创新培育人才。

三、体系建立过程遭遇的问题及解决方法

大型勘测设计企业组织机构庞杂，专业类型多样，管理层级较多，涉及部门数量多，如何将贯标工作如期推进下去，需要对相关管理活动进行灵活处理与优化。通过优化工作设计，既满足规范要求，又减少对企业正常生产秩序的干扰和影响，实现二者的有机协调。下面是贵阳院在贯彻《规范》过程中遇到的相对其他企业较共性的问题以及相应的解决方法。

1. 知识产权培训形式多元化

根据《规范》要求，需对企业知识产权活动进行全生命周期的管理，包括获取、维护、运用和保护，涉及企业多个部门多类业务等。从体系认证角度来分析，企业知识产权管理部门每年度需开展的主要工作包括：制定知识产权管理目标，结合科技管理工作下达知识产权考核指标，完成各层次人员的培训（发明人、中高层管理人员、知识产权管理部门人员、全体员工等），体系内审，管理评审，外审材料准备，外审工作通报，迎接外审等。其中主要的工作集中在内部知识产权全过程的有效管理、内审、管理评审和外审上。

上述贯标管理过程对于拥有 1500 余名职工的企业来说，相比于中小型企业，无疑工作难度是巨大的。如在组织培训过程中，中高层培训由于大部分职能部门领导公务繁忙，经常出差在外，很难有时间聚到一起集中组织。为解决这一现状，知识产权管理部门或是组织大型培训，或是小型培训；或是精心制作培训教程或讲义，通过线上公告栏或系统邮箱组织大家完成培训学习，这样既节省大家时间，又能满足贯标及学习知识的要求。

2. 管理职责分工明确

大型勘测设计企业往往组织机构庞杂，管理层级较多，涉及部门数量多，而从事企业知识产权管理的部门一般情况下仅设置一个专门的部门或兼职挂靠在科技管理部门。由一个部门管理全院的知识产权各项事务工作量巨大，很难保证管理效果。

为此，贵阳院建立了各部门知识产权职能分配表矩阵图，使各单位在平时工作中就对照知识产权的体系要求来开展，对各自工作中知识产权工作的目标和管理更加明确，并将管理体系的文件向全院公开，使得部门负责该项工作的人员方便执行工作相关的管理制度。这样保证了院知识产权管理部门牵头，其他职能管理部门全面配合的职权明确的责任体系，提高了管理效能，保证了管理效果。

3. 多场所动态内审

勘察设计企业技术创新研发产品与工业企业销售产品不同，提供的是技术服务性智力成果，包括工程勘测投标方案、工程咨询投标方案、工程咨询项目建议书、可行性研究报告、流域规划报告以及相关资料等。[6] 而《规范》相对而言更多是针对生产实体产品类型的企业，与勘察设计企业的生产、研发、销售等过程不完全一致。

为此，贵阳院知识产权管理部门在几次外部审核计划的基础上，根据企业自身实际情况，进一步完善了对研发、生产和售后行为的审核目标和审核方式，制定了适合本企业的内部审核计划。

同时，院知识产权管理部门根据每年初各部门知识产权职能分配表制订审核计划，审核日期贯穿全年，安排审核员与受审核部门在工作有交集或工作任务不繁重时进行动态的内审。如对多场所可提前发出受审核通知，待审核员出差到该场所进行现场审核，同时还可以开展知识产权管理体系的宣贯培训和专利事务培训等，减少了知识产权管理部门的工作压力。

4. 内审人员的持续培养与储备

大型勘测设计企业在知识产权贯标过程中，尤其是在内审过程中，需要熟悉标准内容和内涵的较为专业人员进行评审，如对此标准或对各受审部门情况不熟悉的人当评审员，审核结果可能出现偏差或不科学。

为此，贵阳院积极培养各专业和技术方向的体系内审员。通过参加贵州省知识产权局和其他第三方机构组织的知识产权内审员培训，现储备内审员10余名，均具有丰富的知识产权管理和科技创新管理经验，大大提高内审工作的效率，并且审核内容更具针对性。

5. 灵活多样的管理工作结合

内外审需召开首末次会议，也需各单位主要负责人参加，但两次会议内容相对简单。首次会议主要是布置任务，向各被审核单位确认审核范围和审核准则，安排具体审核日程，简述审核方法。末次会议是现场审核的结论性会议，主要是提出审核发现，通报不符合项，全面分析和总结审核情况。首次会议的内容和内部审核计划一致，在通知中各审核单位负责人已知晓，感觉有重复通知之嫌。

为此，贵阳院在知识产权内审的首次会议取消，结合培训任务，改为在发布内部审核计划通知时将审核范围、审核准则、审核单位、具体审核日期等一并予以通报，仅在末次会议时结合培训任务与审核发现的问题开展。在末次会议召开时即与部门负责人沟通，并适时针对审核发现的问题有针对性地开展培训。如此不仅提高了工作效率，也减少了对企业正常生产经营活动的影响和干扰。

对于大型勘测设计企业，除了贯彻知识产权管理体系外，通常还有其他体系，如质量健康安全环境体系、两化融合体系等。由于审核的对象、目的、范围等均有所不同，有些管理活动或会议很难统一组织或开展。但如果众多体系频繁地召开会议无疑会严重影响或干扰企业的正常生产经营活动，引发大家的不满情绪。

为此，贵阳院知识产权管理部门与其他体系管理部门经常保持沟通联络，互相掌握彼此开展的审核时间或培训时间，条件具备时一起开展，就极大地减少了对企业正常生产经营活动的影响和干扰。

四、创新管理成效

贵阳院一直重视创新管理。而《规范》的实施又给贵阳院创新管理注入了新的动力，结合贯标实践共同促进了贵阳院建立科学的、系统性的创新管理体系。贵阳院于 2016 年向第三方认证机构提出认证审核申请，并获得了

"知识产权管理体系认证"证书之后，又经历了几年持续不断的实施和优化，目前已将知识产权创新管理完全融入了管理创新范畴之内。

　　贵阳院知识产权创新管理体系是知识产权规范化管理的具体体现，也是创新管理的重要内容之一。贵阳院在创新管理活动中，针对大型勘测设计企业的业务模式特点、管理范围、对象等，通过制定与本企业相适应的知识产权管理体系文件，实现了对创新成果的规范化、科学化、信息化管理。同时贵阳院通过贯彻《规范》激励了创造潜能，促进了科技创新，形成了新产品，提升了服务水平，提高了产品附加值，推动了知识产权成果转化运用，改善了企业竞争地位，保护了核心技术和成果，全过程防范了知识产权风险，实现了企业持续发展，持续提升了企业核心竞争力。

参考文献

［1］国务院国有资产监督管理委员会.2018 中国大企业发展特征分析报告［J］.国资报告，2018（45）.

［2］国家统计局.统计上大中小微型企业划分办法（2017）［EB/OL］.（2018－01－03）［2019－10－14］. http：//www. stats. gov. cn/tjsj. /tjbz/201801/t20180103＿1569357. html.

［3］国家知识产权局.企业知识产权管理规范：GB/T 29490－2013［S］.北京：中国标准出版社，2013.

［4］王美莉.知识产权贯标在企业发展中的作用［J］.中国科技信息，2017（2）：20－23.

［5］杨桃萍，汪飞，张虎成，等.中国电建集团贵阳院知识产权贯标实践与创新［J］.云南水力发电，2019，35（3）：171－175.

［6］仝亮，王若剑，吴大海.浅析勘察设计企业知识产权管理体系建设［J］.河南水利与南水北调，2012（24）：56－57.

集团企业上下联动的知识产权管理体系

曹军庆* 崔慧妍**

随着新一轮科技革命与产业变革的加快，全球价值链进入新一轮的调整期和重塑期，知识产权问题日显突出。在当前"大众创业、万众创新"大势之下，重视企业知识产权管理，加强企业知识产权实力，是提升企业参与国际竞争的必要手段！

北京光华纺织集团有限公司（以下简称"光华集团"或"集团公司"），投资企业遍布北京、河北、山东、内蒙古、新疆等省市和自治区，以家用、产业用纺织品、纺织服装贸易、绿色环保服装、纺织助剂、节能机械设备和现代都市服务业为核心业务，拥有文化创意、绿色环保、城市应急避险等七大特色主题园区。截至 2018 年底，集团及各企业累计注册商标 33 件、授权专利 119 件，其中发明专利 63 件、实用新型专利 33 件、外观专利 23 件、商标 33 件、著作权 9 件，在同行业中知识产权工作处于领先地位。通过 GB/T 29490－2013 管理体系认证，获得中国专利优秀奖，拥有国家知识产权示范企业、北京市专利运营试点企业等多项荣誉。集团知识产权部门人才济济，专

* 曹军庆，北京光华纺织集团有限公司知识产权办公室主任，北京市知识产权第二批专家团专家，北京市知识产权专利试点先进个人，组织成立北京纺织行业知识产权联盟，协助知识产权局进行知识产权市场维权执法，参与多项知识产权维权调解，承担五家制造型企业知识产权顾问，为多家企业建立知识产权检索库，进行专利成果转化、产业化、投融资等。

** 崔慧妍，硕士，北京光华纺织集团有限公司知识产权办公室管理人员，从事研发与知识产权工作近 10 年，作为发明人申请多项发明专利，现主要负责光华集团知识产权事务。

兼职人员均为本科以上学历，配有多名研究生和高级技术职称人员。

作为大型集团公司的知识产权管理部门，我们深深意识到如何将集团的知识产权管理具象化、纵深化是个棘手却又不得不做的事情。实施集团公司知识产权管理是集团公司获得持续发展的关键，是提升集团公司市场竞争力的保证。那么，企业知识产权管理到底管理什么呢？作为一个集科、工、贸、现代服务业为一体的大型企业集团公司的知识产权管理人员，笔者很荣幸有机会与各位读者分享一下在集团公司建立有效联动的管理体系以及知识产权运营过程中的一些理解和经验，供大家参考。

一、上下联动，助力管理体系有效运行

光华集团下属多家公司，各公司经营范围和地域不同，其中有12家公司为制造型企业，有知识产权输出，但基本上各自运营，很难协同管理。在建立知识产权管理体系前，每家下属公司都找不到合理的、有效的路径去申请专利，导致专利申请量和授权率普遍偏低，技术创新性较低。久而久之技术人员的创新主观能动性逐渐降低，越来越丧失信心和动力，甚至造成人才流失，企业经营研发受损。通过建立并运行知识产权管理体系后，光华集团结合自身情况建立知识产权架构，由集团知识产权办公室向各企业研发管理中心配备兼职人员直接对接，上下联动管理，定期汇报，有效掌握每家公司的知识产权实时情况，并根据每家公司实际情况，提供相应的技术情报和技术指导，有效提升知识产权管理能力，使下属企业既能自我管理知识产权，又能与集团内其他企业共享互利，提高专利的质量。除了上面的变化外，在贯标实施后，规范了体制建设，提升了知识产权工作人员的地位和话语权。对内，与其他职能部门的协调更畅通了；对外，与各大院校的信息对接更全面了。例如集团企业与北京服装学院、石油化工学院进行了战略联盟合作，既有技术支持的知识产权方向，也有人才培养的人力资源方向，使人才和技术需求实现双向输送。

1.高规格的管理架构

知识产权管理体系在策划阶段就得到公司高层领导的重视与支持，并根据光华集团的自身特点及以往知识产权管理工作上的一些遗漏和缺陷，在搭建知识产权管理体系前，就确定了相对较高规格的管理组织架构，配备了专职和兼职人员，对知识产权进行统一管理并开展工作。具体知识产权管理机构如图1所示。

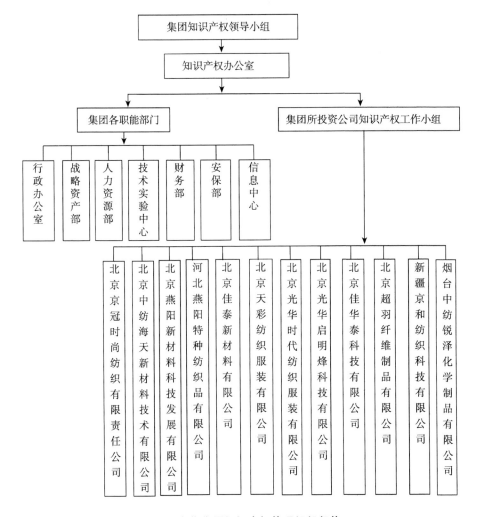

图1 光华集团知识产权管理组织架构

光华集团知识产权工作由集团知识产权领导小组、知识产权办公室、集团职能部门、集团所投资公司知识产权工作小组四部分组成。集团知识产权领导小组由集团董事长担任组长，由集团主管科技创新工作的领导担任副组长主持常务工作，成员由集团副总工程师、集团行政办公室、人力资源部、战略资产部、财务部、集团技术实验中心、集团公司知识产权办公室等主要职能部门负责人组成，负责公司知识产权发展战略研究、管理制度制定等工作。

知识产权办公室根据需求设专、兼职人员，下属企业也设有知识产权管理兼职人员，统一由知识产权办公室对接上下工作，全面负责实施开展公司知识产权日常工作。

2. 上下联动的管理职责

针对集团公司下属企业的不同情况，确定了各管理机构的职责权限，使体系能够有效运行、提供保障，也推动集团公司上下联动开展知识产权工作的机制。例如：

（1）集团知识产权领导小组职责。

根据集团发展战略和规划，制定知识产权方针及发展战略；制定集团知识产权工作的相关管理制度。

知识产权方针引导集团企业的知识产权宏观发展，是知识产权管理的指南针，好的知识产权方针不仅可以促使集团知识产权的可操作性，更可以有效促进各职能部门、母子企业间的合作沟通。

知识产权目标明确了企业对知识产权管理的方向，针对不同的知识产权执行手段，可以制定短期、中长期的目标。知识产权长期目标为：将知识产权工作融入集团公司经营中去，深入开展知识产权保护工作，提升公司专利水平，为公司的市场竞争赢得优势；同时降低集团在生产经营中的知识产权风险，实现公司利益的最大化；保护公司的无形资产，提升公司的品牌价值。

（2）知识产权办公室职责。

制定知识产权工作计划，并纳入技术进步中，为集团公司的经营决策服务；制定知识产权管理制度及实施办法；组织、协助办理知识产权的相关事宜，包括知识产权资产，纠纷、诉讼事务等；对员工进行专利法等知识的宣传普及培训工作；支持员工的发明创造活动，为员工提供有关专利事务的咨询服务，提高员工专利文件检索的技能及专利文件撰写的技能；提高员工对侵权行为的自我保护意识；充分利用知识产权制度为单位的技术开发、技术引进服务，避免重复开发，合法使用专利信息，避免侵犯他人专利权；筹集、建立和管理专利专项基金；依法办理组织对职务发明专利的发明人或设计人的奖励与报酬；组织专利技术的实施和管理专利实施许可贸易；做好技术和产品进出口中有关的专利工作。

知识产权办公室是企业知识产权管理的核心部门，负责集团主要知识产权工作任务，难点和重点也在这个部门，提高部门职员管理能力和业务能力很重要。

（3）集团公司办公室职责。

贯彻执行集团知识产权方针；制定本部门知识产权工作职责，做好知识产权制度的贯彻和落实工作；宣传普及专利法及知识产权知识，提高广大职工的知识产权意识，做好知识产权保护工作；负责公司外来知识产权文件的处理，做好文件的收发登记、传递、归档工作；做好与知识产权办公室相关工作的协调；做好每年内部评审记录工作。

（4）集团所投资公司知识产权工作小组职责。

制定本部门或本集团所投资企业的知识产权工作规划及管理办法，做好知识产权制度的贯彻和落实工作；宣传普及专利法及知识产权知识，提高广大职工的知识产权意识，做好知识产权保护工作；收集、整理、掌握、研究相关信息，开展知识产权文献检索和战略研究工作，为本部门或集团所投资公司的技术创新服务；对申请专利的发明创造，除已公告的以外，负有保密责任；组织、办理专利申请、授权、专利权维护、专利纠纷处理等专利事务；促进专利技术实施，开展专利技术贸易。

集团所投资公司知识产权工作小组设一名半专职或兼职人员，主管本部门或集团所投资企业的知识产权工作。

以上就是光华集团上下联动的各层次的几个重要部门的管理职责，其他部门及下属公司职责不在此一一赘述了。

3. 文件化的基本制度

基本制度化方面，建立了专利、商标、保密、激励、技术资料管理等各项制度，根据公司实际情况不断完善制度，使知识产权保护工作顺利开展，尤其加大了技术秘密保护工作。

与下属企业签订《落实知识产权管理制度责任书》，明确双方权利和义务。如光华集团作为甲方，其知识产权管理组织机构负责对下属企业的落实情况进行指导与监督；光华集团向下属企业提供责任书实施专项资金，用于支付核心技术人员保密津贴等。

下属企业作为乙方的工作与任务：学习并掌握国家关于知识产权的相关法律法规方针政策；建立知识产权管理组织机构并明确职责；制定并落实知识产权管理制度；落实核心技术人员保密协议的签订和履行工作等。

通过以上具体工作职责，确保集团及所投资企业、下属企业各项工作的顺利完成，同时为了在研发、生产、经营活动中鼓励发明创造，促进科学技术进步，还通过技术创新投入预算制度，对年度技术创新工作计划实施情况进行审查，并对技术创新投入预算进行审批，通过技术创新投入审批制度，汇总、筛选公司重点资金支持项目，确定给予支持的一次性支付，实现对技术创新资金的有效监管；通过技术创新奖励审批制度，对技术创新的先进企业、班组和个人以及获得市区以上技术创新奖励、著名商标和品牌情况在讨论和审定基础上给予一次性表彰和奖励；通过研发投入监管制度，保证研发资金及时到位，从而保证研发工作的顺利开展及研发成果的有效保护。

二、规范管理，促进知识产权的运营

集团公司首先从领导层面注重公司的知识产权工作，实行一把手负责制，并有专门的副总经理管理知识产权工作。集团设立了知识产权领导小组、知识产权管理办公室和专门的知识产权管理岗位，集团下属企业设立了知识产权管理分支及兼职人员与集团的技术中心和下属企业的技术分中心融为一体，从事公司知识产权全生命周期的管理工作。

1. 目标与激励助力知识产权创造

集团公司为了提高科技研发生产骨干和集团员工的创新热情及积极性，出台了知识产权奖励规定，对产生专利、商标、版权的行为予以奖励。同时集团公司界定公司的技术秘密，对不同的技术和产品设定相关的密级，制定涉密文件的管理流程以及签字审批制度。目前集团公司从制度上对知识产权的创造行为给以保证，使得知识产权创造成为公司日常经营管理的一部分，知识产权创造的文化成为集团公司文化的一部分。

为了保证知识产权创造行为的一致、真实以及产业化的实施，集团公司对知识产权岗位实行考核制度，每年制定知识产权工作的考核指标，分解到每季度，切实保证集团公司知识产权创造的连续性和目标性。

2. 过程与审批控制知识产权风险

集团公司的知识产权管理已经成为公司日常管理的一部分，具体表现为：

集团公司的研发流程嵌入知识产权管理流程，在研发立项环节进行文献检索、分析、知识产权风险评估，在研发中间环节进行专利分析和挖掘，使知识产权管理与研发管理有机接合。

在市场宣传环节，增加知识产权的审核，对于专利的规范使用，商标的检索和侵权的避免以及规范的使用，由知识产权办公室出具审核意见，使市场宣传降低法律风险，在提升品牌过程中增加知识产权的运用价值。

在集团公司采购环节，增加知识产权评估环节，对经评估有风险的产品不采购，降低侵权风险，使集团公司经营利益最大化。

在集团公司培训环节，增加知识产权知识的培训，并成为新员工上岗的必备条件，培养知识产权观念、增加知识产权意识，从而为集团公司的知识产权创造工作打下良好的基础。

3. 集约与授权管理知识产权运用

通过各类培训与创新氛围的营造，领导和员工的知识产权意识不断提升，产生的知识产权质量也越来越高。知识产权运用的工作具体表现为：

在集团层面，通过知识产权管理，增加对集团公司及集团所投资公司的管控力度。在对下属企业的知识产权授权中，明确专利、商标的使用范围，制定专利、商标使用的授权流程，监控专利、商标使用的规范性，使得集团所投资公司及集团公司经营过程中的法律风险得到集团公司的管理、帮助和指导，充分保证利益的一致性。

在研发立项环节，增加知识产权分析结点，通过专利分析，搞清该项技术的发展现状和大致方向，集团公司实施该项目有无侵权的风险，如果有如何进行研发的规避，从而避免无序研发的状态，降低研发成本，缩短研发周期，提升研发的效率。

集团某下属企业自认为持有的技术为前沿技术，欲申请产品技术专利，但并未进行系统性的信息检索，也未请专业的代理公司协助，完全按照自己的想法直接进行了专利申请。审查过程中发现与行业内的已有专利的技术方案相似，关键数据点也无法说透，导致企业后续研发技术滞后，耽误研发进展速度。

而另外一家主要从事纺织助剂产品的下属企业，其高性能纤维助剂在国内得到广泛应用。一种产品碳纤维上浆剂原国内主要向日本进口，后来该企业参考大量国内外相关碳纤维上浆剂制备技术，借鉴同行业经验，进行专业的文献检索与分析，请专业代理机构进行协助，确定在同行业中的地位与先进性。通过市场调研分析，自主研发产品各项性能敌不过日本产品，且关键技术难以破解，遂与高校合作，不断磨合实验，得到了较优的实验方案，并以此申请了专利，获得了授权。产品也在市场上得到客户认可，逐步取代进口产品。

通过此案例，集团公司更加注重发挥知识产权的潜在价值，对于高质量的专利，集团公司积极参加相关标准的制定，使专利标准化，标准技术化，实现集团公司技术的制高点和经济利益。

当然，有些技术公司也选择通过商业秘密的方式进行保护。因此，在集团层面制定技术及技术秘密的管理制度和管理流程，加强对集团所投资企业及集团公司的技术秘密的管理，作好保密措施，降低因技术秘密的泄露对集团公司造成经济损失。

4. 教育与责任并重知识产权保护

集团公司积极推进公司的知识产权保护工作，对于侵犯公司知识产权的行为进行投诉或者付诸法律解决。

从制度层面，公司鼓励员工对侵犯公司知识产权的行为积极举报，对于发现者、举报者一经核实，给予奖励。

从管理层面，设立专门的经费和责成相关人员，对涉嫌侵权的行为负责调查、处理。公司积极借助行政力量打击侵权行为，建立与知识产权行政保护部门的联系和沟通，使公司在有关维权方面的行为得到行政管理部门的积极支持和帮助，有效地震慑了侵犯公司知识产权的相关人员。

集团公司加强日常的教育，防患于未然，通过一系列的培训和请相关的律师进行案例的讲解，使公司员工明白哪些能做，哪些不能做，从而有效地降低公司侵权行为的发生。

三、展望未来

光华集团通过在集团内部与投资企业、下属企业建立上下有效联动的管理体系以及知识产权的集约式授权管理、创新的激励与支持等，形成集团内外上下一心，互利共赢的新局面。

未来我们将借鉴其他优秀企业知识产权管理模式，强化创新和知识产权运用管理，与国家标准接轨，切实服务于集团的发展需要。

针对不同下属企业的特点，区分专利、商标、版权、商业秘密等表现突出的知识产权形态，有意识强化不同的知识产权管理特点，使知识产权管理为企业实际经营带来效益；加强知识产权培训，持续增强企业员工的知识产权意识与能力，加深专利挖掘和转化，固化企业无形资产，避免企业专利资产流失，维护企业利益；发挥企业科技工作者力量和主观能动性，服务企业，服务社会，推动支持企业科技创新进步。

知识产权助力军工企业进军国际市场

韩征权* 王林凤**

贵州航天电器股份有限公司是中国航天科工集团旗下的上市公司，全国五一劳动奖状获得者、国家认定企业技术中心、国家精密微特电机工程技术研究中心、中国电子元件百强企业、国家创新型企业、国家技术创新示范企业、全国企事业知识产权示范创建单位、国家级智能制造新模式应用示范企业，同时"航天电器"荣获中国驰名商标称号。

公司始终坚守"致力高科技领域，追求卓越、共享成就"的使命，在高端连接器、微特电机、继电器、光模块、智能装备与服务领域从事研制生产和技术服务，是国内集科研、生产于一体的电子元器件骨干企业之一。现已在贵阳、上海、遵义、苏州、泰州、镇江等地成立控股子公司，形成了集团化、跨地域、专业优势互补的产业化布局。产品广泛应用于航空、航天、船舶、兵器、电子、通信、医疗、轨道交通、能源装备、家用电器以及新能源汽车等各个领域。先后承担了载人航天、探月、北斗、大飞机和高分辨率对地观测系统等国家重大工程和重大专项配套产品研制生产任务。

公司现有员工四千余人，打造了高水平的技术、管理及技能人才队伍。公司秉承"不断改进，追求完美；供一流产品，让客户满意"的质量方针，

---

  * 韩征权，硕士，高级工程师，贵州航天电器股份有限公司科技发展部门副部长。

  ** 王林凤，硕士，助理工程师，贵州航天电器股份有限公司科技发展部门专利管理工程师。

力争建设成"国际一流的高科技电子元器件企业"。

一、知识产权萌芽，助力市场开花结果

随着市场竞争的深入，知识产权已经成为企业竞争中的有力武器。公司于 2009 年成立了科技管理部门，由最初的 5 人到目前的 35 人，其中 5 人具有专利代理师资格证。部门成立之初基本只关注知识产权申请工作，但发展到今天开始注重新产品研发中的知识产权全方位保护。工作思路的拓展与变革，让公司的知识产权逐渐增强。2013 年公司成为全国企事业知识产权示范创建单位，2014 年公司成为国家知识产权优势企业，2015 年公司通过知识产权管理体系认证，2016 年国家工信部确定我公司为工业企业知识产权运用标杆企业。

习近平总书记在党的十九大报告中指出："坚持富国和强军相统一，强化统一领导、顶层设计、改革创新和重大项目落实，深化国防科技工业改革，形成军民融合深度发展格局，构建一体化的国家战略体系和能力"[1]。这是以习近平同志为核心的党中央着眼新时代坚持和发展中国特色社会主义，着眼国家发展和安全做出的重大战略部署。我们要坚持以习近平新时代中国特色社会主义思想为指导，全面贯彻习近平强军思想，深入实施军民融合发展战略，在新的起点上开创军民融合发展新局面，充分实现公司的价值及社会责任。

公司紧跟党的方针政策、深入贯彻落实十九大精神，持续开拓军品市场，使其稳中有进。2018 年，光电、高速及互联一体化等重点产品在重点市场、重点领域均取得了重大突破。继电器、连接器板块同比增长 22%，电机板块同比增长 14.5%，五大军工领域订货均实现同比增长。其中某"系列矩形连接器"荣获贵州省科技进步三等奖；某"自保护圆形连接器设计及制造技术"和某"宇航高可靠微矩形电连接器技术"分别荣获航天十院科技进步一等奖和二等奖。

在军品稳中有进的情况下，民品市场也多点开花。2018 年，通信领域全面参与全球大客户的 5G 项目研发；新能源汽车领域市场开发成效显著，全年

订货接近千万元；石油领域市场实现高速增长，订货逼近亿元大关。公司高度重视专利等知识产权保护，形成由"离散专利"向"组合专利"、"外围专利"向"核心专利"、"量"向"质"和"买专利"向"卖专利"的战略转变，形成全方位的专利布局以提高专利质量。其中某微矩形连接器"一种绞线式弹性插针"荣获中国专利优秀奖，"一种浮动连接器"荣获贵州省专利金奖；民品产品某"微矩形连接器技术研究"荣获航天十院科技进步特等奖。

二、着眼国际市场，谋划知识产权布局

当今世界正在经历新一轮大发展大变革大调整。随着经济全球化的深入发展，有关知识产权的贸易和保护成了全球经济运行的重要组成部分。融入经济全球化对参与者的知识产权保护水平、运用效率等提出了更高要求[2]。如何应对这一新的经济发展形式，知识产权工作在其中应发挥何种作为，航天电器于 2016 年开始制定国际市场竞争战略中的知识产权战略，为公司开拓国际市场立稳脚跟，打好前仗。本文就公司制定的知识产权战略在以往几年实施过程中较为突出的知识产权体系建设、知识产权布局、参与标准三个方面取得的一些经验与显著成果，总结分享给大家。

1. 知识产权管理体系的建设，如虎添翼

为更好地将公司知识产权战略落地实施，我们依据《企业知识产权管理规范》[3]（GB/T 29490 - 2013）（以下简称《规范》），结合自身情况，充分论证公司以往的知识产权工作情况，策划并建立了公司的知识产权管理体系。2015 年通过知识产权管理体系认证，获得了《知识产权管理体系认证》证书。在策划及建立知识产权体系过程时，公司中高层领导积极参与，使得公司建立的知识产权方针与目标，能很好地追随公司的发展战略，并立足于军品，发展民品及拓展国际市场的战略导向。

在建立知识产权管理体系中，我们着重梳理了公司经营活动中可能会发生的风险点，将相关知识产权工作统一归科技管理部门负责，包括产品研发、生产、销售和运用等方方面面。下面主要介绍公司在情报、采购、广告宣传、

知识产权监控等四个方面的建设情况及经验：①知识产权信息方面，前期公司情报信息滞后、收集范围窄、信息量少、资源共享能力差。公司依据《规范》制定了《情报信息管理办法》，规定科技发展部、各研发部门及各事业部通过参加展会等方式负责各自主营业务范围内的国内外新产品/新技术情报搜集工作，市场技术部负责公司市场情报搜集工作。搜集的这些情报信息一方面有助于知识产权工作人员学习研究，分析涉嫌侵权的对象，便于有效维护知识产权权益；另一方面通过信息收集这个日常工作也在不断影响并增强各部门员工的知识产权意识。②前期公司的采购合同对知识产权认知弱，涉及知识产权方面的条款少，现在制定了《物资采购管理办法》，要求审查采购合同中的知识产权条款，并监管采购过程是否侵犯他人的合法权利等，规避了可能因采购这个外来因素给公司带来的知识产权风险。③前期参加展会资料和外部信息发布都是由市场商务部负责，现在制定《对外广告宣传管理办法》，要求审查参展产品是否会泄露公司秘密以及是否侵犯他人知识产权等，既保护自身不侵犯他人权益，又完善了公司商业秘密的管理措施。④对于知识产权的监控，根据公司相关文件的规定，由市场商务部负责组织市场营销人员搜集涉及商标侵权的监控信息，市场技术部负责组织市场技术部人员搜集涉及专利侵权的监控信息，并及时反馈知识产权管理部门，再由知识产权负责人进行侵权调查与分析等，将具体职责清晰的分配到部门、到人员，使知识产权监控的工作落到实处。

通过知识产权管理体系的建设，制定了《公司知识产权战略规划》和《航天电器未来三年知识产权建设工作方案》，从产品科研、生产到销售全过程，全面推进了公司知识产权战略管理理念，强化了知识产权创造、运用、保护、管理能力的全面发展，提升了知识产权产出能力、知识产权风险管控能力，增强了核心竞争力。

2. 知识产权侵权事件，推波助澜全球布局策略

随着中国加入 WTO，企业面临新的机遇与挑战。中国企业参与国际经济合作和国际竞争的意识越来越强。如何走出国门，如何有效保护自主产权，将是参与国际竞争的企业面临的问题。

2015 年初，子公司为某公司 4G 移动设备~~~~~~连接器的电气低互调结构与我司某产品相似，涉嫌侵犯我司专利。公司领导对该涉嫌侵权行为高度重视，指示公司法律事务人员与知识产权管理人员做好侵权调查工作。调查小组立即启动了收集侵权信息、检索分析、比对侵权产品、了解其销售情况等系列工作。经过充分调研与分析，发现某连接器主要应用在欧洲和北美，而我司上述专利只在国内进行了申请，故无法制止其在欧洲和北美市场进行销售。

因此，公司高层领导意识到产品要走入国际市场，需要提前做好知识产权保护，防止产品技术被侵权，阻碍公司参与国际竞争的步伐，必须开启国际专利布局，以专利壁垒严密保护自身利益，调整了知识产权战略规划，将申请国际专利作为考核重点。目前公司某射频同轴电连接器、某快速锁线结构、某光传输的背光间信号通信等相关技术，已启动了海外专利的布局与申请工作。

公司在知识产权全球布局战略下，不仅在专利申请上开启国际战略布局，同时，商标建设也实现国际化接轨，将航天电器及四环图形商标进行了海外布局，2017 年相继获得美国、俄罗斯、新加坡、韩国、法国和德国注册商标，同年"航天电器"成为中国驰名商标。

3. 参与制定国际标准，锦上添花

公司不仅专利申请开辟了国际布局，而且标准申请也突破了国际壁垒。目前申请的国际标准关于某同轴转换器和某系列射频矩形连接器两个项目都已通过提案评审。

（1）某系列射频矩形连接器国际标准进程。

公司不断增加某系列射频连接器技术研发投入，提升技术创新。本标准自主核心技术：外导体内径为 4.13 mm（0.163 in）、特性阻抗为 50Ω、螺纹连接的射频同轴连接器，同时提升为 IEC61169 - 1 的一个分规范。本技术优化了某系列射频同轴连接器的结构和尺寸，提高了产品的质量和水平，保证了产品的互配互换性。2017 年 1 月，将本项技术申报了国际标准，并在北京通过国内新提案评审，同年 5 月在上海通过国际新提案评审。因为此项标准

为修订，不需要进入提案阶段，直接进入委员会阶段即可。2018 年 1 月 12 日正式进入委员会草案阶段，目前正处于该阶段意见回复确认。该国际标准提案的提出能够促进该系列产品的市场化、国际化。

（2）某同轴转换器国际标准进程。

某同轴转换器是国际通用产品，国内外生产厂商和使用单位均较多，但没有相应的国际标准，不能保证世界范围内产品的互配互换性，也没有统一的国际标准来规范产品的生产和采购。

公司就某同轴转换器持续推进技术创新，经过几年技术革新保证了产品兼容性和技术先进性，2018 年 5 月在俄罗斯通过国际新提案评审，2018 年 9 月 4 日，在德国进入提案阶段，目前正处于提案投票阶段。

该国际标准在制定过程中充分考虑了 IEC 60153 – 1《空心金属波导 – 第 1 部分：一般要求和测量方法》及 IEC 60154 – 1《波导法兰盘 – 第 1 部分：一般要求》、IEC 61169 – 1《射频连接器 – 第 1 部分：总规范 – 一般要求和试验方法》以及 IEC 61196 – 1《同轴通信电缆 – 第 1 部分：总规范、总则、定义和要求》GJB 977《同轴波导转换器总规范》等国内外标准。其主要性能指标和国内外相关标准兼容，易于获得国外相关专家的支持。其对提高某同轴转换器的质量和可靠性提供了支撑，不仅填补了国际（IEC）标准的空白，同时促进了某同轴转换器整体技术水平的提高。

三、总结与规划

在知识经济全球化的今日，我们已踏上了参与国际竞争的征途，不断突破，力争建设成"国际一流的高科技电子元器件企业"。截至 2019 年 6 月，公司累计授权专利 1163 件，其中发明 326 件、实用新型 828 件、外观设计 9 件；国内注册商标 14 个、国外注册商标 1 个；海外发明专利 5 件，国际标准立项 5 项。当然，我们还要继续努力，让知识产权推动公司国际化经营"同行合作、用户联盟"的模式，并保护公司在国际市场中的竞争地位，实现军民两用深度发展和参与国际竞争的格局。

参考文献

［1］　吴维海，孙鲁·军民融合发展战略与路径［J］新时代学，2018（1）

［2］　熊雄，王艳，唐微．知识产权国际化中企业专利布局管理［J］．河南科技，2017（4）．

［3］　国家知识产权局．企业知识产权管理规范：GB/T 29490－2013［S］．北京：中国标准出版社，2013.

试论建立职责清晰的企业知识产权管理体系

杨玉山[*]

在全球经济一体化背景下，为在激烈的竞争中获取市场份额，越来越多的企业已将知识产权作为竞争的重要手段。健全的企业知识产权管理体系是企业知识产权战略高效执行的基础。企业知识产权管理是为规范企业知识产权工作，充分发挥知识产权制度在其发展中的重要作用，促进自主创新和形成自主知识产权，推动和强化对知识产权的有效开发、保护、运营，而对企业的知识产权进行的有计划地组织、协调、谋划和利用的活动。企业知识产权管理在企业管理中具有重要地位，贯穿于企业的项目立项、研究开发、采购、生产、销售和售后及创新成果的法律保护、成果商品化、产业化的全过程。因此，知识产权管理是企业长期、持续的任务，需要企业相关管理部门、全体员工自上而下、由里到外地积极参与和支持。但面对众多的企业类型，以及知识产权本身的专业性局限，很难有企业能够建立一套健全的、行之有效的管理体系，更多的企业由于很难将知识产权管理纳入企业管理体系之中，因此对管理体系的建立毫无头绪和章法，无从下手，甚至在体系策划阶段未深入调研与分析，各层级、各部门职责混淆，流程不顺或含糊不清，导致体系运行后无法达到既定的目的与效果，白白浪费企业的资源。

---

[*] 杨玉山，中车眉山车辆有限公司知识产权管理人员，主导开展公司知识产权管理体系的建设工作。公司为国家知识产权示范企业、知识产权管理体系认证企业。

　　中车眉山车辆有限公司（以下简称"眉山公司"或"公司"）创建于1966 年，已有 53 年的建设发展历史，是中国中车的下属企业。公司荣获中国企业管理优秀奖——金马奖和国家高新技术企业称号，并连续 20 多年保持省级文明单位称号，拥有国家认定企业技术中心和国家认可实验室，设有博士后科研工作站，建设有四川省轨道交通制动工程技术研究中心和四川省铆接工程技术研究中心，是国家知识产权示范企业。检测中心和产品性能试验室通过国家 CNAS 认可委员会认可。公司累计生产敞、棚、罐、平、漏斗国内各型铁路货车及各型出口货车超过 14 万辆。市场占有率在中国 17 个货车制造企业中处于领先地位，占有率达到了 10%。目前公司拥有研发队伍 239 人，其中正高级职称 21 人、高级职称 84 人；有四川省"有突出贡献的优秀专家"3 人、四川省"学术和技术带头人后备人选"2 人、市领军人才 4 人、精英人才 3 人、中车技术专家 50 人、眉山公司级技术专家 20 人。

　　眉山公司注重知识产权工作，无论是 2008 年国家将知识产权纳入国家战略前后，还是 2013 年实施《企业知识产权管理规范》（GB/T 29490 – 2013）国家标准以来，眉山公司始终将知识产权作为企业科技创新的引擎。眉山公司相继被授予四川省自主知识产权优势企业、四川省企业知识产权工作先进单位、四川省知识产权示范企业、第四批全国企事业单位知识产权试点单位、国家知识产权优势企业、国家知识产权示范企业等称号，为企业的持续发展提供了有力的技术支撑。2013 年 10 月，眉山公司外聘辅导机构启动了知识产权管理体系贯标，明确了知识产权主管部门，先后完成了体系文件的策划、编制、宣贯及试运行、不断的改进等相关工作。2016 年眉山公司向中规（北京）认证有限公司提交了知识产权管理体系初次认证申请，并于同年 10 月通过知识产权管理体系初次认证现场审核，11 月份获得知识产权管理体系认证证书。2017 年至今，通过了中规（北京）认证有限公司两次年度监督审核，2019 年眉山公司再次向中规（北京）认证有限公司提交了知识产权管理体系再认证申请，开始了新一轮的知识产权管理体系认证。应该说，通过知识产权管理体系贯标认证，眉山公司领导干部及广大员工的知识产权意识有了极大的提升，眉山公司的知识产权管理趋于系统化、规范化、标准化。

　　下面笔者就在眉山公司从事多年知识产权管理工作的一些经验，以及个人对企业在知识产权管理中的一些粗浅看法，谈谈企业在建立与实施管理体系时应如何进行知识产权意识的培养与职责的清晰划分，使体系能够有效地运行，为企业的知识产权管理工作持续高效开展保驾护航。

企业的最高管理者应是企业知识产权管理的第一责任人，企业的知识产权工作必须得到企业最高管理层的重视。知识产权方针、目标的制定，知识产权管理资源（人力、基础设施、财务资源等）的配置，知识产权相关管理制度、措施的落实，都需要由最高管理者的领导、决策和推动。高层领导的表率、示范行为，是企业知识产权管理有效推动的关键。而各级领导班子要统一认识，对企业知识产权工作高度重视，既要制定提高企业知识产权管理水平的有力措施，又要身体力行地抓好落实，不能因为嫌麻烦而减少必要的程序，同时还要对知识产权管理工作的人、财、物进行保障，为知识产权体系有效运行创造条件。否则企业知识产权管理只能是处于"说时重要、做时次要、忙时不要"地位。

知识产权管理工作涉及企业的每一位员工，需要全员参与，而不仅仅是知识产权管理部门和知识产权管理人员的事情。要让企业法务、人力、财务、研发、采购、信息、生产、销售等各部门每一个与企业发展相关的员工都参与其中，把每一层级领导、每一个部门、每一个岗位上的工作人员，都纳入知识产权管理体系当中，成为知识产权管理体系运行的一个要素。

最高管理层、中层领导、每一个员工这三个层面自上而下、有机地构成了知识产权管理工作的主体，他们之间并非单纯的上下级领导关系，而是互相联系、互相作用，职责清晰地共同建立并推动管理体系运行的有力保障。

二、策划职责清晰的管理机构

一般来说，为了更好地管理企业知识产权事务，企业应当设立知识产权管理部门。但从实际情况来看，企业的规模有大有小，并不是所有的企业都有能力和必要去设立这样一个独立的部门，那么小的企业或非知识产权密集型企业就可以通过兼职人员管理知识产权工作或委托专业的服务机构对企业的知识产权进行管理。

理，则企业内部应指定对接人，主要负责与服务机构的沟通、联系，定期对其服务水平和质量进行监督、评价与考核，以保证其能正常履行代理职责。

而大型的企业建议在内部成立专门的知识产权管理部门，该部门最好由最高管理层直接管理，并设置专职的知识产权管理人员，系统地管理本企业涉及的知识产权日常事务，且在知识产权管理相关的业务部门各确定至少一名兼职的知识产权联络员，从而形成企业完整的、自上而下的、分级管理的知识产权管理网络。

眉山公司成立知识产权办公室作为知识产权管理机构，受管理者代表的领导，配备专职的工作人员，负责落实总体工作。体系覆盖的相关部室、分（子）公司设知识产权主管领导、兼职知识产权联络员。联络员负责本单位知识产权相关资料的收集、整理、上报，以及知识产权日常事务的联络和管理工作。知识产权办公室通过 OA 办公系统、内部群、邮件、会议等多种方式传递知识产权日常工作信息，确保各业务环节中的知识产权管理要求、信息等得到及时准确的传达和执行。

三、建立系统有效的管理方式

企业知识产权管理架构、人员、职责确定后，应该如何让这些人对知识产权进行系统、有效的管理，让员工与员工之间进行顺畅有效的沟通，使其对企业的经营发展产生积极作用，笔者认为可通过以下几个方式进行：

1. 不可或缺的创造与激励机制

在企业研发、生产活动中，对于研发人员的研究成果、生产设备的改进等都有可能是一项发明创造，并可以申请不同形式的知识产权保护。因此，企业内部人员的知识产权保护的意识显得尤为重要。企业内部可以定期组织各类知识产权培训，使工作人员对各类知识产权保护形式有个初步的认识，能够在有新的技术创新成果或者产品方案构思的情况时，意识到应采取相应的知识产权保护提案。

同时，企业应出台一系列激励措施，对发明人、设计人在其成果享受相应法律保护后，给予相应的奖励，以调动企业研发人员的主动性和积极性，激发企业创新活力，使企业具有充足、完善的技术储备，能够为企业的战略布局提供必要的技术支撑。

企业在不同时期，需要对现有技术进行必要的专利检索、分析，将检索、分析的结果在研发人员之间进行传递、共享，为研发人员提供更多的研发思路和方向，使其拓展视野，为企业创新提供源动力，并可形成新的知识产权。

在这方面眉山公司的人力资源部门与知识产权主管部门承担激励机制的策划、建立、实施等工作。例如，为鼓励、支持、重视员工进行专利申请，出台了相关的激励措施，尤其是在知识产权管理体系建立后，公司对专利申请的激励达到了一个新高度。知识产权管理体系建立前，员工进行专利申请更多的是为了职称评审，专利申请的积极性不高，申请提案较少，且授权后的专利价值也不是很高。知识产权管理体系建立后，眉山公司出台了更多的激励措施：将专利申请与研发工艺人员的项目工资挂钩，项目中的专利申请受理及授权情况是项目工资分配的重要参考依据；对获得国家级、省级专利金奖、优秀奖，政府专利资助的专利，公司给予发明人一定比例的奖励……一系列激励措施的实行，大大地激发了员工的专利申请积极性。眉山公司累计专利申请量已超过1000件，近几年专利申请提案年均超过100件，专利授权率及专利价值大幅提升。

2. 并重的知识产权申请与代理管理

知识产权的申请可以根据企业的实际情况，自行申请或委托专业的代理服务机构代为申请和管理。专利的文件撰写和申请程序专业性相对较强，一般情况委托专业的专利代理机构代为办理为宜。

专利申请文件的撰写，如果由长期合作的专业代理机构来完成，企业应有内部管理人员进行监管，以提升专利申请周期、质量和授权率。在专利申请前，企业内部的专利管理人员要及时和代理机构沟通，对申请文件的格式和内容进行审核，以保证未来获得的专利权享有适宜的、相对较全面的保护范围。

眉山公司的专利申请是委托专业代理机构来完成的，知识产权主管部门

的职责。例如，公司专利内部提案是通过知识产权管理系统来实现，该系统有效地实现公司内部专利申请的审批流程和后续代理正式申请文件的提交，乃至后续的专利授权信息及维护管理等全生命周期的管理。眉山公司内部设有专利工程师，负责对代理机构的申请周期、质量进行监控、评价。通过系统内的待办功能、邮件等方式催办，实现与代理机构的有效沟通。有一次，眉山公司专利工程师将内部审批完结后的专利申请（含技术交底书）从系统提交到了代理机构，代理机构撰写申请文件初稿后返回眉山公司确认，经专利工程师和发明人仔细审阅发现，该申请的权利要求书中缺少了对某一技术要点的描述内容，一旦授权容易导致专利保护范围变小，会同时失去对该技术外围专利的所有权。于是专利工程师及时将情况反馈给代理机构，代理人进行了修改完善，并再次返回专利工程师确认后，形成了定稿的申请文件提交给国家知识产权局。正是由于与代理机构间的有效的沟通及监控机制，确保了专利申请案件的有效性，提升了后续专利授权的成功率。

3. 有效的实施与维护知识产权

企业在保护自主知识产权的同时，应当将其合理转化为产品，在一定时期内占有市场，使企业在市场发展中占有相对优势。

随着时间的推移，技术在不断更新，市场也在不断变化，企业的知识产权维护也应当随之变化。企业应当建立知识产权评估机制，根据企业的需求以及知识产权对企业的贡献，进行许可、转让或者终止的决定。对于自身内部知识产权的分析和筛选，战略性放弃一些低价值、落后的专利技术，为企业节省知识产权的维护成本，也为形成新的知识产权提供更大的空间，既不浪费企业的资源，又可以使知识产权价值逐渐增大。

眉山公司目前拥有有效专利近 700 件，其中发明专利 190 余件，专利实

施率（专利转化为产品）达 70% 以上，同时一些专利是通过技术转让的形式许可他人使用。比如，眉山公司申请的某一件实用新型专利，自获得授权后，就将其技术运用到某一铁路货车制动零部件产品上，多年来为眉山公司创造了较大的社会效益和经济效益。后来国内多家企业向眉山公司申请转让该产品技术，在公司管理层审批通过后，公司知识产权主管部门通过签订技术使用许可合同的方式，许可其使用该产品专利技术，眉山公司从中也获得了相应的技术使用许可收益。在专利实施与维护方面，公司知识产权主管部门承担主要职责，牵头组织研发、风险管理、财务等有关部门，开展对相应的专利进行评估、维护、运用等工作。

四、做好人才的储备与培养

进行知识产权管理，提升企业核心竞争力，人的因素是第一位。无论是产品开发和技术创新，还是品牌建设和运用，都是人的知识和素质的集中体现。

企业可采取不同方式、针对不同对象开展多层次的宣传和专业培训，营造"崇尚发明创造、尊重知识产权"的文化氛围，提高各级领导对知识产权工作重要性的认识，使全体员工了解知识产权基础知识和相关法律法规，掌握获取知识产权信息和保护企业知识产权的方法，牢固树立知识产权成果保护和风险防范意识，充分认识知识产权制度对激励企业自主创新所带来的积极作用。通过分层次培训，提高知识产权人才队伍的业务水平及管理能力。

比如，针对各级领导干部开展知识产权管理和运营等相关知识的讲解，提升其对知识产权在企业经营和科技创新活动中的重要性的认知和意识；针对专利管理人员加强其对专利制度和相关知识的系统了解，实务技能的全面培训，使其具备处理各类专利事务的能力；针对研发人员重点培训专利基础知识、专利信息检索分析及应用、专利技术交底书及申请文件撰写，使其具备充分运用知识产权信息提升研发效率、及时保护创新成果的能力；针对市场营销人员重点培训专利基础知识、产品销售市场监控方法、专利侵权初步判定等知识，使其具有收集市场与本企业产品相近或类似产品是否侵犯本企业专利权证据的能力。

眉山公司从员工入职即进行识产权基础知识、公司知识产权基本情况等的培训，每年组织外聘专家或内部培训师通过现场或网络等培训形式，开展不同层级的知识产权培训，不断提升领导、员工的知识产权意识和业务能力。公司员工职位晋升或职称评审时，一直将知识产权培训学习经历和专利拥有情况作为一个参评条件。比如，涉及知识产权～

之一就是"有知识产权培训～　　　　　　　　　　　　业经验"；

教授级高级工程师～　　　　　　　　　与本专业有关的发明专利授权 1 项（限第 1 名发明人）"，如果不满足此条件，则自动失去参评资格。因此，眉山公司的知识产权氛围助推了员工意识的提升，同时员工也主动学习知识产权知识，并将其作为提升自身能力的一个途径。这部分工作由人力资源部承担培训计划、场地、人员以及培训现场的各类工作的职责，知识产权主管部门承担培训课程设置、讲师确定等职责，共同为公司的人才培养与储备提供有效的途径及规划。

五、重在双向的知识产权保护

知识产权保护包含防止企业自身的知识产权流失和防止侵犯他人的知识产权两个方面的含义。在这两方面由知识产权主管部门与市场营销部门承担监控侵权与被侵权的主要职责，具体体现在：

1. 国内的知识产权保护

企业在国内要做好知识产权保护，首先，要建立一套完整的知识产权风险预警及应急预案，在发生知识产权纠纷前做到未雨绸缪。其次，通过检索、分析，在研发前对一些创新思路、方法，研发过程中对某关键技术、创新点，以及研发成果要及时申请知识产权保护，避免自身的知识产权流失。再次，要尊重他人的知识产权，在研发过程中无法规避他人知识产权时，可通过许可、转让等方式确保知识产权的来源合法。最后，在遇到知识产权纠纷时，要积极应对，既要维护己方利益，又要考虑维权成本，尽可能采取和解方式，和解不成再通过法律途径加以解决。

2019 年 3 月，眉山公司国内市场营销人员（以下简称"营销人员"）参与了某一铁路货车配件采购项目的投标，发现此次采购项目成交公告中，浙江某公司（以下简称"侵权方"）以低价中标该项目。营销人员立即向眉山公司知识产权主管部门咨询该配件相关专利及授权情况，得知这是公司的专利产品，且该专利的法律状态为有效，目前没有对侵权方进行过专利或技术的许可、转让。营销人员第一时间将此例疑似侵害眉山公司产品知识产权事件向公司领导、知识产权主管部门及法律事务部门等相关单位进行了报告。按照公司知识产权争议处理程序及领导指示，知识产权主管部门牵头组织公司法律事务部门立即开展知识产权维权工作，向侵权方发出律师函，就其侵害眉山公司铁路货车配件知识产权事件进行严正交涉。侵权方在收到公司律师函后高度重视，立即停止了侵权行为，并到公司进行洽谈，协调解决知识产权侵权事件。通过双方友好协商，侵权方对此次侵权行为深表歉意，并与眉山公司签订了该铁路货车配件技术转让合同。此次公司多部门协调配合，成功地对侵害我公司知识产权的事件进行了及时且有效的维权，让公司的自主知识产权得到了保护，维护了公司的合法权益；同时，也体现了公司对员工知识产权意识的培养；还有知识产权职责、反馈机制、处理流程等的清晰，才致使该侵权案件办理得如此高效。

2. 国外的知识产权保护

企业以创造效益为目的，而效益又与市场密不可分。目前，越来越多的中国企业已经不满足于国内市场，开始向海外市场进军。但是，在拓展海外市场的过程中，国内不少企业曾在国外遭遇知识产权诉讼、美国 337 调查、展会撤展、被索取高额专利费、被海关扣押产品等情况，这已使我国很多企业深刻认识到在国外申请专利的重要意义。因此，企业要"走出去"，在国外市场取得发展，在国外知识产权的保护势必成为今后的工作重心。

企业在进军海外市场前，首先，调查产品目标市场国家知识产权法律法规、政策及其执行情况，了解行业相关诉讼，分析可能涉及的知识产权风险，并做好风险应对预案；其次，针对关键技术或重要产品要提前做好海外专利布局，通过 PCT 或巴黎公约途径自主申请国外专利保护，或通过购买专利、获得专利许可等方式获得专利使用权，消除专利壁垒，做到"产品未动、专利先行"。

企业在海外参展时，应当提前对参展展品（实物或模型）、宣传材料（宣传册、视频等）在参展国的知识产权进行侵权检索和风险分析，制定风险防范和应急预案，避免专利诉讼、产品撤展等可能给企业带来的损失和负面影响。

另外，企业对向国外销售的涉及知识产权的产品，可采取相应的边界保护措施，即对产品涉及的专利权进行海关备案，防止侵权产品进出口，保护企业（专利权人）的合法权益。

六、总结与展望

企业应当重视知识产权管理，将知识产权管理作为企业生存发展的重要手段，使其融入企业立项、研发、采购、生产、销售和售后等各业务环节之中。知识产权可以为企业的发展保驾护航，系统、有效地管理知识产权，可以使企业创新成果得到有效保护，同时降低或消除企业侵犯他人知识产权的风险，为企业树立强有力的市场竞争优势奠定坚实基础。

眉山公司为实现对知识产权的科学管理和战略运用，提高国际、国内市场竞争能力，为眉山公司"一体两翼，转型升级"发展战略提供强有力的支撑，在领导高瞻远瞩，果断的决策下，建立了职责清晰，流程顺畅的知识产权管理体系。未来我们将不断完善、改进、细化体系的方方面面，使之成为公司创新的驱动力，助力知识产权事业的蓬勃发展。

知识产权管理助力企业高质量发展

周肇峰* 谭利华**

我国烟草行业实行"统一领导、垂直管理、专卖专营"的烟草专卖管理体制，近年税利占国家财政收入比重均保持在 6% 以上，2018 年烟草行业实现工商税利总额 11556 亿元，同比增长 3.69%；上缴国家财政总额 10000.8 亿元，同比增长 3.37%[1]，在我国国民经济中占据重要的位置。2006 年 7 月 31 日，国家烟草专卖局印发了《烟草行业中长期科技发展规划纲要（2006—2020 年）》，其中，第五条第 5 款提出了"实施知识产权战略和技术标准战略"，紧接着在 2007 年 10 月 24 日国家烟草专卖局又出台了《烟草行业知识产权发展战略（2007—2015 年）》，对烟草行业知识产权发展战略做了进一步的明确和指引，上述两个文件的出台对我国烟草行业的科技创新和知识产权发展具有深远的影响。

2008 年 6 月 5 日，国务院颁布《国家知识产权战略纲要》，正式将知识产权战略上升到国家战略，此后知识产权日益受到人们的重视；2014 年 7 月 15 日，国知局、教育部、科技部、工信部、国资委、工商总局、版权局、中科院等八部门印发了《关于深入实施国家知识产权战略加强和改进知识产权管

---

　　* 周肇峰，高级工程师，高级项目管理师，广西中烟工业有限责任公司科学技术协会副秘书长，具有长期从事企业科研管理和知识产权管理的经验，先后主持承担完成省部级科技项目 16 项。

　　** 谭利华，中规（北京）认证有限公司广西分公司副总经理，具有丰富的科技管理、体系管理、知识产权经验，先后主持参与数项省部级项目。

理的若干意见》，提出"引导企业标准化管理知识产权，推广《企业知识产权管理规范》（GB/T 29490 – 2013）国家标准"，自此，我国科技领域实现标准化管理的首个国家标准《企业知识产权管理规范》（以下简称《规范》）正式拉开推动企业开展知识产权标准化管理的序幕。为了支撑和引导更多企业加快开展知识产权标准化管理进程，提高企业知识产权规范化管理水平，2015年7月23日，国知局、科技部、工信部、国资委、商务部、认监委、标准委、总装备部等八部门联合印发《关于全面推行《企业知识产权管理规范》国家标准的指导意见》，指导意见明确了2020年的目标，指出引导大部分具有创新优势的企业基本建立知识产权管理体系。此外，工信部《工业和信息化部贯彻落实《深入实施国家知识产权战略行动计划》（2014—2020年)》实施方案和国家知识产权局众多文件均再次强调了知识产权标准化管理的重要性。

广西中烟工业有限责任公司（以下简称"公司"）是直属国家烟草专卖局（中国烟草总公司）的国有大型企业和18家省级卷烟工业企业之一，也是全国少数民族地区唯一的省级中烟工业公司，属于"全国企业500强""全国纳税100强企业""广西强优工业企业""广西制造企业专利拥有量10强"，建设有国家博士后科研工作站、通过CNAS认可的实验室、行业级和自治区级技术中心。随着全球经济一体化的快速发展，公司也清醒地认识到企业知识产权管理工作存在的差距，在国家大力倡导加强知识产权创新运用和标准化管理的大背景下，公司于2015年3月积极推进实施自治区知识产权优势企业培育项目，开启了知识产权管理体系的贯标工作，建立科学合理的知识产权管理机制，促使企业知识产权管理工作科学化、标准化。笔者将根据广西中烟贯彻《规范》过程中积累的一些经验及思考分享给大家。

一、企业贯标的目的和意义

知识产权是影响企业竞争力和企业持续发展的战略性资源，是在市场竞争中保驾护航的"护身符"，也是推进自主创新的"加速器"。企业开展知识产权管理体系贯标认证，就是用基于过程方法的知识产权管理模型，指导企业策划、实施、检查和提升知识产权管理体系，进而推进企业知识产权创造、运用、保护和管理能力的全面提升，为企业创新驱动高质量发展提供有力的支撑。

建立并持续运行知识产权管理体系对企业推进高质量发展具有重要的现实意义和积极的推动效果：①建立科学系统的知识产权管理体系要求企业必须遵守国家知识产权相关法律、法规，做出承诺并定期进行评审，避免发生知识产权侵权事件，建立良好的品牌和形象。②体系建设要求企业必须对生产经营过程中涉及的生产、研发、采购和销售等活动环节涉及的知识产权进行过程管理，以免发生被侵权事件和知识产权权属纠纷，对企业和行业造成不良影响。③知识产权管理体系使企业知识产权管理工作"有法可依""有章可循"，由过去的被动式管理转变为主动行为，由单一的知识产权创造管理转变为涉及知识产权创造、运用和保护的多方位管理，促进企业建立知识产权的自我约束和激励机制。④构建科学系统的知识产权管理体系，对推动行业技术进步，增强企业核心竞争力具有极其重要的意义。⑤从长远发展来看，建立知识产权管理体系可产生直接或间接的经济效益：一，可促进企业的知识产权管理水平大幅提高，激发员工发明创造的热情，显著提升企业的管理水平和管理效益；二，由于建立了规范和系统的管理，可大幅减少商业秘密泄露、知识产权侵权纠纷等知识产权风险而造成的经济损失；三，作为无形资产的知识产权在运用阶段，可通过知识产权的实施、许可、转让、标准化、作价等手段将知识产权直接转化为明显的经济效益。

二、体系建设过程和成效分析

自公司推动知识产权管理体系贯标以来，按照《规范》的要求，通过贯标启动、诊断调查、构建体系、编制体系文件、宣贯培训、实施运行、内审与管理评审、实施第三方认证等八个步骤，完成公司知识产权管理体系的设计，部署推进知识产权管理标准化，以达到标准要求，并于2017年5月通过中规（北京）认证有限公司的知识产权管理体系认证，成为我国烟草行业首家通过知识产权管理体系认证的企业。

1. 体系建设过程

公司前期建设知识产权管理体系大致经历如下几个步骤：

（1）成立组织机构。成立由公司总经理任组长，副总经理、管理者代表任副组长，技术中心负责人及体系职能部门领导担任成员的管理体系贯标项目组，主管部门设在技术中心，通过制度，明确相关人员职责和考核指标。

（2）召开贯标启动大会。召开知识产权管理体系贯标启动大会，公司总经理、副总经理等全部高层、体系职能部门负责人参加贯标启动大会和标准培训。

（3）明确方针、目标。广西中烟持续推动高质量发展的举措，对知识产权管理体系建设提出全新的要求。结合公司"1361"发展战略和"353"重点工作部署，基于公司着力打造的可持续竞争优势以及新型能力建设要求，确定公司的知识产权管理方针为"规范知识产权管理，推进科技创新上水平"，并计划 2020 年实现"拥有有效发明专利 80 件以上，达到自治区知识产权优势企业水平"；5 年内达成"员工知识产权意识全面提高，公司知识产权运用能力显著增强，公司产品竞争力大幅提升，知识产权工作为公司持续发展提供强力支撑"的目标。

（4）建立管理体系文件。公司自 2016 年 3 月启动知识产权管理体系贯标，在深入开展为期 3 个月的知识产权管理现状调研诊断基础上，开展知识产权管理体系文件的编写、评审和发布，新建立了《知识产权管理手册》《知识产权管理标准》等文件，并于 2016 年 8 月 24 日进入体系试运行，邀请自治区知识产权优势企业培育项目咨询老师，对全体员工、中高层领导、知识产权工作人员和研究技术人员等进行知识产权管理规范宣贯培训。体系文件明确了管理体系的相关流程与管理机制，使流程更精细化，融合了质量、环境、职业健康等其他管理体系及公司现有管理制度的要求。

（5）体系运行和持续改进。在体系认证后，公司充分运用 PDCA 循环，基于公司的方针、目标，通过内审、管理评审、日常检查和外部审核工作，获取体系运行的各种有价值信息，识别改进需求，落实改进点，以点带面，保障管理体系的有效运行和持续改进。公司着重从以下五方面着手：

第一，日常检查和目标考核——通过对体系文件的使用情况、日常部门目标的监督和检查，有效地发现和纠正问题，并采取预防措施消除产生的原因，防止同类问题再次发生。

第二，内部审核——以内部视角审视体系中存在的系统性问题，是集中发现问题、集中解决问题的有效手段。内审不仅要强调知识产权管理体系运行的充分性和符合性，还要重点突出体系运行的有效性，充分保障重点部门、重点条款的审核力度。

第三，管理评审——从组织最高角度评审管理体系的适宜性、充分性和有效性。通过管理评审的重大问题判断、决策和调整，有效保障知识产权管理水平不断提高；通过召开年度综合管理评审，将知识产权管理体系与质量、环境、职业健康安全、测量、实验室及两化融合等其他管理体系一起评审，保证方针、目标、经营目标、策略及新产品、新业务规划、技术标准发展趋势等管理评审输入充分有效，从而得以更好地从整个公司层面综合输出方针、目标、管理程序和资源需求等方面的改进建议，充分保障了知识产权管理体系的有效性和充分性。

第四，外审——第三方审核人员具有专业审核资格和丰富的经验及阅历，专业性强，公正客观，视野独特，借助外部压力能给体系持续改进提供准确的诊断和指引。

第五，人员培训——知识产权管理人员是体系运行的基石。邀请外部体系管理专家加强对体系运行关键人员如知识产权专员和内审员的培训，加深关键人员对标准的理解和掌握，提升内审技巧。

总之，公司按 GB/T 29490 – 2013 的要求，建立知识产权管理体系，并形成体系文件，以实施、保持和持续改进公司的知识产权管理体系。为确保知识产权管理体系的有效运行，公司编制、完善了程序、管理以及技术文件，对各个过程、活动规定了控制要求和控制方法。在管理体系中建立信息传递和交流的通道，通过有效沟通，相关部门、人员可及时获得必要的信息，及时采取必要的措施，确保体系有效运作。同时，公司还合理有效地利用技术、人力、物力资源，保障公司产品生产、研发、销售、采购等各项活动符合知识产权方针所指定的发展方向，并通过内审、外审和管理评审，采取相应的纠正和预防措施，保证知识产权目标的实现，保持知识产权管理体系的适宜性，达到持续改进管理体系的目的。

2. 贯标成效比对

对比一些尚未建立知识产权管理体系的企业，普遍存在着知识产权管理职能弱化问题。诸如知识产权管理被狭隘认知为知识产权申报、注册、维持等事务性工作。知识产权管理工作较难与除研发部门以外的其他部门产生交集，也较难得到跨职能部门的理解和支持，更谈不上全面融入公司的经营管理活动产生效益。

实践证明，通过知识产权管理体系的建立，有利于实现知识产权管理的单模块管理向综合管理转变，较好地实现了生产经营业务与知识产权的初步融合。有效提升了企业知识产权管理意识，进一步明确了体系职能部门人员职责，从而打通了各部门沟通协作渠道，充分整合研发、法务、人力、财务、采购、销售等各方资源，积极参与知识产权"大管理"，同步推进企业知识产权创造、保护、运用和管理工作，大大拓展了企业知识产权管理广度和深度，全面提升公司的知识产权综合水平，使得知识产权管理上升为企业战略管理的重要内容，更有力地助推公司高质量发展。

三、经验总结与交流

1. 采用融入式量身定制化设计，提升体系的程序和文件的质量水平

体系制度流程的设计是规范管理顶层设计。体系的程序和文件的质量水平，是决定体系规范性要求是否能够切实有效落地运行的重要因素。在知识产权管理程序和文件的设计上，在确保满足标准要求和紧密联系公司实际的前提下，采用融入式量身定制化设计。尤其注重体系文件编制质量和水平，避免出现文件表单设计适应性差的现象，这也是防止日后管理体系运行与日常管理完全割裂即俗称"两张皮"的前提条件。

一方面，要重视知识产权管理体系的前期管理诊断分析，了解企业的产品、商业模式、经营环境和组织结构等情况，确立知识产权工作如何协助企业的经营活动。在充分调查研究的基础上，对企业的业务流程、过程和步骤进行系统的评估分析，对其所涉及的各过程和要素进行充分识别、理解和管理，确保体系策划的充分性和适宜性。

另一方面，要从提高工作效率和企业效益出发，优化体系流程设计，避免管理冗余。对于能够合并共用的程序文件和表单，要尽可能地减少新增程序文件和工作表单。要与企业日常运营业务流程及其他体系相融合，体系文件的操作性指导上不应过于粗放，管理要求应适当具体化，使其具有较强的可操作性和可执行性，也便于员工理解和操作。

同时，对于现有企业运营管理中所缺失的知识产权管理规范要素，优先选择通过修订涉及业务模块原有的程序文件来完成，必要时再以新增的方式进行。在体系运行管理中，要根据企业内外部环境的动态变化，及时对体系文件中不适用的地方，做出针对性的调整，持续改进体系文件。

2. 统筹推进多管理体系同步运行，建立"1 + X"体系运行管理模式

企业推动知识产权管理体系的挑战不仅是技术和资金问题，更多的是发展理念和管理机制问题，需要系统思维，统筹兼顾、全面推进。知识产权业务不是孤立的，需要内嵌在企业运行的各个方面。公司在导入知识产权管理体系时，就将其作为大体系下子管理体系进行策划，以避免体系单独建立和运行给企业带来管理成本效率降低的问题。

公司在建立知识产权管理体系之前，已经有多个专业职能管理领域建立了相应的管理体系。其中包括：质量管理体系、环境管理体系、职业健康安全管理体系、测量管理体系等。各体系运行之间有着很多共性管理要求，如法律法规、文件控制、外来文件管理、信息资源管理等。这也为后续的知识产权管理体系建立提供了基础条件。

知识产权管理体系与传统 QES 三体系（质量管理体系 QMS、环境管理体系 EMS、职业健康安全管理体系 OHSMS）均遵循或参照了国际标准组织推出的管理模式，标准的范式和体系思路也与 ISO 9000（质量管理体系）有相似之处。其核心管理理念是一致的，即是在统一的国际标准组织规范的管理模

式框架下，按照持续改进原则，采用过程模式管理和过程控制方式，运用戴明环（PDCA 循环）模式，针对管理对象和目的，建立一个系统、兼容、柔性的管理系统。

在多个管理体系同步运行模式的选择上，我们采用"1 + X"的体系运行管理模式，也就是由公司企业管理部统筹多体系同步运行，以质量管理体系运行为主线，各职能部门分别牵头负责相应专业职能管理体系运行管理，年度综合管理评审对所有管理体系进行统一评审，协同推进。

3. 积极推进产品知识产权布局保护，规避企业品牌发展的知识产权风险

随着我国经济发展进入高质量发展阶段，国内消费者已经进入品牌消费时代，知识产权保护对企业品牌形象的塑造和维护至关重要，需要企业持续不断的进行技术、管理、人力和资源等要素的整合改进，以知识产权助力企业技术创新，以技术进步推动品牌价值提升。近年来，公司围绕企业品牌发展规划，积极开展商标、版权、专利等知识产权多维布局保护。

一方面，公司针对核心商标设计元素，根据自身实际和发展需要，科学地运用商标申请策略，逐步完善建立专利、商标、版权等多方位的知识产权保护，并主动开展市场知识产权监控，通过维护公司知识产权（尤其是商标权）权益，进一步强化品牌形象。

另一方面，对企业生产、研发、销售和采购等生产活动实行了全面的知识产权风险防范，减少了知识产权侵权事件和知识产权权属纠纷的发生，规避了市场风险。近年来，公司以市场需求为导向，不断推进产品颠覆性创新和延续性创新，陆续推出"中、细、爆"规格新品，品牌知名度和市场竞争力不断增强。

2017 年 12 月 4 日，国家烟草专卖局印发《烟草行业参与"一带一路"建设实施"走出去"发展战略工作方案》，要求行业积极参与"一带一路"建设，坚定不移实施"走出去"发展战略，进一步提升开放型经济水平，由此公司也从海外市场的拓展需求出发，重点展开了企业海外知识产权的布局实施。

目前，公司拥有国内注册商标 304 个，海外商标注册 63 个，美术作品著

作权 35 个，拥有中国驰名商标 1 件，广西著名商标 1 件，申请注册商标的国家和地区由 20 个拓展至 25 个。

4. 知识产权全过程管理支撑创新活动，助力企业科技创新上水平

科技创新是引领企业高质量发展的第一动力，而知识产权是核心技术的集中体现。完善的知识产权管理制度既是专利技术产生的催化剂，也是科研成果专利保护的第一道防线。

近年来，公司大力实施项目带动策略，完善构建公司科技创新体系平台，以创新发展项目为载体，促进形成了一大批支撑品牌发展的自主核心技术专利。在知识产权管理体系的指导下，在科技计划项目、小微创新等技术创新活动中，实施知识产权全过程管理，将知识产权工作融入科研项目的立项、实施和验收等过程，尤其是着力加强知识产权检索分析能力的培育，更多的科研人员逐渐能够自觉检索利用专利信息资源，针对科研项目涉及领域的关键技术国内外专利分析，通过发掘产业趋势、竞争态势、技术热点及空白点、知识产权竞争风险等情报，明确关键技术发展方向和路线，提高了研发的起点，防范技术研发风险，促进了公司技术研发创新能力的提升。

同时，公司通过搭建小微创新竞赛平台，积极推广应用 TRIZ（theory of inventive problem solving，发明问题解决理论）创新发明方法。以小微创新活动为载体，引导和鼓励广大科技工作者主动创新创造，明显提高了一线员工发现并解决制约企业生产经营活动中存在问题的能力，不断培养和提高了员工的创新意识和发明能力，也开辟了一条造就更多优秀创新人才和创新团队的"星光大道"，发现和培养更多科技创新人才，不断提升企业的自主创新水平。

2019 年，公司在研科技计划项目 172 项，其中产学研合作项目 97 项、自主研发项目 75 项，拥有授权专利 393 项，其中发明专利 128 项、实用新型专利 243 项、外观设计 18 项，计算机软件著作权 83 个。2019 年公司小微创新大赛，来自技术研发部门、生产制造部门、市场营销部门和原料供应部门提交的创新创意参赛作品达 97 件。

5. 实施开放式协同创新，集聚形成知识产权能力升级的重要保障

在推进知识产权管理体系过程中，公司积极推进知识产权专项研究，引入企业外部智力资源，企业、知识产权研究机构、知识产权咨询代理机构等形成"三位一体"的密切合作关系，发挥专业智库资源在知识产权决策咨询、检索分析和体系管理等方面的专业能力，集聚形成知识产权能力升级的重要保障。

公司正在推进的高价值专利挖掘培育试点，计划重点围绕企业技术攻关重点领域和关键环节，以市场需求为指引，以企业科技计划项目平台为依托，以高端知识产权服务机构为合作伙伴，着力推动深化产学研协同创新，力争在主要技术领域选题创造一批高价值专利和专利组合，同时探索构建可复制、可推广、具有企业特色的高价值专利创造新模式、新机制，示范带动公司专利创造水平提升。

目前，公司已与广西知识产权发展研究中心、知识产权出版社有限责任公司等多家知识产权研究机构开展项目研究合作。

6. 深化落实科技创新激励政策，激发科技创新内生动力

公司深化落实科技创新激励政策，让更多员工为实现自身价值而获得成就感和归属感，进而激发创新驱动企业高质量发展的内生动力。在知识产权方面的主要措施包括：①将知识产权纳入员工目标考核、奖金分配、职称评定和晋升等；②设置创新发明贡献专项奖励，保障拥有职务发明署名权和取得职务发明专利权后获得报酬和奖励的权利；③试点推进科技成果转化收益分配奖励制度，采用"一事一议"方式，审议职务科技成果以技术转让或许可方式转化的特别奖励方案，依据科技成果转化产生的经济效益和社会效益，对完成、转化职务科技成果做出贡献的人员、科技管理人员及其他有关人员予以奖励。

7. 探索运用管理成熟度评价方法，明确体系持续改进升级方向和路径

持续改进是制定知识产权管理体系标准的基本思想，也是建立知识产权

管理体系的根本出发点。成熟度是一种新型的评价方式，在管理学领域具有广泛的应用。我们可以利用管理体系成熟度模型有效识别企业知识产权管理的成熟度等级，进而明确改进升级方向和路径，这对推动体系持续改进和评价体系有效性具有积极的作用。

2016 年，中国质协制定并发布了 T/CAQ 10102 - 2016《质量管理体系成熟度评价准则》，为质量管理体系成熟度评估提供了系统框架和评价准则。目前知识产权管理体系领域暂未见相关的成熟度评价模型，但企业可参照借鉴《质量管理体系成熟度评价准则》，结合行业和企业特点，制定适合企业自身的知识产权管理体系成熟度评价模型及具体的评价方法与准则，客观、有效地评价企业现阶段知识产权管理的整体水平。当然，也可以借鉴国内外各种管理成熟度的创新理论，依据企业知识产权管理体系发展过程，开展知识产权管理体系的成熟度评价，客观地定位企业管理水平所处的发展阶段，不照搬照用，不好高骛远，不故步自封，实事求是地推进企业体系化管理能力的建设。

四、展望

在贯标项目启动至今的 5 年里，公司依照 GB/T 29490 - 2013 根据自身实际不断探索和改进体系建设，以期建立并持续运行一套符合自身实际的知识产权管理体系，帮助公司规范知识产权管理，规避市场风险，促进科技创新，提升品牌战略管理，从而不断提升管理效率，形成较好的知识产权保护和品牌形象，支撑公司高质量发展。

2020 年，广西中烟将迎来知识产权管理体系的第一次再认证，未来公司将继续以知识产权管理体系为基础，按照体系管理的理念，多体系同步推进，继续以审核活动为抓手，大力实施开放式协同创新，深化落实科技创新激励政策，并充分运用管理体系成熟度模型和国家知识产权示范企业指标开展对标自评，促进管理体系有效运行和持续改进，为公司高质量发展提供强大的知识产权战略支撑。

参考文献

［1］全国烟草行业连续四年实现税利、上缴财政两个"超万亿元"［EB/OL］.（2019 – 01 –
17）［2019 – 07 – 20］.http：//www.ce.cn/xwzx/gnsz/gdxw/201901/17/t20190117_
31289811.shtml.

健康产业企业研发风险防控实践

熊奇凌[*]

当前，技术发展日新月异，企业面临的外部竞争越来越激烈，技术创新始终是其发展的最重要的驱动力，也是其生存发展的基本要素之一。不断研发具有差异化核心竞争力的产品和技术，适应和赢得市场竞争，已经成为优秀企业的标准配置，并日趋获得企业重点关注。那么，企业如何在商业竞争中持续保持竞争力，将更多依赖企业的创新能力与知识产权创造、保护能力。这也给企业的知识产权创新、保护提出了更高要求，如何进行创新活动中的风险识别、风险管控等问题，是企业内部风险管控的重要内容。

完美（中国）有限公司（以下简称"完美公司"）成立于 1994 年，是由马来西亚完美资源有限公司在中国投资设立的侨资企业。2006 年 12 月 1 日经国家商务部批准开展直销业务，销售健康食品、小型厨具、化妆品、保洁用品及个人护理品。目前，在中国境内各省、自治区和直辖市设立了 34 家分支机构、6 家办事处、万余家服务中心。同时，公司制定了完美事业"扎根中国，走向世界"的战略部署，将产品销售及服务扩展至中国香港和台湾，以及马来西亚、新加坡、泰国、印尼、越南等国家。完美公司一直秉承"技术

---

    * 熊奇凌，完美（中国）有限公司知识产权部经理，从事企业知识产权管理近 20 年，擅长健康产业的专利商标创造、管理、运用和保护，历任国内知名制药企业知识产权部门负责人，系省级知识产权专家，知识产权专利职称审评专家。在企业知识产权管理体系的有效搭建、合规、确权维权等方面具有丰富的经验，带领团队帮助所服务的企业成为国内行业知识产权优势企业。

创新、健康美丽、卓越服务"的理念，力争成为健康美丽生活的卓越提供者。

截至目前完美公司专利申请超过 300 件，PCT 申请达 90 余项；商标申请超过了 1000 件，其中广东省著名商标 4 件、中国驰名商标 1 件。为国家标准《企业知识产权管理规范》（GB/T 29490 - 2013）认证企业、市级重点知识产权保护企业、广东省知识产权优势企业及示范企业。

基于对知识产权的重视及风险防范的意识，完美公司于 2016 年启动了建立企业风险防控系统的工作，其中较为重要的是研发过程知识产权风险的控制。本文笔者重点将风控系统建立与管理过程中的一些体会分享给大家。

一、搭建管理架构与制度

完美公司在建立知识产权风险管控系统前先确立了管理架构，由集团总部法务部下设的知识产权部为公司知识产权工作的统领部门。知识产权部细分为专利、商标等主要业务模块，分别负责专利、商标、著作权、商业秘密等不同方向的事务；完美公司各下属企业单位设有知识产权专员，负责对接和管理各业务单位具体的知识产权事务。知识产权工作在专业层面采用总部一体化管理，业务层面直接面向各下属业务单位的研发部门及市场部门。知识产权风险管控系统与研发管控系统对接，这样的建立策略重点是将研发与知识产权作为一条生命线来统一、无缝衔接地纳入风险管控系统进行管理。

建立一套完善的风险管控系统，除了确定人员组织架构、分清职责外，还需要建立相对有实操性的制度文件。根据公司的发展需要，为了规避研发过程中的知识产权风险，完美公司系统梳理了现有的规章、制度，并根据研发需求、知识产权管控节点等统一策划并制定了《完美公司产品研究开发管理办法》《完美专利事务管理办法》《完美公司商标事务管理办法》《完美公司著作权事务管理办法》《完美公司商业秘密事务管理办法》和知识产权管理手册等系列管理文件。

《完美专利事务管理办法》对研发过程中所需进行的知识产权风险防控进行了明确规定，其中包括研发立项前的知识产权检索分析、研发过程各节点所需交付物、项目规划、知识产权规划以及对应的知识产权风险评估报告，报告完成对象、风险处理规则等。

对于公司及下属各业务单位的专利管理职责进行明确划分，对于专利权属、申请策略、专利许可转让、专利放弃、专利文档、对外合作中的专利管理、专利保护的跟踪取证程序、专利申请维护、侵权无效处理等及其对应的费用预算、授权奖励以及专利实施奖励、专利责任追究等情况做出了规定。

在《完美专利事务管理办法》中主要对产品和项目过程中的专利创造、专利申请、专利检索、风险排查以及专利维权等工作进一步细化：①在项目规划进行创新点的预设和技术效果达成等方案的策划；②在项目预研、研究开发过程中，明确专利申请的流程、时机及考核节点；③专利检索及专利风险排查工作渗入各个开发节点，在关键节点坚持专利风险一票否决制，提高专利风险防范能力，降低产品上市风险；④对于市场上出现的竞争对手产品通过实时监控、分解产品，排查是否存在侵权方案，并对侵权的行为及时制定维权策略，此外，还实施侵权信息反馈奖励制度；⑤在整个研发过程中进行专利创新点的识别，防止可申报专利的技术错过专利确权或错失最佳申报时机；⑥针对识别出的创新技术或创新点进行分析，根据公司实际情况确定通过专利形式或技术秘密形式进行相应的成果保护。

《完美专利事务管理办法》是为了更全面保护研发成果，鼓励进行专利布局形成专利群，对形成专利群的技术进行评审奖励。制度中规定了评定标准、评定流程以及奖励机制等情况，有力地促进了各产品及系列产品专利群的布局，有利于建立核心专利及外围专利共同保护的机制。此外，对竞争对手的知识产权动态进行监测、行业专利状况进行收集，定期制作或征订专利期刊数据或图片库、字体库，以更好地为研发、设计人员提供信息服务。

完美公司通过建立系列制度，控制项目立项、研发过程以及成果保护过程的侵权风险和流失风险，并为管理人员提供有依据的工作执行准则，且约定了激励机制。责权清晰的管理架构和系统的管理文件是风险控制的基础。

二、信息化支撑平台

建立了风险管理组织与制度，如何让需要管理的项目、产品、知识产权和人员有机的结合，将是接下来需要考虑的问题。

目前，完美公司拥有 13 人的专业知识产权管理团队和众多的技术研发人员。如何将知识产权管理人员、研发人员、研发项目以至下属公司的管理人员、技术人员紧密地联系起来，以提高工作效率、降低沟通成本以及防止过程文件遗失等？完美公司建立了知识产权信息化管理平台，用于管理公司的创新成果；建立资源数据库，用于研发、设计人员查新检索；加强员工知识产权与保密意识的培训与教育，加强人才的使用与培养；通过具体项目或案件建立与服务机构的线上联系，开展了对服务机构的管理。

1. 信息化管理平台

为了促进创新成果的保护，更为专利提案人员、专利工程师等的顺畅对接，完美公司利用 IT 手段贴近公司产业发展，策划并建立了知识产权信息管理平台。该平台包括专利、商标、著作权、商业秘密等的管理，可以实现从专利提案到申请、答复审查意见、评价运营、分级管理等专利全生命周期的管理。

在项目研发的立项阶段，知识产权工程师即开始介入，引入专利评估机制，在项目研发过程中的设计或识别创新点、改进技术进行合理知识产权布局，及时申请专利、商标以及软件著作权，对研发成果做到有效保护。此外，通过专利工程师早期介入，从规划设计阶段跟进和评估，一直到上市后的全生命周期的管理，尤其是研发阶段全流程的知识产权管理，将专利信息利用、专利创新思维、专利工程师的专业建议等信息为专利技术创造赋能，为实现高价值专利创造提供规范和专业的支持。

建立信息化管理平台对知识产权档案管理也起到至关重要的作用。众所周知，专利的生命周期较长，发明专利 20 年，实用新型、外观专利 10 年。若未来发生专利纠纷、诉讼等问题，技术研发资料、专利形成过程的相关资料、信息都有可能成为较好的证据。但如果靠纸质件留存，一是留存的不一定全面，二是留存起来的难度更大一些。所以，电子化信息管理平台可以很好地为知识产权工作留痕，以防未来风险发生时证据的灭失，目前完美公司在证据的留存上，不仅应用到专利上，还在商标、著作权、商业秘密等方面均取得良好效果，在确权、维权上获得证据上的有力支持。

2. 资源数据库

在信息化的今天，企业应充分利用数字化信息资源为企业的发展助力。专利文献占科技文献的 90% 以上，且专利文献是记载专利申请、审查、批准过程中所产生的各种有关文件的文件资料。包括专利请求书、说明书、权利要求书、摘要等，是一种集技术、经济、法律三种情报信息为一体的文件资料。

专利文献有利于企业的技术开发，可以作为专利诉讼的有力依据，有利于引进国外先进技术和设备；申请人在申请专利前，应检索相关的专利文献，看看该项发明是否与其他现有技术重复，以免提出申请后不能获得专利权；发明专利的申请人请求实质审查，按专利法规定应向专利局提交相关的参考资料，包括专利文献。

除前述专利文献作用之外，通过专利文献还可以了解科技发展的最新动态。从以往的教训来看，许多企业盲目研制一些新产品，造成人力、物力、财力的浪费。只有通过和以往的技术相比才能表现出专利的新颖性/创造性；所以专利文献能为公司带来很大参考价值，站在前人的研发肩膀上，才能看得更远。

资源数据库面向公司及下属企业研发体系、知识产权体系人员开放。被授权的人员通过公司分发给员工的账号即可登录，方便日常立项、研发、专利申请、友商研判等信息获取。另外，专利工程师或专业技术人员针对各自部门的研发热点把相关专利文献进行分类，方便研发人员依照分类树及时追踪所在项目组研发的项目相关的专利文献。例如，进行植物提取生物碱相关的研发工程师，只要通过植物化学—提取—生物碱这样的分类树就可以轻松找到所有相关技术对应的大部分公开专利。这样有利于研发工程师快速找到相关技术研发方向以防控研发风险，并充分利用信息资源，为研发助力，防范知识产权侵权风险。

3. 员工意识的培养

企业发展的第一资源是人才。人才培养也是企业基业长青的一项重要保障。因此知识产权风险意识和防控一直成为企业知识产权体系管理中一项重要内容。

知识产权管理是企业"一把手"工程，应以全员参与、重点突出为原则，针对不同人员开展分层次、分部门、分岗位的培训机制。比如针对管理层给予知识产权战略、组织、金融、运用、风险防控等知识培训；针对一线员工给予知识产权重要性、操作上、关联度等专业培训；针对研发部门给予专利创造、识别、信息检索和利用、专利技术解读等培训，针对文书等岗位给予技术秘密保护的培训。

至于如何进行知识产权风险控制培训，形式也是多样的。完美公司通过公司内部的 APP 推送软文、举办知识产权知识竞赛、板报竞赛等普及知识产权知识；请知识产权不同领域专家进行内训；也针对知识产权不同热点开展沙龙分享；参加知识产权年会、论坛等外部专业培训、项目等。

通过以上形式，建立企业知识产权文化，不断提升企业人员的知识产权风险防范意识及风险管理能力。

三、项目风险评估

产品创新能力是当今企业的核心竞争力，产品的研发存在着大量的不确定因素，具有高风险、高投入的特点，如不及时控制，将对产品生命周期的后续阶段带来很大的影响或损失，甚至造成整个研发工作的失败。研发风险包括市场风险、技术风险、知识产权风险、管理风险等。而技术风险、知识产权风险是产品研发的最主要风险，也是技术创新所面临的必然风险。产品研发必须通过研发这一智力劳动过程才能获得最终产品，所以产品研发的技术风险，不仅要从研发目标——产品着手，还必须分析已公开的相关文献，尤其是专利文献，避免发生侵权行为，同时也要充分利用专利信息为创新提供可行性分析。

完美公司自 2016 年起，推进管理系统一体化进程，将公司的产品研发、上市、知识产权保护、合规等纳入公司的 IT 管理系统进行统一管控。在系统中，将专利检索、提案、风险评估等关键节点固化并嵌入研究和开发项目规划、产品立项、方案设计、投产鉴定等环节，通过 IT 手段对各研发项目的关键节点进行知识产权规范性管控，切实执行专利风险一票否决制，实现知识产权风险管控的闭环管理，有力地促进了技术和产品创新，为保护创新技术成果提供有力的法律保障，降低了公司经营风险，为公司经营保驾护航。

知识产权风险识别是研发项目风险管理的前提，只有通过风险识别，才能帮助项目管理者估算风险可能带来的影响。

1. 风险识别的依据与方法

风险识别主要依据包括：研发项目规划、风险管理计划、风险种类、专利文献资料、制度因素等。

风险识别的方法需要通过一些工具与方法的组合进行。工具和方法可以是头脑风暴法、检查表法、TRIZ 理论法等。当然实际运用中最多的是流程图法以及 SWOT 分析法。完美公司依据自身特色及实际情况，建立了企业项目风险评估系统。

通过项目风险评估系统，公司已经将所有在研项目的预判、立项分析、文献检索、分析评估报告、重要风险点的可控性等与审批流程进行了对接，实现了一体化项目风险评估管理，对项目全方位的风险实现了切实有效的控制。

2. 风险的控制与应对

新产品研发项目如发现风险，且潜在的风险损失较大，也没有可规避该风险的有效方法时，就应该主动放弃新产品开发计划或改变新产品开发目标，从而规避风险。

在以下几种情况下，需要考虑是否采取风险回避策略：①没有必要冒险的新产品研发项目；②如无力承担损失后果的新产品研发项目；③客观上不需要的新产品研发项目；④低水平重复的产品研发项目；⑤技术上不熟悉或企业战略不适应的产品和技术。新产品风险回避包括主动预防风险和被动放弃风险两种。主动预防风险是指从风险源入手，将风险的来源彻底消除。比如，遇到专利阻碍，应看是否有其他解决途径，是否可以通过其他实现方法绕过该专利保护范围。被动放弃风险是指放弃新产品研发项目的实施，这种情况一般是无法通过其他途径达到不侵权的目的。当然还可以在放弃前，通过专利许可的方式获得相应继续开发新产品的权利，但要综合考虑成本，并在获得许可前进行充分的检索，以保证获得的权利是充分的、完整的，不受其他专利权制约的。

另外，新产品研发项目的风险还可以通过转移的方式将风险及可能造成的损失降到相对较低。当然这部分不是本文讨论的重点。

根据企业的规定，项目立项，必须具有交付物《初步专利检索分析报告》，经过初步分析，判断项目是否有知识产权风险，若有风险则根据其专利类别、专利稳定性分析等判断风险等级，若风险等级为中高级的，项目即暂停。无风险项目在后面的可行性分析、投产鉴定、维权等环节还需提交《专利风险评估报告》《外观专利检索报告》《专利布局报告》等知识产权评估文件。如风险评估报告中风险等级、专利布局未完成，项目都可能中止或暂停。上市之前还需提交《专利风险再次评估报告》，对项目产品结构、工艺、配方以及外观再一次评估，确认风险无误再上市。这些报告专利工程师需要根据项目技术点、竞争对手、生产地、销售地所有公开专利进行检索并一一分析，给出相应风险结论。并且，知识产权人员对项目有一票否决制，以确保上市的研发产品不存在知识产权风险且已获得有效合适的知识产权保护。

此外，企业还对自身的知识产权稳定性进行评估，防范被竞争对手进行无效宣告，或者在维权中被对方当事人主张现有技术抗辩等风险，从而为专利创造和布局给予建议，促使研发改进技术并更新专利，建立"专利池"或"专利网"保护，形成坚固的专利壁垒。

四、总结与展望

2019 年上半年完美公司被评为广东省知识产权示范企业，并正努力建设成为国家知识产权优势企业，同时不断改进企业知识产权管理体系引导技术创新，使企业更加健康持续发展。完美公司根据"技术创新、健康美丽、卓越服务"的发展战略，不断打磨技术和产品，加大科研和创新投入，过去5年投入研发资金超过3亿元，不断提升专利创造的质量，用科技创新驱动企业不断持续健康发展。

现在完美公司产品远销马来西亚、印尼、越南、缅甸、菲律宾、新加坡、日本等十几个国家和地区，未来公司将进一步加强对海外知识产权的布局与风险防控，做出更精细的知识产权规划，为完美公司全球经营保驾护航。

浅谈企业知识产权风控管理

万智勇 [*]

随着知识经济及全球化的发展，知识产权对企业参与市场竞争的作用日益凸显，知识产权活动已经成为企业经营活动中常见的经济行为。商标、专利、著作权、商业秘密等知识产权也逐步成为企业利益冲突的焦点和纠纷的导火线，如何有效识别和管控企业知识产权风险便显得尤为重要。

企业知识产权风控管理贯穿企业经营全过程，涉及企业的研发、制造、采购、销售、人资、财务、IT 等多个环节/部门，需要从制度、流程、组织等多个层面确保企业各项知识产权活动的合法合规，有效预防和降低企业知识产权风险。

制度流程层面，不是简单复制其他企业的知识产权管理制度及流程体系文件，也非喊口号式的整改运动，而是基于企业业务的内外部现状及未来发展方向，并结合企业知识产权管理现状，构建符合企业实际情况的知识产权管理流程制度，比如制定《企业知识产权管理手册》《人力资源知识产权管理程序》《立项及研究开发阶段知识产权管理程序》《采购过程的知识产权管理程序》《生产过程的知识产权管理程序》《销售和售后过程的知识产权管理程

---

    * 万智勇，深圳创维－RGB 电子有限公司知识产权负责人，从事企业知识产权管理工作 10 余年，也是创维知识产权贯标工作的主导者，在知识产权战略管理、风险防范，特别是在国内外专利申请布局、专利许可谈判等方面具有丰富的经验。

序》《商业秘密保护管理办法》《著作权保护管理办法》《商标管理与使用规定》等，规范并指导各业务模块涉及的各项知识产权活动，确保企业在研产供销等各个生产经营环节中所有涉及知识产权因素的各类活动都处于受控状态，将知识产权纳入公司的风险管理体系，逐步形成企业持续稳定的系统化、规范化知识产权管理能力。

组织方面，知识产权管理体系不是一个内部部门或个人单独能实施完成的，各项流程制度的落地，除了高层领导的重视外，都需要内部组织分工合作并推进实施，比如，企业除了知识产权管理部门外，还可以在各业务部门设置知识产权兼职人员，负责各自部门的知识产权的基础管理工作，协助梳理部门相关业务的知识产权风险控制点，对业务中暴露的知识产权问题及风险进行监控和改进。

但知识产权管理制度、流程体系和文化的建设不是一蹴而就的，都需要不断摸索。对于知识产权刚起步的企业，"建组织，搭制度，做流程"都需要有部门有人牵头负责，往往起步艰难、过程曲折，需要通过实践的积累不断总结和完善，甚至有时不被理解和认可；而在大中型公司，已经存在传承多年的风控管理体系和知识产权文化，知识产权管理部门更多的是持续优化组织关系和梳理流程制度，更好地发挥企业知识产权的价值。

有效的知识产权风险控制管理可以降低企业侵权风险，节约人力成本，提高工作效率，增大盈余。那么，企业究竟如何在具体的经营活动中进行有效的知识产权风控管理呢？

一、内部知识产权风险的识别和预防

风险的识别和预防是关键，企业需要定期对生产经营各个环节的知识产权风险源进行识别、监控并及时改进。笔者就企业经营过程中的主要环节可能面临的知识产权风险及应对策略进行了简单梳理，分享给读者。

1. 人力资源环节

人力资源是企业可持续发展的保障，企业在招聘及用人过程中面临的知识产权风险主要包括：新入职人员受竞业禁止条款或其他知识产权条款的限制、在工作中侵犯前雇主的商业秘密、泄露企业的商业秘密等。

应对策略：

（1）招聘阶段，做好知识产权背景调查，了解应聘人员之前的工作内容涉及知识产权的情况，是否受到竞业禁止条款或其他知识产权条款的限制。

（2）入职阶段，及时签署劳动合同及保密协议，约定知识产权权属及保密事项等，对于研究开发等与知识产权关系密切的岗位，还需签署知识产权声明，承诺不会违反本人对原单位的任何竞业禁止义务、不将任何涉及第三方的商业秘密带入公司，且不在公司使用，不会违反对原单位的任何知识产权归属协议所确定的义务等。此外，人力资源部门还须做好新入职及各岗位员工的知识产权培训，防止无意识的侵权行为的发生。

（3）离职阶段，对离职员工进行知识产权事项提醒，涉及核心知识产权人员须签署离职知识产权提醒或协议，明确其自离职之日起一年内申请的与在工作期间承担的本职工作或者分配的任务有关的发明创造，申请权属于公司，且未经公司书面同意，其不得泄露、公开、发布、出版、传授、转让或者以其他任何方式使得第三方知悉公司的保密信息，否则需承担相应的违约责任。

2. 采购环节

采购是保证企业生产经营的前提，采购环节涉及的知识产权风险主要包括：企业采购仪器设备、原材料、零部件以及办公设备和软件等因侵犯或涉嫌侵犯他人知识产权而导致的侵权风险，以及因知识产权问题而导致的企业与供应商之间的索赔纠纷；尤其是目前随着知识产权意识的不断提升，知识产权已经逐渐成为各供应商市场竞争的利器，企业的不同供应商之间因供货比例而产生的互掐现象也时有发生，且会殃及采购方。

应对策略：

（1）供应商开发阶段，及时收集供应商的相关资质（代理资质、营业执照等）及知识产权信息（包括供应商拥有产品所涉及的知识产权信息、供应商及该产品的知识产权诉讼信息等），并对收集的相关资料进行验证和评估，将知识产权侵权风险作为是否将其纳入公司供应商名录的关键指标之一，以避免采购知识产权侵权产品。

（2）合同签署阶段，采购合同中应明确知识产权权属、许可使用范围、侵权责任承担等多项措施避免或减少采购活动中的知识产权风险，还可要求供应商提供不侵权分析报告或承诺函等。比如，因采购的零部件导致最终产品侵权，可利用签署的知识产权保证条款来排除企业的侵权责任，减轻可能发生的侵权赔偿责任，即使在将来的诉讼中被判决承担赔偿责任，也可以在诉后依据所签署的采购合同条款向供应商追偿，将侵权风险转移。

（3）纠纷应对，若收到相关侵权的投诉或函件时，公司应作为善意使用方及时与相关产品的供应商联系，要求及时进行分析应对，若确存在侵权风险的，则要求供应商及时应对解决，否则公司需综合评估、谨慎选用。

（4）采购信息管理，须做好供方信息、进货渠道、进价策略等采购信息资料的涉密管理，防止泄密对企业带来不可挽回的损失。

3. 立项及研究开发环节

对于科技型企业而言，新技术、新产品是企业的核心竞争力，在产品立项、研发方案的确定、测试、试产、成果的保护等不同阶段都涉及知识产权的风险。比如，立项阶段未经检索导致重复开发或存在严重的侵权风险而不能批量生产，研发投入白白浪费；研发方案确认后，未经检索分析导致产品侵权，落入竞争对手部署的专利陷阱中；或是对开发的新技术或产品没有及时的转化为知识产权予以保护，导致权力丧失或被限制使用；委托开发/合作开发中知识产权约定不清楚而导致企业与合作单位之间出现知识产权权属纠纷、共有知识产权行权或收益分配纠纷或产品侵权索赔纠纷等。

应对策略：

（1）产品立项前，尤其对全新的项目，应做好立项知识产权分析调查，了解项目关键技术的知识产权信息，明确现有技术及技术风险点，以及综合市场调研的情况，明确该产品潜在的合作伙伴和竞争对手，必要时考虑与高校或外部技术团队合作，共同完成项目的开发，可将知识产权风险评估的结果作为立项与整体预算的依据。

（2）研究开发阶段，根据立项书的要求，对项目所在领域的知识产权信息进行检索，分析项目的竞争对手状况和项目技术发展状况等，尤其是针对项目新功能、新技术，若存在侵权风险，则应做好疑似侵权产品的替代性分析或规避设计，避免侵犯他人知识产权。此外还应根据项目开发周期的长短，跟踪和监控开发活动中的知识产权，如果开发周期相对较长，则需要重新进行二次检索分析，并根据检索结果决定是否实时调整研究开发策略和内容，避免或降低知识产权侵权风险。

（3）研究开发阶段，可根据确定的研发方案和线路，制定知识产权布局规划和策略，并及时对技术开发成果进行有效的保护，确保在产品上市前能拿到相应申请号，对于不能通过反向工程获取的技术成果可考虑通过技术秘密予以保护，比如部分工艺方法、软件源代码等。

（4）委托开发/合作开发，在项目开始前，需与合作伙伴谈好核心知识产权条款并签署保密协议。例如企业委托第三方合作开发时，企业可在合同中明确以下事项：

①可要求第三方将其拥有的实现委托项目目的所使用的背景知识产权及相关权益给予企业方许可，该许可可以是免费的、不可撤销的、永久的、全世界范围内的。

②前景知识产权的权属，若共有则应明确共有知识产权行权或收益分配原则。若第三方所有则须明确企业许可使用的类型、时间、范围等（如排他的、免费的、不可撤销的、永久的、全世界范围内的等）。

③可要求第三方做出不侵权承诺并约定侵权责任承担方式。

④后续技术改进的权属及许可。

4. 生产环节

不论企业是自主生产，还是委托其他公司生产，或者被其他公司委托生产，生产环节的知识产权风险都是不容忽视的。一方面是生产过程中采用的生产工艺、仪器设备的侵权风险，另一方面是委托加工或被委托加工过程中的泄密及侵权风险，尤其是受托加工未曾发布或上市的新产品，企业不做好保密工作，也极易造成商业秘密的泄露，导致侵权行为的发生。

应对策略：

（1）自主生产。一方面定期自查所使用仪器设备、生产工艺是否存在侵权风险，另一方面也需及时评估、确认生产过程中涉及产品与工艺方法的技术改进与创新，明确保护方式，适时形成知识产权。

（2）委托/受托生产。不管是委托生产还是受托生产，在委托加工等生产合同中均应明确知识产权权属、许可使用范围、侵权责任承担及保密事项等。例如，企业在给他人做定牌产品时，合同中应明确商标保障条款即对方必须保证其商标合法有效，一旦发生商标侵权，则由对方负完全责任；在委托他人为本企业做定牌产品时，合同中应明确专利保障条款，即对方必须保证其在生产过程中使用的专利技术或非本企业提供的原材料产品的合法有效，一旦发生专利侵权，由对方负完全责任。

5. 销售环节

销售环节是企业实现营收最直接的环节，但在产品宣传、会展、销售等环节也都不可避免地伴随着知识产权风险。比如宣传过程中的不规范及版权侵权行为、参加国外展会被查封扣货的风险等。此外，销售合同中关于知识产权的权利义务也是销售环节知识产权风险的主要来源之一，并不是拿下订单就万事大吉了。

应对策略：

（1）销售前。对产品涉及的知识产权状况进行全面审查和分析，制定知识产权保护和风险规避方案，一方面，审查产品所涉及的知识产权是否均进行了有效的保护，若待产品上市后才想起保护，往往会导致企业辛辛苦苦开辟的市场被仿冒者轻松分得一杯羹；另一方面，对产品即将销售区域的有关知识产权法律及行业诉讼状况进行检索分析和调研，以及所用技术是否存在在先专利权或著作权，或是否经过权利人合法授权，所用商标或者标识是否已注册等。

（2）产品宣传。销售过程中的宣传包括视频广告、户外广告、车身广告、宣传单页、海报等多种形式。好的宣传使人记忆深刻，扩大企业和产品的知名度，有助于商品的销售。但是无论广告做得好与坏都有一个底线，即必须符合法律的规定，不得侵害他人的合法权益，否则给自己带来的未必是产品的畅销，有可能是法院的传票。所以企业在产品宣传中要尽量规避知识产权风险。

①专利宣传的规范化。广告中涉及专利产品或者专利方法的，应当标明专利号和专利种类；禁止使用未授予专利权的专利申请和已经终止、撤销、无效的专利做广告；专利权被授予前在产品、产品的包装或说明书等材料上进行标注的，应当采用中文标明中国专利申请的类别、专利申请号，并标明"专利申请，尚未授权"字样。

②商标宣传。法律法规所禁止的以及第三方商标的宣传，不能越过法律的底线，如新《中华人民共和国商标法》明确规定"生产、经营者不得将'驰名商标'字样用于商品、商品包装或者容器上，或者用于广告宣传、展览以及其他商业活动中"。此外，我们在宣传中若使用他人商标，一定要确认我们是否与权利人签订了相应的许可协议或协议中是否包含相应商标许可条款，避免不必要的纠纷。

③广告合同。一是对广告公司的资质进行审查，并通过合同的形式约定广告的归属及侵权责任。一般来说，规模较大、信誉较好的广告公司对于图片侵权、字体侵权等问题还是比较重视的，而且由于其业务量较大，往往也和专业的图片公司及字体开发公司签订有许可使用协议，侵权的风险较小。即使真的发生侵权纠纷，此类广告公司的偿付能力也较强，不至于中途跑路，最后让企业买单。二是对广告公司制作的广告内容须进行严格审查，对于图片、特殊字体可要求广告公司说明来源。

（3）产品会展。参展前应对所有参展产品进行全面的知识产权审查和分析，并制定相应的知识产权保护或风险规避方案。

以参加德国电子消费品展览会为例，等待申请临时禁令的权利人通常会在展会前一天委派律师到展会摊位进行友好洽谈并收集证据，并于当晚起草临时禁令请求，请求通常包含停止侵权、移交侵权产品、没收贵重物品以确保索赔和费用等。待第二天早上律师向地区法院提出申请，正常情况半天内可批准。第二天下午，法警就会现场执行禁令，要求交出侵权产品、删除侵权产品相关广告宣传、横幅等，并会要求支付程序费用，参展方若没有足够现金或信用卡额度不够，会被没收其他非侵权设备。一般情况，临时禁令是法院在不听取被告的情况下的单方面判决，若临时禁令请求被拒，被告通常永远不会被告知，若单方面判决遭到被告反对，在法庭上进行听证通常都是数周或数月之后，即展会结束后，这对已经造成的损失和负面影响很难挽回。

针对上述德国展会所面临的临时禁令，企业一方面要在展会前做好各款待展产品的全面的知识产权侵权分析，尤其是能直观判断的外观、商标、字体图片版权以及宣传材料的合法性审查和竞争对手、NPE拥有的相关核心专利比对分析。对于高风险产品，则建议撤销参展计划或选用替代产品。若已知晓对方会针对某项技术/功能/产品要点请求临时禁令，则可提前向德国当地法院提交保护信（即预期的辩护声明，例如关于不侵权、无效分析报告等）。另一方面，企业还可根据其申请及执行禁令的流程，做一些相应的应对措施，减少或降低风险和损失。例如，不要在官网/公众号等官方渠道提前公开待展的关键产品，在展会开始前尽量不要在展台上泄露信息（不要散发小册子、别跟陌生人说话等），关键产品易于拆卸，展会期间有一位律师待命等。

（4）销售合同。并不是所有销售合同都需要向客户承担知识产权侵权责任，比如完全根据客户提供的设计方案生产的产品侵犯他人知识产权，而设计方案本身才是导致侵权的原因。当然也并不是客户不承担知识产权风险生意就没法做了，企业也可以进行综合评估，通过提高产品的报价来涵盖知识产权许可费用并预留适当的知识产权风险准备金。又例如，销售合同规定企业要将销售产品中所涉及的知识产权许可给客户，并且该许可是免费的、永久的、不可撤销的、可分许可权，如果接受这样的条款，就意味着客户和客户的其他供应商，即存在企业的直接竞争对手，皆有可能无限制地免费使用本企业知识产权的风险。这会严重影响企业知识产权的价值。当然许可给客户也不是不可以，而该许可应该是非排他的、有时效的、不可分许可的。

二、外部知识产权纠纷的应对

企业生产经营各环节都存在不同的知识产权风险，而上述对人资、研发、采购、生产、销售环节的梳理主要是从企业知识产权风险预防的角度出发的。随着经济全球化的不断深入，NPE（non-practicing entity，非实施主体）及诸多知识产权许可组织和权利人向实体企业发起诉讼或主张许可费的情形越来越多，尤其是电子及通信行业，面临的知识产权风险和挑战越来越大。此外，被诉讼或主张的对象也逐渐向中小企业扩张，暂时的风平浪静也千万别侥幸，他们是要等到鸭子长肥了再宰，让其他企业为他们挣钱。

企业应充分尊重知识产权，在收到各类知识产权侵权函件后，应积极应对，降低许可及诉讼的风险。通常收到的知识产权函件主要内容都是"权利人要求公司取得其知识产权许可（专利许可、软件版权许可、字体、图片、音乐许可等），并声称公司侵犯其专利权或声称其拥有某项/多项标准的必要专利，要求公司获得许可"等。

下面以涉及 SEP（standard essential patent，标准必要专利）的许可函件为例：

首先，企业收到函件后应明确发函主体是专利池管理组织、纯粹的 NPE 还是一般专利权人，并及时了解企业产品涉及标准的应用情况，收集国内外以及同行接受该标准专利许可的情况，综合评估分析接受该专利许可的可行性、必要性和紧迫性，并根据分析结果制订谈判策略。如有必要接受专利许可谈判的，应成立专利谈判小组，组建谈判团队。团队至少应包括技术团队、商务团队和法律团队，专利人员和技术人员应对涉及专利的有效期、布局区域、标准与专利的对应关系或产品与专利的对应关系、专利的稳定性等进行详尽的分析，作为企业谈判的依据和支撑。

此外，对于 SEP 的许可，还得充分利用 FRAND 原则（fair, reasonable and non-discrimintory，公平、合理、无歧视），保障被许可人的利益。尤其在许可费率的谈判上，虽然各标准组织均未对合理使用费有明确的定义，但被许可人还是有必要做好相应的准备工作，争取谈判的主动权和利益最大化。比如了解或分析许可方专利对标准的贡献，许可方的 SEP 对企业产品整体功能的贡献，该项标准必要专利许可费用叠加的问题（比如一项标准中数个专利的累积许可费超出被许可人执行标准所获得的利润），该标准必要专利其他权利人或管理组织（或同类标准必要专利）的许可政策，终端产品与最小可售单位的许可问题以及许可方 SEP 专利的有效期和许可范围等。

三、结束语

总之，企业知识产权风险源于技术、经营、管理等方面的诸多不确定性因素，涉及企业的研产供销等各个环节，降低风险的最有效途径就是风险防范，建立符合企业实际情况、遍及全业务流程的知识产权风控体系，在实践中不断总结、提炼并完善，有效预防和应对公司的知识产权风险，为企业的发展保驾护航。

汇聚全球资源 打造创新高地

——以高价值专利助力海尔高质量发展

王滨后[*]　赵新宇[**]　岳长琴[†]

诞生于 1984 年的海尔历经 35 年的发展，从最初的名牌战略，到多元化战略、国际化战略、全球化战略再到现阶段的网络化战略，实现海尔、卡萨帝、统帅、美国 GE Appliances、新西兰 Fisher & Paykel、日本 AQUA、意大利 Candy 七大品牌布局与全球化运营。海尔的七大品牌集群在全球市场上实现了份额第一、品牌影响力第一、原创科技水平第一的行业地位。至此，海尔通过构建生态品牌落地领先的七大品牌智慧家庭矩阵，完成了智慧家庭生态品牌建设的全球布局，开启智能家居新时代。

海尔始终坚持以用户为中心的开放式创新，致力于成为物联网时代的创新引领者，在"世界就是我的研发部"的理念指导下，海尔探索建立了线上线下融合的开放式创新平台，形成自驱动的创新生态系统，汇聚全球创新资

　* 王滨后，高级工程师，海尔智家生态平台专利标准总监。担任青岛市知识产权运营专家、山东重点产业知识产权联盟常务理事、中国知识产权研究会常务理事等职务，在知识产权领域积累了丰富的实践经验和知识产权团队成功管理经验，尤其在全球专利管理体系建设、高价值专利培育、专利运营等方面取得了突出的成绩。

　** 赵新宇，海尔智家生态平台专利标准平台知识产权高级经理，青岛市知识产权运营专家库首批入库专家，资深专利代理人，在海尔从事专利实务工作 10 余年，在创新支持与保护、风险管控、专利诉讼、许可运营等领域具有丰富的经验。

　† 岳长琴，海尔智家生态平台专利标准平台知识产权流程经理，在海尔从事专利工作 10 余年，在流程管理方面具有丰富的经验。

源，通过"技术、专利、标准"联动模式打造高价值专利助力海尔高质量发展。

本文以海尔建立开放式创新平台的理念及平台的运作为基础，谈谈平台中关于技术、专利、标准联动为企业带来的较突出的效果。

一、海尔开放式创新平台

互联网时代，信息获取越来越简单，用户非常容易获取到详尽的产品信息。同时随着互联网原住民的成长，用户的需求越发个性化、碎片化，个性化定制产品的呼声也越来越高。因此企业必须改变传统的创新方式，为了满足用户的个性化需求，需要和用户、一流资源一起创新。这就是"用户个性化"倒逼企业开放式创新的第一点。

正如《大爆炸式创新》一书中所描述的，技术的指数级发展和产品的快速迭代改变了原有的创新方式。创新产品以迅雷不及掩耳之势不断冒出，倒逼企业缩短产品研发周期，持续迭代产品，提升用户体验，只有利用全世界聪明人的智慧才能做到。这就是"产品创新加速"倒逼企业开放式创新的第二点。

互联网时代，各个行业都受到互联网的冲击，颠覆式创新无处不在。企业的颠覆往往在意料之外，又在意料之中，封闭系统注定消亡。只有变成开放的平台，建立开放的创新生态系统，才能持续创新，涅槃重生。这就是"产业颠覆"倒逼企业开放式创新的第三点。

海尔开放创新的基本理念是"世界就是我们的研发部"。其本质是吸引全球资源、用户、企业交互创新，持续不断产出引爆引领产品。海尔开放创新的目标是建立全球资源和用户参与的创新生态系统，持续产出颠覆性科技产品，带来最佳的用户体验，实现生态圈内共创共赢。

海尔以国际化的视野，在全球布局了 10 大研发中心，以及根据用户痛点随时并联的 N 个创新中心，海尔形成了"10 + N"的开放式创新平台，真正实现用户需求、创新资源在哪里研发就在哪里。

海尔在全球布局的 10 大研发中心，紧密对接一流资源，组成一流资源的创新生态圈。每个研发中心都具备一定的研发能力，是一个连接器和放大器，可以和当地的创新伙伴合作，形成了一个遍布全球的网络。代表根据用户痛点随时并联的 N 个研发触点，主要包括海尔在全球设立的创新中心、创新合伙人社群成员以及遍布全球的合作伙伴。

作为海尔开放式创新理念的承接载体，HOPE 平台是一个创新者聚集的生态社区，一个全球范围的庞大资源网络，也是一个支持产品创新的一站式服务平台。HOPE 把技术、知识、创意的供方和需方聚集到一起，提供交互的场景和工具，持续产生颠覆性创新产品。

创新合伙人社群是海尔开放式创新平台 HOPE 搭建的以海尔产业关联的技术领域专家为核心，建立的虚拟创新组织，社群成员通过 HOPE 平台接收各类创新课题，并通过多样的参与形式为有技术创新需求的产品团队提供服务。自启动以来邀请了大量各领域专家加入，充分发挥大家的聪明才智，为各行各业的产品创新建言献策，共创共赢。

目前 HOPE 平台可触及的全球一流资源节点达 380 万家，注册用户 40 多万，平均每年产生创意超过 6000 个，支撑着产品和技术的持续引领：从全空间保鲜冰箱、F＋自由嵌入式冰箱，免清洗洗衣机、双滚筒洗衣机、自清洁空调，到断电不化冻冷柜、防干烧燃气灶、无 CO 热水器……

二、技术、专利、标准联动打造高价值专利

通过开放式创新，加速创新成果产出数量和质量，提升创新能力。一方面，海尔坚持"保护知识产权就是保护创新"的理念，通过全球专利布局全面保护创新产品和技术。另一方面，专利作为创新的重要驱动力，海尔坚持以高价值专利为核心的专利战略，建立以高价值专利为核心的专利管理体系，形成"技术专利化、专利标准化、标准国际化"的创新模式，成为行业规则的制定者和引领者。

1. 全球专利布局

知识产权战略是海尔重要战略之一，是保障参与全球竞争的核心专利资产。早在 1992 年，国内很多企业还不知专利为何物时，海尔即成立首家由企

业自主设立的知识产权办公室，让其直接对公司高层领导负责。在很多经营决策中，特别是涉及海外事务时，知识产权办公室更是享有一票否决权。知识产权意识已在海尔人心中根深蒂固。比如，采购人员在签订零部件采购协议时，会先考虑这种零部件是否牵涉专利侵权问题，并在签订的协议中加入限定侵权行为和由此带来的经济赔偿条款，拒侵权纠纷于企业大门之外。

海尔建立完整的以高价值专利为核心的专利管理体系，如专利获取管控体系、专利品质管控体系、内部专利侵权风险管控体系、外部导入专利风险管控体系、海外专利诉求纠纷处理体系、海外知识产权风险防火墙等，并随时根据内外部环境的变化对这些体系进行调整和优化。

同时，海尔依托全球 10 大研发中心，对原创技术进行全球专利布局。在组织上，建立全球创新委员会和全球专利管理委员会，实现全球协同创新，共同进行全球专利布局，并统一进行全球专利资产管理、全球专利风险管控、专利与研发紧密对接等；在机制上，海尔每年召开两次全球研发大会，各研发中心共同确认技术路线图和产品路线图，实现全球协同创新、研发成果全球共享。

近年来，海尔在智能模块、分区送风、无线传输、磁制冷等关键核心技术领域形成 50 多项专利组合：冰箱精控干湿分储技术，可迅速平衡冰箱间室内温差，保鲜效果好，已布局发明专利 96 件；上下双筒、一屏双控分区洗涤的滚筒洗衣机，在减震平衡、水重用、智能控制、专业洗护等方面拥有专利百余件；空调舒适送风技术拥有专利 90 件，并获得国家科技进步二等奖、外观设计优秀奖等多个大奖。

截至目前，海尔全球发明专利布局达 3.4 万余件，海外专利 1.1 万余件，覆盖 28 个国家和地区，成为中国在海外专利布局最多的家电企业，发明专利占比、海外专利数量、PCT（patent cooperation treaty，专利合作协定）申请量均居行业第一。

2. "技术、专利、标准"联动模式

海尔坚持以高价值专利为核心的专利战略，建立以高价值专利为核心的专利管理体系，探索出"技术、专利、标准"联动的创新模式，实现"技术、

专利、标准"有效协同，致力于打造高价值专利，实现行业技术引领，构建事实标准及行业标准，实现产业控制力，参与全球规则制定。

具体而言，"技术、专利、标准"联动的创新模式是由技术、专利、标准三个协同主体和规划协同、实施协同、运营协同三个协同点构成的高效协同体系。在规划协同点主要完成技术路线、做出专利和标准布局；在实施协同点完成超前研发、模块和型号开发，形成完整的国内外专利申请，及相关企业标准、国家标准、国际标准的制定；在运营协同点即在产品上市同时，展开相关专利运营和标准运营。

例如，在电热水器安全领域，随着人们生活水平的提高，热水器已经成为不可或缺的家用电器，但是家电的安全问题由来已久。海尔从 1986 年生产中国第一代电热水器开始，一直致力于热水器安全性能的研究，在该方面的研究一直处于国内领先水平，取得了以"防电墙"为代表的一系列研究成果并拥有很多创新成果。2006 年，海尔主导制定了 GB 4706.12 - 2006《家用和类似用途电器的安全储水式热水器的特殊要求》，将"防电墙"技术作为附录写入标准中。2007 年 12 月，海尔"防电墙"技术提案被国际电工委员会（international electrotechnical commission，IEC）采纳，成为国际标准。海尔热水器在本项目的标准立项、标准工作组组建、标准的编写等各个环节中，都发挥着主导作用，先后七次参加国际电工委员大会，与各国专家就标准内容进行讨论和答疑，最终成功将"防地线带电"技术写入 IEC 60335 - 2 - 21 国际标准中，成为国际热水器行业第一个由中国企业制定的国际标准。该标准和国家标准的发布实施进一步有效避免了储水式电热水器安全使用风险，最大限度地保护消费者生命和财产安全，引领了热水器行业的发展。

储水式热水器作为 I 类器具，其安全标准是基于接地保护制定的。但是，在中国部分欠发达的地区，例如农村、山区等，建筑房屋的用电环境相对恶劣，存在房屋接地系统缺失、虚接、线径不足、阻值过大等现象，甚至会出现接地系统带电的情况。在这样的用电环境中使用 I 类器具，实际上都处于 0 类器具的状态，一旦发生漏电，将会出现人身事故。事故发生后，对于产品的测试结果往往是符合要求的。基于此，迫切需要研制新的技术解决此类问题并对现有的标准进行升级，以保障消费者的洗浴安全。

针对此种情况，海尔提出了"防电墙"解决方案。"防电墙"技术是专门针对无接地线或接地不良的现状设计的，它利用水本身的物理性质，结合热水器的具体结构，保证热水器内部的水在流出热水器前形成一个很大的电阻，在发生漏电或地线带电时可以承担 220V 电压中的大部分电压，而人体只承受低于12V 的人体绝对安全电压，低于国家标准规定的低于 36V 的要求，因此可以保证消费者洗浴的绝对安全。目前，该项技术已写入我国国家标准，在 GB 4706.12－2006《家用和类似用途电器的安全储水式热水器的特殊要求》标准中增加附录 AA：对在接地系统异常时提供应急防护措施的 I 类热水器的附加要求。

鉴于很多发展中国家与中国的用电环境类似，2002 年，该项技术作为中国向 IEC 提交的三项提案之一获得大会鼓掌通过，经过不懈努力，最终在 IEC 60335－2－21：2009 中作为地区性差异正式写入国际标准中，成为国际热水器行业第一个由中国企业制定的国际标准。通过本标准的实施，保护了消费者的洗浴安全，推进了热水器行业的技术进步。据统计，在标准实施前，中国每年均有因地线带电造成消费者洗浴死亡；自防电墙国际标准应用以来，海尔确保 9000 万台电热水器零安全事故，标准的功劳可见一斑。

"防电墙"自 2001 年开始申报第一个发明专利开始，随着技术的不断改进，到目前已经形成 12 个发明专利，8 个实用新型专利保护群。截至目前海尔累计提出 98 项国际标准制修订提案，其中 60 项被采纳，是主导、参与制定国际标准最多的中国家电企业。

三、专利运营助力海尔高质量发展

在高价值专利运营方面，海尔在电热水器"防电墙"技术、洗衣机无水颗粒洗、直线压缩机等多个技术开展对外专利许可运营，累计许可运营收益过亿元，回馈技术研发并促进海尔实体产业的良性发展，其中海尔的"防电墙"专利技术成为行业安全标准被广泛应用，洗衣机无水颗粒洗技术出口欧盟。这些技术领域的专利运营一方面打开了海尔新的盈利空间，另一方面也为海尔掌握未来市场的主动权奠定了坚实的基础。

例如，冰箱保鲜技术布局专利 85 项，通过主导制定 IEC 冰箱保鲜技术国际标准，将冰箱行业的产品评价规则由原来的评价制冷温度转变为评价食品保鲜效果，改变了全球冰箱市场的竞争格局，新增收入170亿元。

海尔"防电墙"技术布局专利12项，成为IEC国际标准，解决了困扰多年的用电环境引起的热水器安全问题。自"防电墙"标准实施以来，安全事故发生率为零，海尔累计收入800亿元，复合增长率为14%。

海尔研发并试制出全球体积最小、性能领先且噪音低的新型压缩机，并围绕该产品布局了近80件发明专利，其核心专利获得中国专利金奖；向全球知名压缩机厂许可实施该批专利权，专利许可合同金额过亿元。

同时，海尔还积极开展对外合作，运用专利联盟布局前瞻性技术，例如在智能语音、智慧家庭、新材料等技术领域创建了专利联盟，联合上下游产业链以及横向资源优势企业，抢先在物联网、人工智能等技术领域布局专利，将基础技术应用于家电产品，谋划未来行业变革。

2019年百度与海尔在北京举行知识产权合作签约仪式，基于各自在人工智能和物联网领域优势展开专利合作。这是国内企业之间首次人工智能＋物联网领域的专利合作。百度与海尔作为各自领域内的领军企业，此次在知识产权方面的合作，实现了双方知识产权优势互补，增强了双方企业在复杂世界贸易新形势下应对知识产权问题的硬实力，共同推动人工智能技术在智慧家庭领域的应用。

此外，为构建中国智慧家庭领域核心专利池，海尔发起设立了规模2亿元的智慧家庭专利运营投资基金，通过专利运营，建立智慧家庭专利池，构建智慧家庭专利生态。

四、结语及展望

一言以蔽之，未来海尔在"人单合一"模式指导下，将始终坚持以用户为中心，通过开放式创新不断汇聚全球资源，打造创新高地，始终坚持以高价值专利为核心的专利战略，深化在智慧家庭领域的专利布局，强化关键核心技术专利包的运营，通过不断提升专利"含金量"来创造更好的产品和更高的用户价值，助力企业高质量发展。

企业知识产权管理体系的标准化整合

康 鹏*

　　企业知识产权管理体系是指由企业知识产权管理方针、目标、知识产权管理组织机构、管理人员、规章制度以及各类知识产权管理活动构成的有机整体，是指企业在生产经营中对涉及知识产权事项的计划、组织、指挥、协调和控制的活动[1]。国家质检总局和国家标准委于2013年3月1日发布和实施了GB/T 29490-2013《企业知识产权管理规范》。2013年5月，国家知识产权局通过认证认可工作部际联席会议机制，提出探索运用认证的手段，在全国范围推行实施上述标准。国家认监委2014年正式批准设立知识产权管理体系认证制度。2014年11月首批知识产权管理体系认证证书发放。

　　知识产权管理体系的目标是通过管控组织的知识产权，促进创新，提升核心竞争力，实现可持续发展。具体来说，主要作用有：激励创造知识产权，促进技术创新；灵活运用知识产权，改善市场竞争地位；全面保护知识产权，支撑企业持续发展；系统管理知识产权，提升企业核心竞争力。来自国家知识产权局的统计表明，截至目前，全国已经有20多个省开展了企业知识产权贯标工作，知识产权管理体系认证企业已经达到2.6万家，企业市场竞争能

　　* 康鹏，高级工程师，国际项目管理师，现任西安西电高压开关有限责任公司技术中心主任级工程师。2004年工作至今，共获得中国机械工业科学技术特等奖1项，陕西省科学技术奖二等奖2项，国家能源科学技术奖二等奖1项，西安市科学技术奖3项；2018年，受到国家知识产权局的表扬，被国家知识产权局评为"企业知识产权管理先进个人"。

力显著提升。

近年来，基于自身改善的渴望、市场的形势、客户的要求，我国各类企业正在建立或实施 ISO 9001 质量、ISO 14001 环境、OHSAS 18001 职业健康安全、能源、两化融合等诸多管理体系。上述管理体系的建立，有效促进了质量、环境、职业健康、能源、信息化管理工作并且获得了不同程度的改善。但是，很多企业在实施了多种管理体系之后，虽某一方面的管理获得了不同程度的改善，但企业的整体运行效率却严重降低了：各种管理体系独立运行；各类管理流程繁多，重叠并行与互相矛盾屡见不鲜；各类文件、表格汗牛充栋；各种管理会议与审查层出不穷，同一部门在工作中执行多套体系，造成职责不一致、行动不统一；内部审核时，多套体系单独进行，形成同一记录、同一工作重复审核；管理评审时，多套体系单独进行，增加评审次数和会议次数，评审的质量和效果不太理想；为应对各种管理体系的繁杂要求，企业的中层管理人员与员工不得不花去大量精力学习各种文件、填写多种报表、参加各类管理会议，导致企业整体工作效率下降。

按照常理来说，实施了多种管理体系，企业的整体管理效果应该会更好。但是很多企业出现了上述问题，是因为这些企业并没有把所实施的多种管理体系进行有效整合——各种管理体系都在独立运行。为了消除各类体系独立运行而给企业带来的繁杂与效率低下等问题，在实施任何一个管理体系之初，就必须将该管理体系与其他现有全部的管理体系进行有效整合。因此，笔者在开展企业知识产权贯标工作以来，根据GB/T 29490－2013《企业知识产权管理规范》特点，以 PDCA（plan，策划；do，实施；check，检查；action，改进）管理模型为理论基础，综合基于过程方法管理和关注风险点控制为整合基础，通过分析 GB/T 29490－2013、GB/T 19001－2008、GB/T 24001－2004、GB/T 28001－2001 四个标准要素的区别与联系，对企业知识产权管理体系与 ISO 9001 质量、ISO 14001 环境、OHSAS 18001 职业健康安全三标管理体系进行了标准化的整合研究并逐步探索实施，下面笔者就上述整合过程的心得总结如下。

一、企业知识产权管理体系与 QES 三标管理体系标准的关联性

1. 四个管理体系的核心内容

（1）《企业知识产权管理规范》（以下简称"GB/T 29490 - 2013"）是以企业知识产权管理体系为标准化对象，旨在指导企业建立科学、系统的知识产权管理体系，通过对企业涉及知识产权资源以及生产经营活动中涉及的知识产权事项按照制度、流程进行科学化、规范化的管理，帮助企业全面落实国家知识产权战略精神，积极应对当前全球范围内重视知识产权的竞争态势，有效提高知识产权对企业经营发展的贡献水平。GB/T 29490 - 2013 是结合企业知识产权管理的实践，根据《中华人民共和国专利法》《中华人民共和国商标法》《中华人民共和国著作权法》等法律法规，按照 GB/T 1.1 - 2000《标准化工作导则第 1 部分：标准的结构和编写规则》和 GB/T 1.1 - 2002《标准化工作导则第 1 部分：标准中规范性技术要素内容的确定方法》编制而成。由国家知识产权局起草制定，国家质量监督检验检疫总局、国家标准化管理委员会批准颁布，是我国首部企业知识产权管理国家标准，于 2013 年 3 月 1 日起实施。标准号是 GB/T 29490 - 2013。

（2）ISO 9001 质量管理体系是基于产品的过程管理和控制，并与目标管理有机结合的管理模式。其基本模式是以产品生产和形成的全过程为依据，建立从设计输入开始，经过涉及环节控制、材料采购监控、生产过程控制、产品监测控制、纠正和预防措施的控制、产品输出控制，以及质量标准体系的不断自我完善和外部监控等 20 个基本要素全封闭循环体系。其通用于各种形态、行业及不同规模的组织，也更能与其他管理体系标准（尤其是 ISO 14001 环境管理体系）相兼容。ISO 9001 质量管理体系的特点是规范一个相对稳定和程式化的生产过程，并在各个关键环节上实施有效的控制，强调通过利用资源和管理，对输入转化为输出活动的过程控制，而知识产权创造过程与产品形成的全过程密切相关，同时专利的实施也必须以产品为载体，比较适合采用 ISO 9001 质量管理体系的过程方法进行管理与控制。而且两者建立

管理体系宗旨有相似性，ISO 9001 质量管理体系所有活动的目的是满足顾客要求，增进顾客满意，其过程控制强调增值的目的；同样，进行知识产权创造的需求也可视为来自市场需求，合理有效的知识产权创造与使用过程应是利润增加的过程，而不是成本增加的过程。且质量管理体系注重提高和发展，与知识产权的创造不断推动技术进步，提升产品性能的作用一致。因此，ISO 9001 质量管理体系的模式对知识产权创造和运用活动的管理具有较大的借鉴作用。

（3）OHSAS 18001 职业健康安全管理体系是特定组织全部管理体系的一个组成部分，包括制定、实施、实现、评审和保持职业健康安全方针所需的组织结构、规划、活动、职责、制度、程序、过程和资源。其基本思想是实现体系持续改进，通过周而复始地进行"计划、实施、监测、评审"活动，使体系功能不断加强。它要求组织在实施职业健康安全管理体系时始终保持持续改进。从这个要求可以看出，作为一个职业健康安全管理体系，首先，要以实施组织职业健康安全管理方针为目的；其次，要能够保证这一方针得以有效实施。它不仅应与组织的全面管理职能有机结合，而且也是一个动态的、自我调整和完善的管理体系，涉及组织职业健康安全的一切活动[3]。

（4）OHSAS 18001 职业健康安全管理体系包括 6 个要素：总要求、职业健康安全方针、策划、实施与运行、检查与纠正措施和管理评审。该管理体系的特点是以企业整体为对象，不是以具体产品或服务为对象，其重点是风险防范与控制，根据对危险源辨识，进行风险评价，实施风险控制。其运行控制的要求要比 ISO 9001 质量管理体系简单，仅涉及企业整体，不涉及产品的具体开发及生产过程。其与知识产权管理的类同性体现在建立管理体系的要求均来自企业内部而不是顾客，依据的标准都是国家法律法规，具有较强的客观性。职业健康安全管理体系控制的宗旨以预防为主，不关注提高和发展，这方面与知识产权保护的目的与要求大致相同。其整个标准体系未提出具体的安全绩效准则，也未做出设计管理体系的具体规定，执行标准的弹性范围较宽，具有较强的通用性，对企业的个性要求较低，比较适用于知识产权这种无形财产的管理[2]。

2. 四个管理体系的关联性

GB/T 29490 - 2013 与 ISO 9001 质量管理体系、ISO 14001 环境管理体系、OHSAS 18001 职业健康安全管理体系标准是相互兼容的，均是通过构建管理体系，形成规划、执行、检查与处理的 PDCA 循环，持续改进系统运作的效果。它们在强调规范与改进方面都具有相同的特性，力求通过建立自我完善与外部评审机制促进企业管理工作的提高。它们都要求对每件事必须做到责任明确、时间地点清楚、办事程序规范、清晰，并要求建立事事有记录、事后有检查、有错需纠正等管理措施。它们形成一个闭环管理系统；建立不断发现问题、及时解决问题的良性循环机制，通过内部审核、管理评审和外部认证等多种审核检查，及时发现管理中的缺陷和不足，运用管理体系设立的纠正和预防措施和手段，及时克服日常工作和管理方面的问题，使缺陷得到改进，强调自我完善与外部评审促进，将可能存在的不足消灭在萌芽之中[7]。

二、企业知识产权管理体系与 QES 三标管理体系整合的原则

1. 对管理对象相同、管理特性要求基本一致的内容应进行整合

凡是 GB/T 29490 - 2013、GB/T 19001 - 2008、GB/T 24001 - 2004、GB/T 28001 - 2001 四项标准中管理的对象相同，管理特性要求基本一致的内容，企业对体系文件、资源配置、运行控制都可以整合。

所谓管理体系整合，从战略思维层面上讲，就是系统论的思维方式。即通过组织协调，把企业内部彼此相关却彼此分离的职能进行整合，取得 1 + 1 大于 2 的效果；从战术选择的层面上讲，就是优化配置的决策，根据企业的发展战略和市场需求对有关的资源进行重新配置，以突显企业的核心竞争力，并寻求资源配置与客户需求的最佳结合点。其目的是通过组织制度安排和管理运作协调来增强企业的竞争优势，提高客户服务水平。

我国电力行业一直致力管理体系整合实践的探索。电力行业标准 DL/T 1004 - 2006《质量、职业健康安全和环境整合管理体系规范及使用指南》发

布至今已实施 12 年。该标准对指导电力企业质量、职业健康安全、环境整合管理体系的建设发挥了不可替代的作用。为适应新的电力改革要求，促进电力企业管理体系贯标，避免贯标、审核重复活动，夯实企业管理基础，为电力企业构建一个规范的整合管理体系框架，促进管理体系各领域之间协调，由中电联牵头组织修订了 DL/T 1004，并将标准名称更名为《电力企业管理体系整合导则》，于 2018 年 6 月正式发布。该标准基于质量、环境、职业健康安全、能源管理体系的整合理念，给出了电力企业管理体系整合以及与企业标准体系融合的原则、方法和模式。该标准以 ISO 导则的高阶结构对多领域的管理体系进行整合，适用于电力行业的设计、施工、发电、电网等类型的企业，建立、实施、保持并改进整合的管理体系需求，能指导企业进行质量、环境、职业健康安全、能源四个管理体系的选择、建设、融入、整合工作。其他管理体系的整合可参照该标准。该标准基于"策划—支持和运行—绩效评价—改进"（PDCA）运行模式，体现了"风险与机遇管理"思维，结合了我国电力行业安全生产管理的特点和要求，采用过程方法，以管理体系整合过程的控制为基础，以满足被整合的管理体系相关要求，以提高整体业绩为目标，建立整合管理体系，有利于统筹规划文件、整合管理资源、协调管理活动，确保管理体系与管理实际密切配合，提高管理效率[4]。

2. 整合后的管理性要求应覆盖四项标准的内容

整合后的管理性要求应覆盖 GB/T 29490 – 2013、GB/T 19001 – 2008、GB/T 24001 – 2004、GB/T 28001 – 2001 四项标准的内容，以四标准中要求最高、涵盖面最广的为准。整合后的管理体系文件是适应四个标准要求的管理体系，只有四个标准的全部要求都满足，才能说明企业整合后的管理体系能够确保其符合质量、环境、职业健康安全、知识产权管理规定的要求，能够实现企业制定的质量、环境、职业安全健康、知识产权管理的目标。

我国对管理体系的整合已经开展了一些实践，在标准的认证过程中，很多组织依据 GB/T 19001、GB/T 24001、GB/T 28001 标准建立质量、环境和职业健康安全的一体化管理体系。同时，某些行业也提出了全面一体化管理，即组织在所有领域内以质量、环境、职业健康安全为核心，以全面质量管理

（total quality management，TQM）理论为基础，以国际管理性标准要求为框架，融合其他管理要求，优化整合协调一致管理，其目的在于让顾客满意及员工、相关方受益而达到长期成功的管理途径。

3. 整合后的管理体系文件应具有可操作性，保持文件之间的协调性和针对性

各专业管理体系标准也对体系文件整合有明确要求。（1）GB/T 19001 - 2008 标准 0.4 指出：本标准不包括针对其他管理体系的要求，如环境管理、职业卫生与安全管理、财务管理或风险管理的特定要求。然而本标准使组织能够将自身的质量管理体系与相关的管理体系要求结合或整合。[12]（2）GB/T 24001 - 2004 在"引言"中指出：本标准不包含针对其他管理体系的要求，如质量、职业健康安全、财务或风险等管理体系要求。但可以将本标准所规定的要素与其他管理体系的要素进行协调，或加以整合。组织可通过对现有管理体系做出修改，以建立符合本标准要求的环境管理体系。[13]（3）GB/T 28001 - 2008 "引言"指出：本标准不包含其他管理体系特定的要求，如质量、环境、安全保卫或财务管理等体系要求。组织可通过对现有管理体系做出修改，以便建立符合本标准要求的职业健康安全管理体系，符合本标准要求的职业健康安全管理体系。[14]（4）GB/T 29490 - 2013 "引言"中指出：本标准提供基于过程方法的企业知识产权管理模型，指导企业策划、实施、检查、改进知识产权管理体系。利用资源将输入转化为输出的任何一项或一组活动可视为一个过程。通常，一个过程的输出将直接成为下一个过程的输入。企业知识产权管理体系是企业管理体系的重要组成部分，该体系作为一个整体过程，包括知识产权管理的策划、实施、检查、改进四个环节。[15]质量、环境、职业健康安全和知识产权管理体系标准有着不同的目的，但都是以系统论、控制论和信息论作为共同的理论基础，其内容相互兼容、相互补充、有机统一。在国家法律法规和企业发展战略框架下，企业应运用系统方法对管理体系进行整合策划，首先确定管理体系整合的基础：建立标准体系的企业，应以企业标准体系为基础，进行管理体系的要素整合；未建立标准体系的企业，应以管理体系通用要求为基础，进行管理体系的文件整合，可编写管理手册或策划文件。

管理体系整合后的框架内容一般包括：识别组织的环境、综合的方针目标、统一的管理职能、共用的体系文件、过程的总体策划、综合的风险评价、统一协调的运行与监测、同步实施的体系评价与改进等方面的内容。企业应将过程方法始终贯穿于企业管理体系整合活动：识别管理体系的过程及其应用，确定过程的顺序和相互作用，确定所需的准则和方法；对生产和服务提供过程所涉及的质量特性、环境因素、危险源、知识产权使用以及对相应的风险进行识别、评价和控制，实现管理体系预期的结果；保持管理体系成文信息之间的协调性和针对性。

4. 整合要做到三个"有利于"

整合应有利于减少文件数量，便于文件使用；有利于统一协调体系的策划、运行与检测，实现资源共享；有利于提高管理效率，降低管理成本。

一般来讲，专业管理体系文件包括下列类型：管理手册、程序文件、作业指导书和其他管理文件。管理手册是根据管理方针和管理目标描述管理体系的纲领性文件。程序文件是描述实施管理的管理事项、在特定的时间做出特定的规定体系所需的相互联系的过程和活动的文件。管理手册和程序文件均是对管理事项所制定的规范性文件，可以纳入管理标准范畴。作业指导书是对每一项作业按照全过程控制的要求，对作业计划、准备、实施、总结等各个环节，明确具体操作的方法、步骤、措施、标准和人员责任，依据工作流程组合成的执行文件。这类文件有不同的具体名称，如工艺规程、工作指令、操作规程等。

依据四体系要素的要求，本着尽量减少文件的原则，采用三层文件化管理体系：第一层文件为管理手册、管理方针和管理目标，为四标所用，阐述了四标管理体系的基本结构，是内部管理活动的最高指导原则。第二层文件为程序文件，为四标共用，是管理手册的支持性文件，是管理手册的展开，是对各项管理活动规范做出的简单说明。第三层文件为作业文件，是对各类管理活动实施细则和具体做法的描述，以及该类活动所需的记录方法和追踪措施等。

以某公司为例，结合企业特点及现有的管理标准，共编制了 1 个管理手册和 29 个程序文件，其中，与 GB/T 28001 - 2001 管理体系相关的共有 16 个程序文件，9 个文件为 GB/T 29490 - 2013 管理体系的独立文件，其余 7 个文件与 GB/T 19001 - 2008 质量标准共用。

三、企业知识产权管理体系与 QES 三标管理体系整合策略

（1）企业管理体系包括两个方面的内容，一是规章制度，即以文字为表现形式、体现企业文化的各种规定和办法；二是企业文化，即具有企业特色的思维方式、行为习惯、价值取向、企业使命与管理作风等各种理念。

（2）建立管理体系的目的都是对内为提高、规范管理，对外为提供信任；都是自愿采用国家标准；都遵循相同的系统管理原则，在组织内建立文件化管理体系。四个体系在结构和运行模式上均按照 PDCA 循环模式实现持续改进。体系中大部分要素内容其实质是相同的，如管理职责、文件控制和管理评审等，从而为企业知识产权管理体系与 QES 三标管理体系部分要素的兼容创造了条件[5]。

（3）企业知识产权管理体系与 QES 三标管理体系根据 GB/T 29490 - 2013、GB/T 19001 - 2008、GB/T 24001 - 2004、GB/T 28001 - 2001 四个标准的标准要素要求，按照"相同合并、相近融合、相异独立"的原则，以质量管理体系为核心，把环境、职业健康安全、知识产权管理的各要素，按照质量管理体系的要素次序，相继融合。[6] GB/T 19001 - 2008、GB/T 24001 - 2004、GB/T 28001 - 2001、GB/T 29490 - 2013 四个标准要素对照见表 1 所示。

表 1　四个标准要素对照表

GB/T 19001 -2008 《质量管理体系要求》	GB/T 24001 -2004 《环境管理体系要求 及使用指南》	GB/T 28001 -2011 《职业健康安全管理 体系要求》	GB/T 29490 -2013 《企业知识产权 管理规范》
4.1 总要求	4.1 总要求	4.1 总要求	4.1 总要求
4.2 文件要求	—	—	4.2 文件要求
4.2.1 总则	4.4.4 文件	4.4.4 文件	4.2.1 总则
4.2.2 管理手册			4.2.3 知识产权手册

GB/T 19001-2008《质量管理体系要求》	GB/T 24001-2004《环境管理体系要求及使用指南》	GB/T 28001-2011《职业健康安全管理体系要求》	GB/T 29490-2013《企业知识产权管理规范》
4.2.3 文件控制	4.4.5 文件控制	4.4.5 文件控制	4.2.2 文件控制
4.2.4 记录控制	4.5.4 记录控制	4.5.4 记录控制	4.2.4 外来文件与记录文件
5.1 管理承诺	—	—	5.1 管理承诺
5.2 以顾客为关注焦点	—	—	—
5.3 质量方针	4.2 环境方针	4.2 职业健康安全方针	5.2 知识产权方针
5.4 策划	4.3 策划	4.3 策划	5.3 策划
5.4.1 质量目标	—	—	5.3.2 知识产权目标
5.4.2 质量管理体系策划	—	—	5.3.1 知识产权管理体系策划
—	4.3.1 环境因素	—	—
	—	4.3.1 危险源辨识、风险评价和控制措施的确定	—
	4.3.2 法律法规和其他要求	4.3.2 法律法规和其他要求	5.3.3 法律和其他要求
	4.3.3 目标、指标和方案	4.3.3 目标和方案	
	4.3.3 目标、指标和方案	4.3.3 目标和方案	
5.5 职责、权限与沟通			5.4 职责、权限和沟通
5.5.1 职责和权限	4.4.1 资源、作用、职责和权限	4.4.1 资源、作用、职责、责任和权限	5.4.2 机构
5.5.2 管理者代表	4.3 信息交流	4.4.3 沟通、参与和协商	5.4.1 管理者代表
5.5.3 内部沟通	4.4.3 信息交流	4.4.3 沟通、参与和协商	5.4.3 内部沟通
5.6 管理评审	4.6 管理评审	4.6 管理评审	5.5 管理评审
6.1 资源提供	4.4.1 资源、作用、职责和权限	4.4.1 资源、作用、职责、责任和权限	6.3 财务资源 6.4 信息资源

续表

GB/T 19001 - 2008 《质量管理体系要求》	GB/T 24001 - 2004 《环境管理体系要求 及使用指南》	GB/T 28001 - 2011 《职业健康安全管理 体系要求》	GB/T 29490 - 2013 《企业知识产权 管理规范》
6.2 人力资源	4.4.2 能力、培训和 意识	4.4.2 能力、培训和 意识	6.1 人力资源
6.3 基础设施	—	—	6.2 基础设施
6.4 工作环境	—	—	
—			7 基础管理
7.1 产品实现的策划	—	—	8.1 立项 8.2 研究开发
7.2 与顾客有关的过程	—	—	8.5 销售和售后
7.4 采购	—	—	8.3 采购
7.5 生产和服务提供	—	—	8.4 生产
7.5.1 生产和服务提供 的控制	—	—	—
7.5.2 生产和服务提供 过程的确认	—	—	—
7.5.3 标识和可追溯性	—	—	—
7.5.4 顾客财产	—	—	—
7.5.5 产品防护	—	—	—
7.6 监视和测量设备 的控制	4.5.1 监测和测量	4.5.1 绩效测量和监视	—
—	4.4.6 运行控制	4.4.6 运行控制	
—	4.4.7 应急准备和响应	4.4.7 应急准备和响应	
8.1 总则	4.5 检查	4.5 检查	9.1 总则
8.2.1 顾客满意	—	—	
8.2.2 内部审核	4.5.5 内部审核	4.5.5 内部审核	9.2 内部审核
8.2.3 过程的监视和 测量	4.5.1 监测和测量	4.5.1 绩效测量和监视	—
8.2.4 产品的监视和 测量			
—	4.5.1 监测和测量	4.5.1 绩效测量和监视	
—	4.5.2 合规性评价	4.5.2 合规性评价	

GB/T 19001 – 2008《质量管理体系要求》	GB/T 24001 – 2004《环境管理体系要求及使用指南》	GB/T 28001 – 2011《职业健康安全管理体系要求》	GB/T 29490 – 2013《企业知识产权管理规范》
8.3 不合格品控制	4.5.3 不符合、纠正措施和预防措施	4.5.3 事件调查、不符合、纠正措施和预防措施	—
8.4 数据分析	—	—	—
8.5 改进	—	—	9.3 分析与改进
8.5.1 持续改进	—	—	
8.5.2 纠正措施	4.5.3 不符合、纠正措施和预防措施	4.5.3 事件调查、不符合、纠正措施和预防措施	—
8.5.3 预防措施	4.5.3 不符合、纠正措施和预防措施	4.5.3 事件调查、不符合、纠正措施和预防措施	—

（4）企业知识产权管理体系与 QES 三标管理体系整合后的体系文件采用三层文件化管理。第一层文件为管理手册、管理方针和管理目标，阐述了知识产权管理、质量管理、环境管理、职业健康安全管理体系的基本结构，是内部管理活动的最高指导原则。第二层文件为程序文件，是管理手册的支持性文件，是管理手册的展开，是对各项管理活动规范做出的简单说明。程序文件要素整合为知识产权管理体系与三标管理体系共用。第三层文件为作业文件，是对各类管理活动实施细则和具体做法的描述，以及该类活动所需的记录方法和追踪措施等。管理体系程序文件整合要素及其支持性文件清单见表 2 所示。

表 2　管理体系程序文件整合要素及其支持性文件清单

序号	程序文件	整合要素	支持性文件
1	文件控制程序	质量管理：4.2.1 总则；4.2.3 文件控制 环境管理：4.4.4 文件；4.4.5 文件控制 职业健康：4.4.4 文件；4.4.5 文件控制 知识产权：4.2.1 总则；4.2.2 文件控制	—

序号	程序文件	整合要素	支持性文件
2	记录控制程序	质量管理：4.2.4 记录控制 环境管理：4.5.4 记录控制 职业健康：4.5.4 记录控制 知识产权：4.2.4 外来文件与记录控制	—
3	管理评审控制程序	质量管理：5.6 管理评审 环境管理：4.6 管理评审 职业健康：4.6 管理评审 知识产权：5.5 管理评审	—
4	质量计划编写 控制程序	质量管理：7.1 产品实现的策划	—
5	环境因素识别 评价控制程序	环境管理：4.3.1 环境因素	—
6	危险源辨识与风险 评价控制程序	职业健康：4.3.1 危险源辨识、 风险评价和控制措施的确定	—
7	知识产权管理	知识产权：7.1 获取；7.2 维护；7.3 运用	—
8	保密管理	知识产权：7.6 保密	—
9	法律法规识别与合规 性评价控制程序	环境管理：4.3.2 法律法规和其他要求 职业健康：4.3.2 法律法规和其他要求 知识产权：5.3.3 法律和其他要求	—
10	信息交流与协商 控制程序	质量管理：5.5.3 内部沟通；7.2.3 顾客沟通 环境管理：4.4.3 信息交流 职业健康：4.4.2 沟通、参与和协商 知识产权：5.4.3 内部沟通；6.4 信息资源	—
11	人力资源控制程序	质量管理：6.2 人力资源 环境管理：4.4.2 能力、培训和意识 职业健康：4.4.2 能力、培训和意识 知识产权：6.1 人力资源	—
12	合同评审控制程序	质量管理：7.2 与顾客有关的过程 知识产权：7.5 合同管理	—
13	设计和开发控制程序	质量管理：7.3 设计和开发 知识产权：8.1 立项；8.2 研究开发	—

续表

序号	程序文件	整合要素	支持性文件
14	采购控制程序	质量管理：7.4 采购进货检验作用指导书 知识产权：8.3 采购	质量管理：进货检验作用指导书
15	生产过程控制程序	质量管理：7.5.1 生产和服务提供的控制 知识产权：8.3 生产	无
16	标识和可追溯性控制程序	质量管理：7.5.3 标识和可追溯性设置管理制度	设置管理制度
17	顾客财产控制程序	质量管理：7.5.4 顾客财产进货检验作业指导书 知识产权：7.4.3 涉外贸易；8.5 销售	质量管理：进货检验作业指导书
18	产品防护控制程序	质量管理：7.5.5 产品防护	产品防护作业指导书
19	监视和测量设备控制程序	质量管理：7.6 监视和测量设备的控制	设备评定认可规范
20	环境运行控制程序	环境管理：4.4.6 运行控制	—
21	职业健康安全运行控制程序	职业健康：4.4.6 运行控制	—
22	相关方管理控制程序	环境管理：4.4.6 运行控制 职业健康：4.4.6 运行控制 知识产权：7.4.1 风险管理；7.4.2 争议处理	—
23	应急准备和响应控制程序	环境管理：4.4.7 应急准备和响应 职业健康：4.4.7 应急准备和响应	—
24	顾客满意度测量控制程序	质量管理：8.2.1 顾客满意	—
25	内部审核控制程序	质量管理：8.2.2 内部审核 环境管理：4.5.5 内部审核 职业健康：4.5.5 内部审核 知识产权：9.2 内部审核	—
26	产品监视和测量控制程序	质量管理：8.2.3 产品的监视和测量	进货检验作业指导书
27	不合格品控制程序	质量管理：8.2.4 不合格品控制	—
28	数据分析控制程序	质量管理：8.4 数据分析	

序号	程序文件	整合要素	支持性文件
29	纠正和预防措施控制程序	质量管理：8.5 改进 环境管理：4.5.3 不符合、纠正措施和预防措施 职业健康：4.5.3 事件调查、不符合、纠正措施和预防措施 知识产权：9.3 分析与改进	—
30	绩效监测控制程序	环境管理：4.5.1 监测和测量 职业健康：4.5.1 绩效测量和监视	—
31	事件调查处理控制程序	环境管理：4.5.3 不符合、纠正措施和预防措施 职业健康：4.5.3 事件调查、不符合、纠正措施和预防措施	—

（5）管理体系内部审核和管理评审作为常态监督机制，根据合并后的《内部审核控制程序》和《管理评审控制程序》文件的要求，每年集中对公司的知识产权管理体系、质量管理体系、环境管理体系、职业健康安全管理体系进行 1~2 次的内部审核和管理评审。按照各体系管理手册覆盖的部门和所有要素进行内部审核，以验证管理体系运行的符合性和有效性。在日常的工作中严格按照整合后的管理体系程序文件执行，对每次内审发现的问题均开具不合格项报告，并要求相关部门在规定的时间内关闭不合格项。内部审核报告作为管理评审输入的依据[8]。管理评审对知识产权管理体系、质量管理体系、环境管理体系、职业健康安全体系一年来的运行情况做全面的分析，肯定成绩，总结经验，分析问题，找出不足，对体系的改进提出明确的要求，并实施改进[9-11]。

执行是体系的生命，管理体系构建得再好，如果没有执行落地也只是空谈。为确保管理体系的实施，企业应从以下八个环节抓好落实：一是最高管理者应根据市场需要和自身发展，推动企业管理体系的整合，确定整合管理体系的方针及目标，体现并履行承诺。各级管理层身体力行、全心投入体系管理，确保令行禁止、执行有效。二是应建立企业目标指标，涵盖企业生产经营管理各个方面，并层层分解、层层落实，落实激励机制。三是应明确各部门体系管理的职能分配，并将体系文件规定到位，促使人人为体系运行做出贡献。四是全员参与体系文件、业务流程等的培训，促使各个岗位人员能正确理解、熟练操作和一丝不苟地执行整合管理体系各要素的要求。五是定期开展危险源辨识、风险评估、环境因素识别和知识产权评审。确定重大危险源并评价其风险程度、评价出重要环境因素及其造成的环境影响、识别确定主要节能潜力清单等，制定控制措施和管理方案。六是完善作业指导书，兼顾质量、环境、职业健康安全、保密等要求，提高可操作性。七是定期总结经验教训。八是对管理体系的绩效进行监视、测量、分析和评价，对发现的问题予以纠正，并持续改进整合管理体系的适宜性、充分性和有效性[4]。

四、总结与展望

将企业知识产权管理体系与 EQS 三标管理体系整合是系统管理的一种具体实践。有助于企业将原来分散在各体系归口管理部门的工作包括制度和行动都整合起来，系统化地进行全面和整体的控制。便于企业认识和掌握管理的规律性。在企业建立体系一体化的管理基础条件下，能够科学地调配人力资源，优化企业体系管理的机构，统筹开展管理性要求一致的活动，提高工作效率，降低管理成本，提高管理体系运行的效率。

推动和建立一个精简高效的整合型管理体系，强化生产、管理、经营的整体过程管控能力，不断提高过程效率、效能、效果和效益，将有助于企业精简烦琐的管理要求，实现资源的优化配置，降低企业管理成本，是提升企业卓越竞争力的必然选择，对企业转型升级、实现管理提升具有重要的战略意义。

参考文献

［1］冯晓青．知识产权管理：企业管理中不可缺少的重要内容［J］．长沙理工大学学报，2005（1）．

［2］支越，毛孝明．职业健康安全管理体系简介［J］．电子质量，2000（4）．

［3］苗金明，徐德蜀，陈百年，等．职业健康安全管理体系的理论与实践［M］．北京：化学工业出版社，2005.

［4］于明，刘杰，王发莲．电力企业管理体系整合与有效运行［J］．标准实践，2018（9）．

［5］申敏．建立 QEO 体系，提高一体化管理水平——以线材厂"三标一体"整合模式为例［R］．2011 年云南电力技术论坛论文集，2011.

［6］穆恩良，马素萍．三标管理体系在水利水电行业中的应用［J］．水利技术监督，2016（1）．

［7］方圆标志认证集团有限公司．质量环境及职业健康安全三合一管理体系的建立与实施［M］．北京：中国标准出版社．2012.

［8］刘茹，索虎勤，陈渭明，等．浅析保证管理体系有效运行的关键环节［J］．水利技术监督，2011（5）．

［9］李丽华．质量管理体系管理评审方式的探讨［J］．水利技术监督，2009（2）．

［10］陶秀珍．切实做好管理评审持续改进质量体系［J］．水利技术监督，2005（4）．

［11］水利部东北勘测设计研究院．对"管理评审"的认识与实践［J］．水利技术监督，2000（5）．

［12］全国质量管理和质量保证标准化技术委员会．质量管理体系要求：GB/T 19001 - 2008［S］．北京：中国标准出版社，2008.

［13］全国环境管理标准化技术委员会．环境管理体系要求及使用指南：GB/T 24001 - 2004［S］．北京：中国标准出版社，2004.

［14］中国标准化研究院．职业健康安全管理体系要求：GB/T 28001 - 2011［S］．北京：中国标准出版社，2011.

［15］国家知识产权局．企业知识产权管理规范：GB/T 29490 - 2013［S］．北京：中国标准出版社，2013.

后　记

看到这里的您，应该是读完了本书，不知道是不是或多或少的对您有一点儿帮助或一些启示。如果您也是知识产权人，也想谈谈关于您对专利、商标、著作权、商业秘密、标准相关的话题，或是对我们有什么建议，欢迎您与我们（邮箱：zhaoxin@zgrzbj.com）联系。我们热切地期待您的来信，更期待与您一起为知识产权事业贡献自己的热情与力量，促进我国知识产权事业朝着更高的目标发展壮大！

《名企聊知识产权》是"知识产权经理实战丛书"的第一本，本书内容范围广：各行各类型企业都有；涉及内容多：专利、商标、商业秘密、标准应用、风险、管理、流程等。尽管本书覆盖企业类型多、涉及内容多，但总还是有未讲到、未讲透的地方，望您海涵！未来的系列书我们计划纵向深挖，每本书围绕 1～2 个话题深入讨论。如果您在这方面经验丰富，也欢迎您加入我们，共同为读者奉上更深层次的实践分享！

中规学院在以往的知识产权培训教育方面，取得了一些成绩。自 2015 年全国首创知识产权管理体系审核员实战模拟班开始，我们先后承担了全国首创辅导机构能力提升实操班，知识产权认证课程首获中国认证认可协会确认，多名专家入选"国家知识产权认证系列教材"编写组，参与全国知识管理标准化技术委员会（SAC/TC 554）的筹建工作，开展国家标准《专利代理机构服务规范》草案的制定与试点工作，2018—2019 年进入国家"知识产权认证系列教材"编写组并出版知识产权管理体系审核员教材两本，2019 年出版《企业知识产权管理规范审核实务与案例汇编》专著；参与并支持各地政府举办的知识产权、标准相关培训百余场、学员逾万人，内容涉及国内外商标、专利实务、标准解读、内审员能力提升、风险控制等。以风险管控类为例，包括两个方面：一方面是过程风险管控，比如，研发过程、对外商务活动过程、涉外贸易过程、采购过程、展览展示过程等；另一方面是企业部门风险管控，比如，人力资源部、研发部、采购部、销售部、生产部等日常经营涉及的风险识别与管控。风险管控在当下市场以知识产权为竞争的时代，尤显重要。企业应将风险管理尽早提上日程。

中规学院的目标是为中国知识产权事业发展培育高端人才，促进创新与知识产权的有机融合，推动知识产权行业的可持续健康发展。我们将"不忘初心，牢记使命"，一如既往地致力于知识产权标准化，为创新发展赋能，打造完整的知识产权再教育体系，为知识产权行业输送优秀的管理人才。